FB Mas quero voltar ao tema: a ciência pode, na minha opinião, viv_____ _____ria mais: eu me sentiria, como _____ o- so, muito incomodado com uma _____ li- zada, como me sinto incomodado com esse esforço de querer provar, pela linha da unificação, que Já na ponta do *Big Bang* está Deus e... eu brincava com isso... acho que escrevi isso na *Obra do Artista*, não me lembro, mas mencionava os quarks, que nunca foram quebrados. Então são sempre três, não é isso? **MG** Na verdade, são seis quarks. Mas prótons e nêutrons são feitos de três. **FB** Ao quebrá-los, o que se encontra? Encontra-se, do outro lado, o Pai, o Filho e o Espírito Santo. Considero isso uma grande bobagem. Um Deus que precisa ser explicado pela ciência, acabou. Eu vou retomar isso por um outro viés. **MG** Acho essa uma ótima posição. Pelo lado da ciência também é uma grande bobagem querer explicar Deus. **FB** Vou retomar por outro viés. Paulo diz, na *Primeira Carta aos Coríntios*, que a fé cristã é escândalo para os judeus, por razões óbvias: está baseada num homem que ficou dependurado na cruz; e "loucura para pagãos", porque tinham uma visão grega de que um verdadeiro Deus é onipotente, tanto que o conceito de onipotência tem origem na filosofia grega. Ora, quando se abre a *Bíblia*, o primeiro livro que se encontra é o do *Gênesis*, no qual se descreve um Deus tão "incompetente" que leva seis dias para criar o mundo e ainda vai descansar no sétimo. Foi à praia no sétimo, porque ninguém é de ferro, nem Deus.

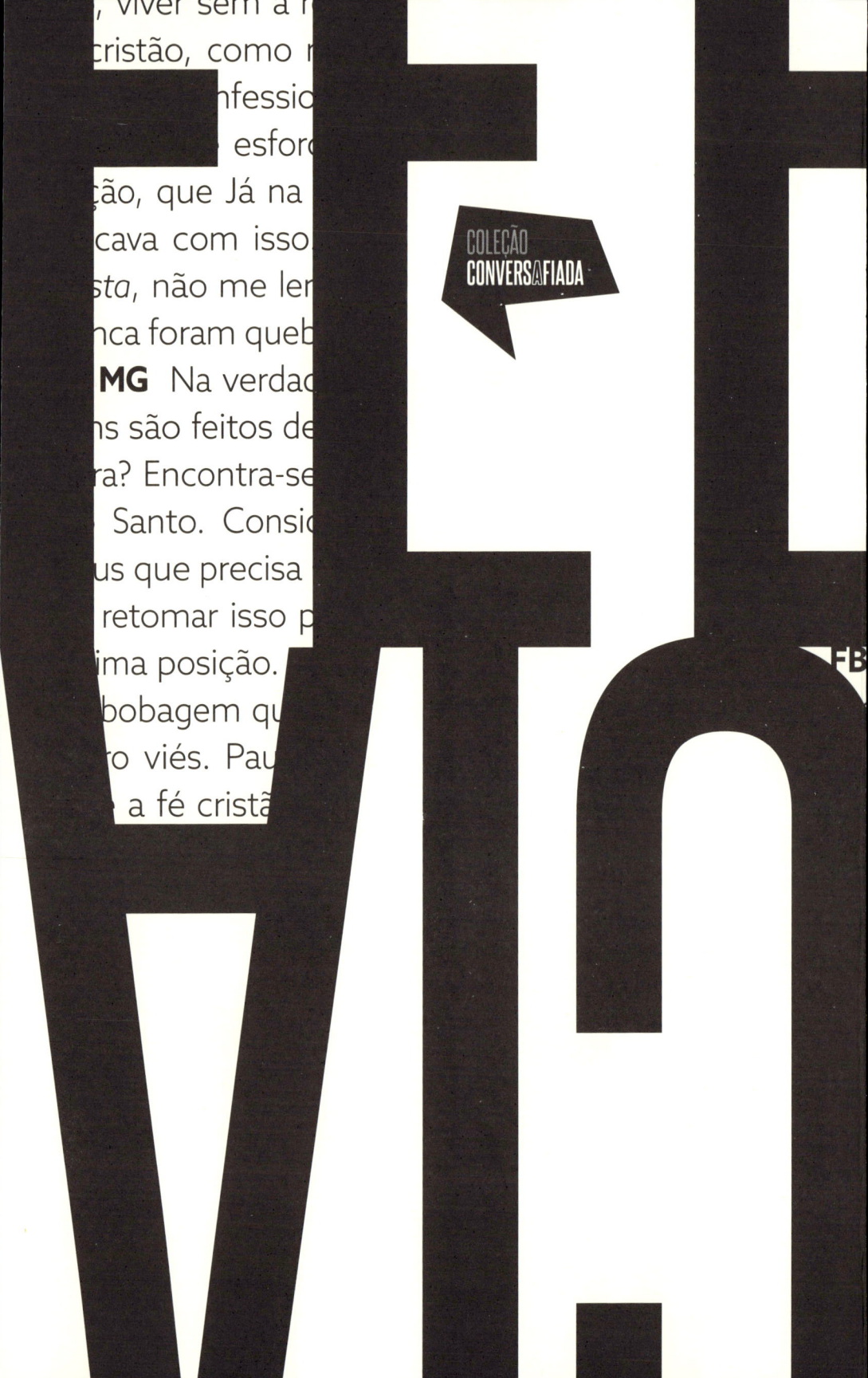

FREI BETTO
MARCELO GLEISER

COM
WALDEMAR
FALCÃO

SOBRE A FÉ E A CIÊNCIA

3ª edição

AGIR

Copyright © 2011 by Frei Betto, Marcelo Gleiser e Waldemar Falcão

Direitos de edição da obra em língua portuguesa no Brasil adquiridos pela Agir, selo da EDITORA NOVA FRONTEIRA PARTICIPAÇÕES S.A. Todos os direitos reservados. Nenhuma parte desta obra pode ser apropriada e estocada em sistema de banco de dados ou processo similar, em qualquer forma ou meio, seja eletrônico, de fotocópia, gravação etc., sem a permissão do detentor do copirraite.

EDITORA NOVA FRONTEIRA PARTICIPAÇÕES S.A.
Rua Candelária, 60 — 7º andar — Centro — 20091-020
Rio de Janeiro — RJ — Brasil
Tel.: (21) 3882-8200

CIP-BRASIL. CATALOGAÇÃO NA PUBLICAÇÃO
SINDICATO NACIONAL DOS EDITORES DE LIVROS, RJ

B466s
3. ed.

Betto, Frei, 1944-
    Sobre a fé e a ciência / Frei Betto, Marcelo Gleiser; organização Waldemar Falcão. - 3. ed. - Rio de Janeiro: Agir, 2020.
    296 p.; 23 cm.   (Conversa afiada)

ISBN 9788522007226

1. Religião e ciência. 2. Cristianismo. 3. Ciência. I. Gleiser, Marcelo. II. Falcão, Waldemar. III. Título. IV. Série.

20-63525   CDD: 215
                                        CDU: 279.21

Meri Gleice Rodrigues de Souza - Bibliotecária CRB-7/6439
13/03/2020 24/03/2020

SUMÁRIO

Prefácios à 3ª edição | 7
Apresentação | 13
Trajetórias | 21
Ciência e Fé | 75
O Poder | 141
Até o Fim (do Mundo, do Universo) | 229

PREFÁCIOS À 3ª EDIÇÃO

A MUITOS, INCLUSIVE A MIM, SOA ABSURDO, em pleno século XXI, supor que fé e ciência se contrapõem. No entanto, essa polêmica foi ressuscitada pela pandemia de coronavírus, quando líderes políticos e religiosos chegaram a afirmar que se tratava de "castigo de Deus", "basta oração para curar", e em Israel judeus ultraortodoxos se negaram às medidas de prevenção sob a alegação de que a pandemia sinalizava a vinda do Messias...

Ao longo dos séculos, muitos defenderam a prevalência da fé sobre a ciência, como se a fé pudesse explicar a disseminação das pestes e dispensar cuidados médicos. Há até quem tenha fé em ideias equivocadas, supostamente científicas, como é o caso dos que defendem que a Terra é plana...

Hoje, é mais frequente encontrar quem inverta a relação e defenda a prevalência da ciência sobre a fé. Na opinião desses racionalistas exacerbados, tudo tem uma explicação científica. Mas são incapazes de equacionar cientificamente o amor de João por Maria, ou mesmo por que tantos renomados cientistas foram ou são homens e mulheres de fé ou abertos ao Transcendente.

Esta obra demonstra que fé e ciência são esferas distintas e socialmente complementares. A fé se pergunta "por quê?"; a ciência, "como?". A fé decorre de princípios e valores religiosos; a ciência se baseia em dados empíricos, experimentais. Como essas duas dimensões têm suma importância em nossas vidas, esta a razão deste intenso diálogo entre mim e o físico Marcelo Gleiser, mediados por Waldemar Falcão.

Bom proveito!

— Frei Betto
São Paulo, 6 de abril de 2020

CONVERSA SOBRE A CIÊNCIA E A FÉ

Em meio a tempos conturbados, quando nossas suposições de como viver nossa vida são desafiadas por um inimigo invisível, um vírus que nos ataca de forma impune, sem plano ou diferenciação, nada mais importante do que retomar debates sobre questões que definem nossos valores e visão de mundo. Portanto, é com muita satisfação que celebro esta nova edição de minha conversa com Frei Betto e Waldemar Falcão sobre os caminhos da ciência e da fé, focando no que podemos aprender com ambas, e como contribuem para o significado de nossa humanidade comum. Nossos leitores encontrarão aqui posições equilibradas, de respeito mútuo, que valorizam a importância essencial da ciência em nossas vidas e o valor da fé para tantos. A ciência e a fé são expressões de nossos anseios, de nosso questionamento sobre a condição humana. Quando um cientista e um homem de fé se sentam para conversar, o fazem com a humildade dos que sabem que nunca teremos todas as respostas e que o que importa é manter viva a curiosidade que move a mente e o espírito.

— Marcelo Gleiser
Hanover, 5 de maio de 2020

APRESENTAÇÃO

CONFESSO QUE, NO MOMENTO EM QUE recebi um exemplar do *Conversa sobre o tempo,* um diálogo entre Luis Fernando Verissimo e Zuenir Ventura mediado por Arthur Dapieve, fiquei preocupado com a empreitada que teria pela frente. Afinal, Dapieve teve a sorte de mediar uma conversa entre dois velhos amigos, e mais: ambos seus colegas de profissão e de redação, sendo que Zuenir já havia sido editor dele no saudoso *Jornal do Brasil.* Em suma, três amigos trocando ideias numa aprazível pousada a uma hora de viagem do Rio de Janeiro.

Meu caso era diferente: ia ser o responsável por mediar a *Conversa sobre a fé e a ciência,* um diálogo entre Frei Betto, um frade dominicano, e Marcelo Gleiser, um físico brasileiro radicado nos Estados Unidos. Nem velhos conhecidos, nem colegas de profissão: um frade católico engajado politicamente e autor de numerosos livros de sucesso e um físico judeu agnóstico, também autor de vários livros de divulgação científica de grande sucesso de público. No meio deles, este preocupado mediador encarregado de sugerir tópicos para a conversa e atuar como intermediário entre dois autores de origens tão diversas.

Havia, pelo menos, um elemento facilitador para diminuir minhas preocupações: Frei Betto já era um bom amigo há mais de dez anos, devido à nossa amizade comum com Leonardo Boff, Marcelo Barros e frei Carlos Josaphat, e ao fato de eu já ter atuado como mediador de uma mesa sobre diálogo inter-religioso chamada "Religião se discute", na Bienal do Livro de 2005, da qual ele participara como representante do catolicismo. Marcelo Gleiser, eu só conhecia à distância, quando participamos da festa de abertura desta mesma Bienal no Copacabana Palace Hotel. A esta altura ele já tinha alguns livros publicados no Brasil e começava a se tornar conhecido do público brasileiro não só como escritor, mas também como apresentador de uma série de programas de TV que tratavam de divulgação científica.

Mais um complicador: devido à agenda apertada de ambos, não teríamos o privilégio de nos retirarmos do Rio de Janeiro para essa conversa, como foi o caso de Zuenir, Verissimo e Dapieve. Ficaríamos hospedados em algum hotel da cidade durante quatro dias, trocando ideias e pontos de vista sobre temas controversos para todos. Minha preocupação aumentava...

Essa tensão só se desfez quando fui o último dos três a chegar ao hotel onde nos hospedaríamos, na manhã de uma quarta-feira de chuva fina, no dia 14 de julho de 2010. Para minha surpresa, Betto e Marcelo passeavam pelo jardim conversando como velhos amigos e aguardando o atrasado mediador deste encontro. Com seu jeitão mineiro e amistoso de sempre, Betto me saudou com uma frase que, ao mesmo tempo, me relaxou e me tensionou: "Waldemar, você está sendo mais esperado do que o Messias!" Sorri me desculpando por ser o último a chegar e me apresentei a Marcelo.

A partir daí, as tensões começaram a se dissipar: percebi uma pitoresca coincidência entre os nomes dos hotéis: a *Conversa sobre o tempo* foi realizada na Fazenda Santa Teresa, no município de Areal, na serra petropolitana, e a nossa *Conversa sobre a fé e a ciência* seria realizada no Hotel Santa Teresa, no alto das colinas do bairro carioca do mesmo nome. O ambiente, apesar de urbano, não poderia ser melhor: o hotel, a antiga Fazenda Santa Teresa (outra coincidência engraçada), é de propriedade de um francês e todo decorado com temas artísticos brasileiros, numa mistura de extremo bom gosto, mais se assemelhando a uma bucólica pousada do que a um hotel no sentido habitual do termo. O único elemento que nos lembrava que estávamos na cidade, e não no campo, era a visão do relógio da Estação da Central do Brasil e a vista distante da ponte Rio-Niterói e de parte do centro e da zona norte da cidade. Se ficássemos de costas para esta paisagem, poderíamos achar que também estávamos fora do Rio, numa fazenda.

Aqui, porém, uma diferença: como Betto e Marcelo não residem no Rio, nenhum dos dois ficaria totalmente isolado no hotel, na medida em que aproveitariam as horas de folga das nossas conversas para rever amigos e familiares. O único "confinado" do grupo seria este mediador, encarregado de zelar pela boa qualidade das gravações e também pela elaboração de cópias de segurança dos arquivos de som onde os papos iam sendo armazenados.

A triste exceção aconteceu na manhã do dia 15 de julho, quando Betto e eu fomos ao cemitério nos despedir do saxofonista Paulo Moura: ele como amigo e religioso encarregado de encomendar o corpo do maestro, e eu como amigo há mais de 30 anos deste que foi um dos maiores músicos de seu tempo em todo o mundo.

Em matéria de conforto e acolhimento, em nada ficamos a dever ao trio de *Conversa sobre o tempo*: a já mencionada decoração do hotel nos dava a impressão de estarmos numa deliciosa pousada, e o restaurante Térèse nos surpreendia diariamente com almoços e jantares inesquecíveis. Nosso local de trabalho — ou deveria dizer "de conversa"? — era uma suíte, devidamente adaptada para servir ao propósito de acolher e registrar nossos encontros: estávamos munidos de gravadores, blocos, canetas — e também de generosas porções de doces e salgados, sucos e refrigerantes, chá e café.

Em cima da mesa onde tínhamos os apetrechos para anotações diversas, um brinquedo nos fazia companhia: no formato de um disco voador, uma pequena câmara holográfica que eu havia adquirido recentemente no Museu de Ciência de Londres, pela módica quantia de 6 libras esterlinas, criava um jogo de ilusão, fazendo-nos crer que uma pequena bola vermelha que repousava no fundo do objeto estaria flutuando na abertura superior da câmara, como resultado do espelhamento que revestia as suas paredes internas. Uma divertida simbologia para uma conversa sobre a fé e a ciência.

Eu trazia comigo um roteiro de temas a serem sugeridos aos dois autores, mas tinha consciência de que as conversas poderiam tomar outros rumos, tão ou mais interessantes e pertinentes do que minhas sugestões. Alguns temas se mesclaram a um tal ponto durante os dias seguintes que o roteiro acabou sofrendo pequenas modificações, terminando por enriquecer o projeto final.

Na primeira parte, "Trajetórias", é impressionante a diferença abissal que existe entre a infância e a adolescência de um e de outro. Frei

Betto cresceu dentro do ambiente de uma típica família mineira de classe média e desfrutou de todas as venturas e aventuras de uma vida livre de traumas maiores, à exceção de um pai conservador e anticlerical, que acabou por mudar suas posições ideológicas em respeito e reconhecimento à trajetória de seu filho. Marcelo Gleiser sofreu, já aos 6 anos, uma impactante perda familiar, que o empurrou em direção a uma fase mórbida e reclusa, durante a qual lia avidamente tudo o que encontrava sobre vampiros e sonhava em fazer parte deste mundo sombrio onde estranhamente se mesclam a solidão da alma e a imortalidade do corpo.

Passadas a infância e a adolescência, cada um busca seu caminho no mundo a partir das inquietações e das seduções do conhecimento, em suas mais diversas vertentes. Frei Betto sente o chamado da vocação religiosa ao mesmo tempo em que se envolve na atividade estudantil e política, mergulhando de cabeça na militância. Atende a ambas as convocações e cai num mundo de engajamento que, em função do golpe militar de 1964, acaba por levá-lo à clandestinidade e à luta armada. Marcelo Gleiser, emergindo da adolescência triste e solitária, decide encarar o lado claro da vida e assume a herança da musicalidade que seu pai sempre teve, começando a se dedicar ao estudo do violão e a se interessar pelos mistérios e fascinações da ciência. Depois de uma pequena hesitação, durante a qual chegou a cursar o primeiro ano de engenharia química, decide-se pelo curso de física e envereda pelo mundo acadêmico com dedicação e maestria, terminando por fazer carreira no exterior, inicialmente na Inglaterra e em seguida nos Estados Unidos, onde reside até hoje.

Depois das diferenças, as semelhanças: mesmo atuando nos dias de hoje em espaços tão definidos e diferentes, como a ciência e a fé, tanto Marcelo quanto Betto têm uma postura pluralista em relação às suas formações acadêmicas e suas atividades profissionais, e este espírito de diálogo e fraternidade, manifestado já desde o primeiro momento em que o gravador começou a trabalhar, foi o fio condutor de toda a nossa temporada de conversas. E fator de alívio para este mediador, que finalmente pôde se sentir mais tranquilo e perceber que suas preocupações iniciais estavam equivocadas. Felizmente.

Foi também este clima de pluralidade que permitiu que abordássemos temas delicados para ambas as áreas com absoluta naturalidade e transparência. O difícil diálogo entre a fé e a ciência em um passado não muito remoto, suas relações com o poder e com o fundamentalismo em todas as suas colorações, o respeito aos espaços que cada saber ocupa na sociedade, todos foram abordados de maneira totalmente desassombrada e, quando necessário, de forma autocrítica por um e por outro, sem nenhum constrangimento.

E as conversas que se seguiram ao longo dos dias foram também fator de aproximação entre os três participantes delas. Pelo menos uma vantagem haveria no fato de termos ficado hospedados no Rio de Janeiro: diariamente a mesa do jantar era aumentada com a presença de parentes (mães, amigos e esposas), e as "outras" conversas eram igualmente prazerosas e divertidas, terminando por criar laços de amizade que vêm se consolidando com o passar do tempo.

Encerrado o período de imersão de quatro dias, nos despedimos com a certeza da criação desses laços de identificação e amizade, alguns recém-formados e outros consolidados pela intimidade do convívio durante a *Conversa sobre a fé e a ciência*. Permanece em mim a sensação de que fui o grande beneficiado deste encontro. Tive a oportunidade e o privilégio de conviver com dois seres humanos de grande estatura espiritual e social, dois desapegados expoentes do tempo em que vivemos. Desapegados no sentido mais amplo do termo, na medida em que ambos adotam posturas de desassombro e naturalidade nas suas atividades pessoais e profissionais, e aceitam com simplicidade o peso histórico que repousa suave e firmemente sobre os ombros de cada um.

Só me resta esperar que os leitores sintam-se tão beneficiados quanto eu, por poderem testemunhar este diálogo franco e transparente entre a fé e a ciência e desfrutar da riqueza desta conversa, toda ela permeada pela simplicidade de dois seres humanos e de tudo que existe em comum entre eles.

Nos livros de Frei Betto e Marcelo Gleiser em que pedi e recebi dedicatórias tal qual um fã indisfarçável, via-se mais uma vez presente a generosidade dos dois. Betto escreveu que eu era alguém que "abraça os valores de 'Um homem chamado Jesus'" e Marcelo me considerou "um belo herói desta busca tão fundamental que nos move a todos". Realmente, a generosidade é uma característica indissociável dos homens sábios.

— Waldemar Falcão
Araras, Petrópolis, janeiro de 2011

(Músico, astrólogo e escritor, nasceu no Rio de Janeiro em 30 de agosto de 1952. É flautista, cantor, compositor e autor de três livros de não ficção: *Encontros com médiuns notáveis*, *O Deus de cada um* e *A história da astrologia para quem tem pressa*.)

TRAJETÓRIAS

WALDEMAR FALCÃO Eu acho interessante, de início, cada um se apresentar um pouco. Vocês são pessoas conhecidas do grande público, mas não custa nada relembrarmos um pouco da história de cada um.

MARCELO GLEISER É uma coisa complicada começar porque temos que colocar todas as prioridades, as escolhas, que, na verdade, não são tão lineares na hora quanto são depois de um tempo, quando começamos a falar delas. E a verdade é que tive uma infância meio complicada. Ela foi marcada por um trauma muito violento, que foi a perda da minha mãe quando eu tinha seis anos.

WF Seis anos?!

MG É, de uma forma bem inesperada, ao menos para mim então. Ela tinha só 38 anos. Acho que não há dúvida de que somos frutos das nossas histórias. Eu sou fruto das minhas escolhas, do meu caminho profissional e da minha vida particular. Quem eu sou tem a ver com essa perda. Uma vez eu disse que quando a gente não tem mãe, inventa uma. Você cria de alguma forma essa imagem do feminino na sua cabeça. E, para mim, essa busca pelo conhecimento, pelo mistério, esse fascínio que tenho pelo mistério é reflexo dessa perda que vivi, que está relacionada a esse contato que tive muito cedo com a morte, que, para mim, é o maior de todos os mistérios. Como é possível uma coisa dessas? Como é possível termos consciência da passagem do tempo e da ideia que morremos e não podemos fazer nada a respeito? Essa consciência da perda é extremamente complicada e, de certa forma, define a dimensão humana.

WF E foi aí o seu impulso inicial, que acabou definindo toda a sua trajetória?

MG Lembro que, quando adolescente, pensei: existem dois caminhos a seguir quando você sofre uma perda dessas. Um é você se tornar uma pessoa extremamente mórbida, e falar "por que eu, por que eu?".

WF A gente se sente meio vítima do Universo.

MG É, eu me perguntava: "Será que fiz alguma coisa errada, será que foram os meus irmãos, o meu pai?" E como eu estudava numa escola religiosa…

WF Ortodoxa?

MG Mais ou menos. Havia umas escolas judaicas no Rio de Janeiro que eram bem mais ortodoxas do que a minha, que era mais liberal, mais sionista, "vamos para Israel", que refletia a posição política dos meus avós. Por outro lado, estava tudo lá, incluindo, claro, a religião. Era uma investigação de quem são os judeus, e toda aquela história do Antigo Testamento. E eu me perguntava com relação à minha mãe: "Mas o que é isso, uma espécie de pagamento? A gente fez alguma coisa errada?" Achava uma injustiça. E logo eu, que me achava bem bonzinho. Por outro lado, como disse, você quer compensar a perda de alguma forma, e a maneira como eu imediatamente me propus a isso foi por meio dessa morbidez.

WF Foi dark?

MG Fui dark. Na minha cabeça de pré-adolescente a questão era: "Se a morte roubou a minha mãe, como é que posso conquistar a morte para estar próximo da minha mãe mais uma vez?" Isso é, obviamente, uma reflexão *a posteriori* do que aconteceu na realidade. É um fascínio que vai além, muito além. Eu lia revistas em quadrinhos do Drácula e era muito fascinado pela figura do vampiro, um sedutor que seduziu até a morte.

WF Um morcego que não morria.

MG Não morria e seduzia as mulheres! Tinha muito poder e ainda era capaz de se transformar em animais. Eu achava aquilo tudo fascinante, e a minha fantasia era justamente essa: "Ah, vou virar um vampiro também!"

WF Que idade você tinha?

MG Onze anos. Com 11 anos eu pegava um ônibus em Copacabana e ia à Biblioteca Nacional. Ia lá para fazer pesquisas sobre vampiros. Eu me lembro de procurar no índice "Vampiros". Não tinha quase nada, só o livro do Drácula do Bram Stoker. Aí eu fui, estudei as lendas, peguei o mapa para ver onde ficavam os lugares por onde eles passaram. E estava convencido de que ia ser vampiro mesmo. Guardava tudo isso numa mala preta de couro embaixo da minha cama. Até que um dia o meu pai descobriu a mala e ficou preocupadíssimo com a minha saúde mental; achou que eu estava ficando doido. E não estava. Estava, ao contrário, buscando uma saída para a minha vida. Ao mesmo tempo eu jogava vôlei, tocava violão... Mas tinha esse lado, sim, um lado muito místico, sempre.

MG Mas um misticismo que ia além da sua criação, no caso do judaísmo, não é verdade?

MG É, bem além.

WF Não era uma coisa — digamos — da sua base religiosa, era?

MG Não, ao contrário. Eu acho que quanto mais eu fui aprendendo história, menos interessado fui ficando na religião organizada. Eu me lembro de que com 13 anos escrevi um texto em que questionava tudo isso: "Como é possível tanta dor?" Uma das coisas mais difíceis na teologia é o porquê do sofrimento. Se existe um Deus e se Deus é bom, como é possível existir o mal? Essa é uma questão que a gente certamente vai tocar mais tarde, não é? É uma questão muito complicada.

WF Isso é complexo mesmo.

MG Pois é, eu via aquelas pessoas que morriam rezando em nome de Deus ou morrendo em guerras religiosas; isso, para mim, foi me afastando da religião organizada. Mas, por outro lado, me interessava muito por essa ideia da morte, do além, do desconhecido, do mistério; foi a partir daí que eventualmente descobri as religiões orientais e passei a repensar o meu misticismo.

WF Ah, então você passeou nessa mesma área que eu passeei.

MG Com certeza. Principalmente o taoísmo.

WF Hinduísmo também, não?

MG Hinduísmo. Fiz ioga com 16, 17 anos.

WF Eu comecei com 11 anos.

MG Onze anos?!

WF Onze. Tive um tio que era professor de ioga.

MG É igual ao tio do Einstein, que deu uma bússola e ensinava coisas que as outras crianças não sabiam. Fiquei um bom tempo nessa área de misticismo oriental.

WF Marcelo, situa para nós em termos de tempo a sua idade nessa época. Você falou que começou com 11 essa fase dark.

MG Quando cheguei aos 13, 14 anos, tive uma virada e percebi que havia uma outra opção, que era a opção da vida; passei para a vida, e não para a morte, como objetivo. Foi aí que me apeguei à ideia de que "vou viver pelo que a minha mãe não viveu. Minha vida vai ser um esforço de celebrar a vida que ela não pôde viver".

WF A interrupção da vida de sua mãe, no sentido de que você fosse complementar o que foi interrompido.

MG É isso, no sentido de você dar sentido a uma vida interrompida. Eu me lembro de pensar que "um dia, de alguma forma, ela vai ficar orgulhosa de mim". E a partir daí comecei a me apegar à vida com todas as garras possíveis. Aquela atitude de abraçar a vida, sabe? O amor, as pessoas, a música, o mundo...

WF Desculpe, mas o meu lado astrólogo não consegue evitar a menção ao fato de que você é pisciano. Do ponto de vista da astrologia, essa sensibilidade toda acabou se manifestando aí de alguma forma. E essa atração pelo desconhecido também.

MG Com certeza, isso eu sempre tive, essa coisa da conexão com o mundo. Eu me lembro dos meus amigos astrólogos falando que os piscianos carregam os pecados do mundo.

WF É verdade, exatamente.

MG Sempre fui aquele cara que se preocupava muito com as pessoas, com a natureza.

WF Compaixão. Compaixão é outra característica muito forte da natureza pisciana.

MG É, eu me lembro. E da ligação com a natureza, aquela coisa do mundo estuprado pelo homem; a ideia que a natureza está sendo destruída pela civilização. Isso me preocupava muito. Mas a física mesmo, quer dizer, a transição para a ciência, começou nessa época de adolescência, quando descobri que havia uma outra maneira de você pensar sobre o mundo, que também lidava com os mistérios e que não era essencialmente religiosa: a ciência. Entendi que a ciência moderna estava tratando de questões que tradicionalmente eram parte do discurso das religiões. A questão da origem do Universo, de onde vem tudo, a questão do fim do mundo, a questão do fim dos tempos, a questão da origem da vida, da origem da mente, todos esses temas, para mim fundamentais e que fazem parte desse questionamento existencial do homem. Fiquei fascinado por isso. Mas essa transição para a ciência não foi muito automática, porque eu não era bom em matemática; só fui ficar bom com 15 anos, bem mais tarde.

WF Eu queria fazer mais uma localização espaçotemporal. Foi aí que sua fase dark terminou, a fase roqueira?

MG Com 13, 14 anos. Mas continuei (e continuo) gostando de rock.

WF Quando foi feita essa transição, como você disse, da morte para a vida?

MG Da morbidez para a vida.

WF Então durou uns três anos essa fase?

MG Uns três, quatro anos. Desde os 10 até os 14; aí, com 14 é que se iniciou essa outra fase em que eu comecei realmente a mudar. E vários fatores foram influenciando esse meu apego à ciência; tive bons professores, o que é fundamental.

WF Isso é importantíssimo.

MG Sim, o papel essencial do mentor na vida das pessoas. Tive a sorte de ter tido alguns bons professores, ainda no ensino médio.

WF Teve um da PUC, que você menciona num livro.

MG Na verdade, nesse livro, *Criação imperfeita*[1], menciono, sim, o Gilson Carneiro, mas ele não foi tão importante como mentor para mim. É que foi no seu curso que me empolguei pela cosmologia, a parte da física que estuda o Universo. Mas existiram outros professores bem antes dele, ainda no científico, no antigo científico em que se ensinava física muito bem, e então eu vi que esse era o meu negócio. Resolvi aprender matemática; estudei e percebi que a matemática é uma espécie de jogo com uma série de regras; se você segue as regras, aprende o negócio. Tem que

---
[1] *Criação imperfeita.* Marcelo Gleiser. Editora Record, 2010.

ter uma certa disciplina lógica, mas não é nenhum bicho de sete cabeças. Os matemáticos que me perdoem, mas a física é muito mais complicada e a biologia é mais complicada ainda!

WF Mais do que a física?

MG Ah, sem dúvida. Os sistemas físicos são mais simples, em comparação. A biologia é muito complexa, tem muita coisa acontecendo ao mesmo tempo.

WF Você tem uma base forte nessa área de biologia também, não é, Marcelo?

MG Eu estudei para tentar aprender um pouco. Antes era só a física, mas de uns cinco ou seis anos para cá eu me voltei também para a biologia. Comecei a me interessar sobre a questão da origem da vida, e fui estudar isso mais a fundo. Mas voltando à minha trajetória, a transição rumo à ciência foi meio indireta, porque quando eu era adolescente queria ser músico, e não físico. Nem sabia o que era ser físico. Nunca tinha visto um físico na minha vida e não tinha um amigo que fosse físico.

WF Pois é, físicos em geral não são pessoas públicas.

MG Não havia um único cientista na família: meu pai era dentista, meu avô era negociante, e não sabiam nada sobre essa história de ser físico. Quando comecei a ler livros sobre o Einstein, os livros do Einstein, com 14, 15, 16 anos, a minha perspectiva começou a mudar. Comecei a achar esse negócio de ser físico muito legal. Mas como ser físico no Brasil, eu não tinha a menor ideia.

WF Tenho a impressão de que na nossa época nem havia uma faculdade, uma Universidade de Física ainda? Havia?

MG Não, não, claro, já havia. Nas décadas de 1970 e 1980 certamente já tinha. Até mesmo em meados da década de 1960 já havia no Brasil físicos muito bons, o Salmeron, o José Leite Lopes, o Jayme Tiomno. Esses foram os pioneiros, as pessoas que implantaram isso aqui.

FREI BETTO Aquele físico do Partido Comunista aqui no Brasil...

WF Mario Schenberg! É, ele está aqui no meu dicionariozinho particular. É uma figura fascinante.

MG Uma figura multidisciplinar!

WF Multidisciplinar, totalmente. Uma vez eu escrevi um artigo em que terminava citando uma frase dele, porque ao mesmo tempo em que foi membro importante do Partido Comunista Brasileiro e assistente do Einstein, tinha uma curiosidade enorme pela pesquisa paranormal. Pelo que eu sei, ele teve alguma colaboração com o Einstein que eu não sei exatamente qual foi.

MG Ele trabalhou com o Fermi, Enrico Fermi.

WF Certo. Eu trabalhei com uma moça, uma atriz (minha primeira atividade profissional foi como ator, no musical *Hair*, em 1972); e no nosso elenco havia essa atriz pequenininha, chamada Elzinha, que era paranormal, e era uma espécie de "cobaia" do Mario Schenberg, que a usava em São Paulo para fazer pesquisas paranormais porque ela tinha uma "antena" impressionante. E quando os colegas de partido o imprensavam na parede e diziam "escuta, o senhor é um marxista, mexendo com essas coisas", ele dava uma risada bonachona e dizia: "Eu sou um materialista místico." Eu fechava meu artigo com essa frase do Schenberg.

MG É isso, então eu comecei a canalizar esse misticismo na direção mais racional, vamos dizer assim. Percebi que as duas coisas não eram incompatíveis. Quando você lê o Einstein, a autobiografia do Einstein, ele fala que a coisa mais emocionante que uma pessoa pode experimentar é o mistério. E ele dizia que a ciência é uma forma de devoção religiosa, no sentido de você se dedicar a algo desconhecido. Essa entrega, essa devoção que o cientista tem ao não saber, é muito importante. Isso me encantou profundamente. Só que, quando fui falar para o meu pai — note que ele já tinha me desconversado de fazer música.

WF "Música não dá dinheiro."

MG "Não, pois é, você pode ter música como *hobby*; você pode continuar sempre tocando como faço até hoje", porque meu pai tocava piano e violão muito bem, e eu toco violão até hoje.

WF Ah, se eu soubesse, tinha trazido minha flauta para cá.

MG Não, eu ia fazer vergonha aqui. Outro dia os irmãos Sérgio e Odair Assad foram tocar na minha universidade, e o Sérgio é casado com uma grande amiga minha; aí eles perguntaram onde estava meu violão, olharam para mim e falaram: "Vamos Marcelo, vamos tocar juntos". E então eu toquei!

WF Tocou?

MG Toquei, e suei frio, coitadinho de mim, tocando com esses dois músicos brilhantes. Bem, voltando à história do meu pai, um dia tomei coragem e disse: "Ok, não vou ser músico, mas vou fazer faculdade de física." E ele falou: "Você está louco, quem vai pagar a você para contar estrelas?!"

WF Físico não conta estrelas.

MG E eu argumentava justamente que físico não conta estrela, não é bem assim, e ele insistia: "Não, não, isso não dá futuro, é uma profissão louca." E realmente eu não tinha o menor respaldo, não conhecia ninguém. Acabei fazendo engenharia química, passei no vestibular para engenharia química na UFRJ. Cursei o primeiro ano, entrei pelo cano em química inorgânica: te dão um tubo de ensaio e perguntam: "Quais são os elementos no precipitado? Se for azul é isso, se for verde é aquilo." Bem, errei tudo e só passei nesse curso porque tinha a parte teórica. Mas em física, em cálculo, eu estava indo muito bem. Era óbvio que tinha alguma coisa errada e que isso não podia dar certo. Acabei ganhando uma bolsa de iniciação científica para estudar relatividade cursando engenharia química. Isso foi uma coisa legal; como o CNPq tinha bastante latitude em relação a isso, consegui um orientador no departamento de física para estudar relatividade.

WF Ainda estudando engenharia química. Aí se apaixonou de vez.

MG Já tinha lido a respeito da teoria da relatividade de Einstein. Mas uma coisa é você ler, outra coisa é entrar de cabeça naquilo, e percebi que não tinha mais jeito. Cursei ainda o segundo ano de engenharia química, mas falei para o meu pai: "Olha, nada contra o assunto, mas engenharia química não dá." Então me transferi para a PUC, que na época era o melhor curso de física do Brasil. Tive uma formação de primeira.

WF Já na faculdade de física mesmo, dentro da PUC?

MG Já na PUC. Ali era realmente muito bom, as pessoas eram de excelente nível. Eu me formei em física, fiz mestrado rapidamente na UFRJ e tive mais coisas trágicas que aconteceram na minha vida, com relação à morte novamente. O pai da minha namorada, meu grande amor ali pelos vinte anos de idade, se suicidou, e fomos eu e ela que descobrimos o corpo dele. Foi uma experiência muito dolorida. E meses depois, literalmente meses depois, estava trabalhando com o então maior físico teórico do Brasil, chamado Jorge André Swieca. Seu nome ainda é uma lenda.

FB Aquele lá de São Carlos?

MG Exatamente. Ele saiu da PUC e foi lá para São Carlos. E eu pensei: "Será que saio do Rio de Janeiro e vou fazer doutorado lá em São Carlos, com o Swieca?" Fui até São Carlos visitá-lo e conversamos, eu enchendo o homem de perguntas. E resolvi ir. Eu já fazia iniciação científica com ele, que tinha me aceitado como aluno de doutorado. Estava tudo certo. Uma semana depois eu estava de volta ao Rio, num bar chamado Jangadeiros, eu acho. Estava tomando cerveja com um amigo meu quando passou outro amigo físico, e eu disse: "Resolvi, vou lá para São Carlos fazer doutorado com o Swieca." E ele: "Não, você não vai." Eu falei: "Como assim eu não vou?" E meu amigo: "Ele acabou de se matar hoje de manhã, você não soube?" Aí eu desmoronei. "Putz, não é possível!" É essa coisa da perda violenta, sabe?

WF Você experimentou isso várias vezes na vida, não é, Marcelo?

MG Várias vezes, e fiquei meio perdido. Afinal, já tinha feito meus planos de vida. Foi aí que entrou um grande mentor meu — porque fiquei meio "órfão" —, um professor chamado Francisco Antonio Doria, da Universidade Federal do Rio de Janeiro, hoje na Escola de Comunicação. Ele, de certa forma, me adotou. É uma pessoa que tem uma formação cultural incrível. Lia Marx em alemão e era físico teórico, algo que, em geral, não acontece com muita frequência. É uma pessoa muito legal. Fiz mestrado com ele e saí para fazer doutorado na Inglaterra.

WF Esse mestrado foi em...

MG Foi em teorias de unificação, que era o meu negócio. O meu negócio era unificar. Já na época, em 1981, queria estudar unificação de campos, porque tinha que encontrar uma formulação homogênea da natureza.

WF E já havia a outra corrente, a assimétrica, como eles chamam?

MG Não, isso veio mais tarde.

FB Antes de você continuar, é bom destacarmos algumas coisas. Você é de 1959, não?

MG Nasci no dia 19 de março de 1959.

FB Meu pai também era de 19 de março.

MG Olha, é mesmo? Que coisa!

FB Você é de família judia. Ela veio para o Brasil quando? E de onde?

MG Bom, são duas vertentes, pai e mãe. A que eu conheço melhor, para ser sincero, é a família do meu pai, a família Gleiser. Eles vieram em 1923, fugindo da Revolução Bolchevique, da Rússia. Era Ucrânia, Rússia, aquela fronteira ali; na época se falava Rússia, mas hoje em dia é Ucrânia. O meu bisavô era um administrador de terras e tinha dinheiro. Mas com a revolução, eles perderam tudo. Então, meu avô veio com minha avó pela Alemanha, pegaram um navio e zarparam em direção a uma nova vida. Achamos até a passagem de navio de Hamburgo.

WF O bilhete?!

MG É, de Hamburgo para Santos. Aí eles foram à luta, e o meu avô começou a vida tocando piano em cinema mudo.

WF Que fantástico!

MG Muito bom, não é? E o meu pai nasceu em Guaratinguetá, lá em São Paulo, e eventualmente acabaram vindo para o Rio.

WF Seu pai também tinha um lado musical forte?

MG Tocava piano maravilhosamente bem, era um músico nato.

FB Seu pai já faleceu?

MG Já. Morreu em 1990. Já faz um tempo.

FB Também novo.

MG É, com 62 anos. Morreu porque não queria viver. A gente dizia que todo mundo o adorava, menos ele a si próprio. Pessoa adorável que infelizmente não se cuidou. Meu pai tocava violão, acordeom, piano, gaita. A música era uma coisa muito próxima dele. Continuando, eles chegaram ao Rio de Janeiro. O lado da minha mãe também veio da Ucrânia, talvez da área de Odessa. Eles se chamavam Schneider, família Schneider, e esses dois aí, os Schneider e os Gleiser, foram muito importantes no estabelecimento da comunidade judaica no Rio de Janeiro.

WF No Rio particularmente?

MG Eles criaram o clube Hebraica e foram os criadores do grande templo que existe no centro da cidade e de várias outras fundações, cemitérios etc. Eles realmente foram pessoas muito ativas na comunidade israelita. E nos grandes almoços de domingo, a família toda se reunia. A minha avó Gleiser era uma grande cozinheira e fazia aquelas comidas da Rússia, uma coisa maravilhosa. Nesses almoços celebrávamos aquela tradição bem talmúdica, em que discussões se alongavam por horas e as pessoas discordavam entre si só por discordar e para poder conversar sobre o assunto.

WF Permitam que eu conte uma piada aqui muito engraçada: no meu livro *O Deus de cada um,* um dos retratados é um judeu que, de todos os retratados no livro, é o menos místico. Um judeu de formação, com engajamento sionista e tudo o mais. Hoje em dia ele mora na Austrália. Ele se chama Jaime Akstein e fala muito do humor judaico que nós conhecemos no mundo inteiro, aquela coisa irônica. E eu termino o capítulo dele contando uma piada de um náufrago, justamente em cima dessa questão da discussão e da controvérsia, porque ele afirma no livro que o judeu gosta muito disso, do debate e da controvérsia. Então uma vez um navio ia passando perto de uma ilha deserta e a tripulação viu um náufrago acenando e duas construções na ilha. Pararam o navio, pegaram um barquinho, foram buscar o náufrago e perguntaram: "Quem mais está aqui na ilha?" E ele: "Só estou eu aqui, sozinho." E os homens do barco, espantados: "Ué, mas por que a ilha tem duas sinagogas?" Responde ele: "É porque aquela segunda ali eu construí só para *não* frequentar."

MG Muito bom!

WF E ele diz isso no livro, que o judeu gosta do debate, da controvérsia, não é?

MG É, aqueles almoços de domingo eram uma coisa incrível.

FB Era um método da Idade Média, das primeiras universidades, na época de santo Tomás de Aquino, meu confrade. Naquela época, o professor se deixava questionar pelos alunos, ao contrário de hoje. O aluno tinha que apresentar argumentos para tentar derrubar a teoria que o professor apresentava. O aprendizado se fazia muito mais na base da divergência de opiniões.

WF Isso hoje praticamente não existe.

MG Hoje em dia o ensino é muito mais passivo, não é?

FB Bem mais bancário, como dizia Paulo Freire. Depositam o conhecimento na cabeça do aluno e, em dois dias, vai tudo embora.

MG E tem que ensinar a questionar. Essa é a principal função da educação: dar o instrumento de reflexão para que o aluno possa questionar o mestre.

FB Por exemplo, uma das preocupações que tenho: trabalhei muito com educação popular, durante 15 anos sistematicamente, e hoje vejo a molecada na internet, recebendo um fluxo de informação enorme, que não consegue processar, não consegue estabelecer a síntese cognitiva, o que chamo de "varal".

WF Fica tudo pendurado ali.

FB Como um varal de roupas no quintal. As peças de roupa são diferentes, mas no varal elas ficam ordenadas. Quando não se tem a capacidade de síntese cognitiva, a informação se perde e não se consegue estabelecer conexões. Não há proveito.

WF Betto, fala um pouco de sua origem também para nós.

FB Li quase toda a obra completa do Marcelo, estou doutor em Marcelo. Sei até o nome do sorveteiro dele, Alexandre.

MG Seu Alexandre era ótimo.

FB Enfim, sou de uma família mineira, nasci em 1944, em Belo Horizonte, e de família totalmente brasileira, segundo as pesquisas genealógicas. Tenho ascendência indígena, negra, portuguesa e espanhola.

WF Aquela misturada tipicamente brasileira.

FB Um de meus sobrenomes é Libanio. Os Libanios vêm do Líbano, via Espanha. Além disso, sou um dissidente do judaísmo por opção, por ser discípulo de Jesus.

MG É uma abordagem sobre a qual eu nunca tinha pensado...

FB Fui formado numa família de classe média; sou o segundo de oito irmãos — são seis homens e duas mulheres — e, ao contrário do Marcelo, tive uma infância sem medos e com uma supermãe. Costumo dizer que não tenho complexo de Édipo, sou o próprio. E o bom é que ela continua viva, com 93 anos[2]. Saudável, lê dois jornais por dia, assiste a vários telejornais, participa de reuniões de militância cristã e adora sair à noite e tomar caipirinha. Tem um ótimo papo, é impressionante!

WF Fantástico. É, eu me lembro de uma dedicatória, que não sei se você tem em todos os seus livros, uma dedicatória muito amorosa para ela.

FB É, minha mãe realmente é uma pessoa amorosa.

WF Você é o Édipo assumido.

FB Ela é quase unanimidade, todo mundo que a conhece fica fascinado porque é uma pessoa pra cima, alegre... E havia um paradoxo na família muito curioso. Meu pai, que faleceu em 2002, era jurista, depois juiz, mas acabou se aposentando precocemente por causa do golpe militar de 1964. Ele tinha três características marcantes, era de extrema direita, americanófilo e anticlerical!

MG O filho rebelde! Fazia tudo ao contrário!

---

[2] Maria Stella Libanio faleceu em 2011, aos 93 anos.

FB Ele respeitava a religiosidade da minha mãe. Ela sempre foi uma católica militante, progressista *avant la lettre,* e já era uma pessoa aberta, tolerante, crítica ao tradicionalismo da Igreja, por causa da Ação Católica. Ela faz parte da primeira geração da Ação Católica no pós-guerra.

WF Que já eram progressistas, sem usar esse nome.

FB Era um pessoal que já lia [Jacques] Maritain, [Emmanuel] Mounier, e influenciados aqui no Rio — porque ela morou muito tempo aqui — pelo Tristão de Athayde (Alceu Amoroso Lima). Ela sempre teve uma cabeça muito aberta, e meu pai dizia aos seis filhos homens: "Filho meu pode ser tudo, menos vestir saia." E tinha duplo significado, ou seja, nem pensar em ser homossexual. E muito menos padre. Na minha casa não entrava padre. Meu pai não impedia minha mãe de ir às reuniões dela, mas só por razões intelectuais. Ele era uma pessoa de uma enorme voracidade literária — aliás, foi cronista dos dois principais jornais de Minas por 40 anos e nunca publicou um livro. Quando fez 80 anos, demos de presente — e ele ficou muito emocionado com a surpresa — um livro com as principais crônicas que havia escrito e os filhos trataram de editar. Ele tinha mania de padaria e livraria. Sempre comprava mais livros do que tinha tempo para ler. Isso me influenciou muito, porque tenho a sensação nítida de que nasci numa biblioteca, morava numa biblioteca. Como a casa era pequena e a família cresceu rapidamente, em todos os cômodos havia livros; no banheiro, por razões óbvias, e na cozinha — minha mãe é especializada em culinária e tem a mais completa coleção de livros antigos de culinária brasileira que se conhece de posse de uma pessoa física. Inclusive um livro que, segundo consta, só existe similar na Biblioteca Nacional: *O cozinheiro nacional,* do século XIX, com receitas de macaco, capivara, uma porção de pratos interessantes... Desde muito cedo era esse o meu universo. E tive uma educação, uma infância muito saudável, muito de rua. Não havia televisão; no Brasil, televisão estava se iniciando naquela época, não funcionava direito e a molecada não assistia. Estudei em escola pública, depois cursei o ginásio em colégio religioso. Coincidiu de, no colégio religioso, eu ingressar na Ação Católica, na JEC. A Ação Católica se subdividia em movimentos especializados, em A, E, I, O, U, em JAC, JEC, JIC, JOC, JUC; então a JAC era do movimento agrário; a JEC era do movimento estudantil secundarista; a JIC era independente, geralmente formada por professores, mulheres solteiras; a JOC, operária, que deu origens às demais; e a JUC, universitária, cuja figura mais conhecida no Brasil foi o Betinho, que conheci lá pelos idos de 1959. Entrei na JEC quando o Marcelo [Gleiser] estava nascendo. Eu tinha 13 anos, eu e o irmão do Betinho, o Henriquinho, que o Brasil todo conhece como Henfil. Nós dois éramos muito jovens — normalmente as pessoas entravam na JEC com 15, 16 anos...

WF E vocês tinham 13, não é?

FB É, tínhamos 13, e por isso fomos discriminados. Aí que nos firmamos, para mostrar que tínhamos capacidade para ser militante.

MG O que o seu pai achava disso?

FB Achava um horror! Por duas razões: primeiro por eu estar muito próximo a padres, a padres dominicanos, e segundo por estar à esquerda dele. Afinal, era anticlerical de direita e os padres dominicanos, excepcionalmente, sempre foram de esquerda aqui no Brasil. Então, isso pirava a cabeça dele.

WF Você falou que santo Tomás de Aquino era confrade, eu não sabia que ele era dominicano.

FB Era dominicano. Tem também Giordano Bruno.

WF Tomás de Aquino era um grande astrólogo.

MG E santo Agostinho criticava a astrologia.

FB E também eram dominicanos Tommaso Campanella, Bartolomeu de Las Casas...Tem gente boa na minha família religiosa, apesar da Inquisição. Enfim, aí começaram muitos conflitos em casa, mas essa militância me deu certa precocidade quanto à visão da vida, responsabilidade. Lia-se muito. A gente com 14, 15 anos, se encontrava para discutir filosofia, teologia, temas importantes, sem deixar de participar de festas e de tudo aquilo que é próprio da adolescência.

WF Não tinha ainda um viés seminarista nessa história, não?

FB Não.

WF Era mais um engajamento político mesmo, não é?

FB É, um engajamento político na linha cristã.

WF Na linha católica mesmo, não é?

FB É, na linha católica, realmente despertar as pessoas para os valores do Evangelho. Havia a motivação do apostolado.

WF O que você está falando é interessante, porque tudo isso antecede o Concílio Vaticano II.

FB Antecede e, aliás, os analistas concordam que são três os fatores que levaram ao Concílio: o movimento católico, o movimento de renovação litúrgica e o movimento ecumênico.

WF Ah, então a coisa vem de baixo para cima.

FB Vem de baixo para cima. Meu pai foi a última pessoa a saber que, dois dias depois, eu entraria nos dominicanos. Mas volto um pouco antes:

com 17 anos fui eleito primeiro vice-presidente da União Municipal de Estudantes Secundaristas de Belo Horizonte. A primeira vez que enfrentei a polícia foi no dia da renúncia do Jânio, 25 de agosto de 1961.

WF Dia do seu aniversário.

FB É, dia do meu aniversário. Fui para a rua participar da manifestação pela legalidade e pelo retorno do Jânio ao poder.

WF É, porque desde o primeiro momento os militares já não queriam deixar o Jango assumir, não é?

FB Exatamente, e aí enfrentei cavalaria, bomba de gás lacrimogêneo... Foi minha primeira participação em manifestação política contra a repressão. E naquele mesmo ano, fui escolhido para participar da direção nacional da JEC, com sede aqui no Rio. Morávamos numa república, as duas equipes, JEC e JUC, em Laranjeiras, na rua das Laranjeiras, esquina com a rua Pereira da Silva. Morei ali entre 1962 e 1964.

WF É interessante porque, geograficamente, vocês estavam próximos àquela altura, porque a Hebraica é ali do lado também.

FB Durante três anos percorri quase todo o Brasil duas vezes, articulando o movimento. Foi uma experiência riquíssima. E com 17 anos, a partir de 1962...

WF Fez 18 anos aqui durante essa passagem?

WF Fiz 18 aqui no Rio. Eu viajava pelo Brasil, participava intensamente da política estudantil; o que menos fazia era estudar, embora lesse muito. Sempre fui um aluno medíocre, do ponto de vista de notas etc. Custei a descobrir a razão: sou monotemático. Fui péssimo aluno de física, química e biologia e, no entanto, ao me interessar por essas disciplinas, escrevi um livro sobre tudo isso, *A obra do Artista: uma visão holística do Universo*. Quando cismo em mergulhar num tema, vou fundo.

WF É aí a vantagem de ser monotemático, porque você mergulha até...

FB Havia uma dificuldade: na escola eu estudava as disciplinas que me interessavam só para passar de ano. Quando entrei nessa roda-viva aqui do Rio foi muito complicado, porque éramos mantidos na comunidade da JEC e da JUC por Dom Helder Camara, assistente da Ação Católica. Dom Helder é uma figura muito importante na minha vida; nós passávamos por muitas dificuldades naquela época.

WF Ele já era arcebispo do Rio nessa época?

FB Bispo auxiliar. Lembro que havia um programa norte-americano para evitar o comunismo na América Latina chamado "Aliança para o Progresso". Chegavam navios com donativos para distribuir aos pobres — como se isso fosse resolver o problema —, e a Igreja era uma das responsáveis pela distribuição daqueles donativos, entre os quais o "queijo do Kennedy" e o "leite da Jacqueline". E parte daqueles mantimentos vinha para a nossa república de estudantes. Comíamos aquilo.

WF Vocês se esbaldavam com aquilo.

FB Não, esse é que era o problema. Os mantimentos vinham em caixas de papelão que ficavam meses nos porões dos navios, no porto.

WF ficava tudo deteriorado?

FB E todos ficávamos doentes de tanto comer aquela ração; e também ficamos mais antiamericanos ainda. Mas foi uma experiência muito rica porque vivi intensamente três anos de profundas mudanças no Brasil: o ano do golpe militar (1964), precedido de dois anos em que tudo era novo neste país; a bossa era nova, o cinema era novo, a literatura era nova…

WF Me permita abrir um parêntese aqui interessantíssimo, em que de novo vou encontrar um ponto comum entre vocês dois, uma coisa que acho fascinante: você sabe quem inventou o termo "bossa nova"?

FB Quem?

WF Um jornalista judeu chamado Moisés Fucks. Aconteceu por causa de um show que ele promoveu lá na Hebraica; não me lembro exatamente quem eram os integrantes desse show, mas provavelmente tinha João Gilberto, Tom Jobim etc. Ele foi o produtor do show, e quando lhe perguntaram do que se tratava — bossa era o termo da época, na gíria, que queria dizer alguma coisa, alguma moda —, ele respondeu dizendo "isso aí é uma bossa nova que está surgindo", e com isso, o termo depois acabou virando a identificação do gênero musical que ficou conhecido como "bossa nova".

FB Foi muito rico viver no Rio de Janeiro, caixa de ressonância do Brasil. E, na época, não deixava de ser capital apesar da fundação de Brasília. Tudo se centralizava aqui. Foi rica a experiência de um Brasil que sonhava com um futuro diferente, por meio do governo Jango. De repente vem o golpe militar e tudo desmorona. Fui preso pela primeira vez em junho de 1964, no apartamento da JEC e da JUC em que morávamos. Ele foi invadido pelo Cenimar, o serviço secreto da Marinha.

WF Essa comunidade era uma pensãozinha?

FB Não, era um apartamento mantido pelo Dom Helder Camara, pela Ação Católica.

WF Era um apartamento?

FB Um apartamento. Moravam 12 rapazes lá dentro! E a coitada da dona Maria, nossa cozinheira, tinha tanta pena da nossa penúria que descobrimos, tardiamente, que ela gastava quase todo o salário para melhorar a nossa comida.

WF O salário dela mesma?

FB A dona Maria chegava a congelar a carne na geladeira — ainda não existia freezer —, descia até o boteco em frente ao prédio e pedia para cortarem a carne na máquina de fatiar salame, de modo a não faltar um bifinho para cada um. Santa dona Maria! E nessa, fui preso em junho de 1964 e fiquei 15 dias encarcerado.

WF Foi a Marinha que te prendeu?

FB Foi a Marinha. E levei uns cascudos, porque me confundiram com o Betinho, famoso mais tarde pelo combate à fome, por causa da coincidência de apelidos: Betto, Betinho, Belo Horizonte, Ação Católica, e eles estavam visceralmente atrás do Betinho por causa da Ação Popular. O Betinho havia fundado um movimento de esquerda independente da JUC, da Igreja, que se chamava Ação Popular. Ele estava sendo procuradíssimo. E ao longo da vida, brincava que tinha uma dívida comigo, por eu ter apanhado no lugar dele.

WF Você literalmente apanhou por ele.

FB Eu reagia: "Espero que você nunca tenha que pagar essa dívida." Aí surgiu a inquietação vocacional. Ah, detalhe: ingressei no curso de jornalismo em 1964, na Faculdade Nacional de Filosofia, da Universidade do Brasil. Tínhamos um professor de História chamado Hélio

Vianna, cunhado do marechal Castelo Branco — o marechal era viúvo da irmã do Hélio Vianna —, que era monarquista e estava eufórico com o golpe. E imagina, numa faculdade, o professor fazer apologia do golpe para os estudantes...Repudiávamos as ideias do Hélio Vianna; é claro, uma meia dúzia de estudantes de elite gostava dele, achava o golpe uma maravilha, havia salvado o Brasil do comunismo, mas a maioria era de esquerda ou simpatizante. E o Aterro do Flamengo, que estava sendo construído, servia de pasto para burros, cavalos, animais que faziam algum tipo de transporte.

MG É difícil imaginar o Aterro do Flamengo cheio de burros e cavalos.

FB Pegamos um burro e, com muita dificuldade, subimos com ele três lances de escada. Foi levado para dentro da sala. Deixamos o burro sozinho na sala e fomos para o andar de cima observar a reação do Hélio Vianna. Ele entrou na sala e, para nossa decepção, não saiu: ficou 50 minutos lá dentro. Terminado o período de aula, bateu o sinal e imaginamos: "Ele vai lá na reitoria acabar com a gente." Não foi. Tivemos muito trabalho para descer o burro. O burro deve ter gostado da aula. Uma semana depois, o Hélio Vianna entra em sala. Pensamos: "Hoje é o dia da bronca", e nada. Fleuma perfeita, deu a aula tranquilo. Ao chegar no último minuto, ele se vira para a classe e diz: "Quero avisar aos senhores e às senhoras que haverá prova na próxima aula. Peguem os pontos com o único colega que compareceu à aula passada." Vocês se lembram de que havia pontos?

WF Lembro, lembro.

MG Na minha época não tinha.

WF Era o burro o colega?

FB Claro!

WF Porque ninguém tinha ido assistir à aula.

FB Não, só o burro. Vingança perfeita! E caiu na prova: "Qual a influência da invasão holandesa ao Nordeste na economia da Coroa da Holanda?" Foi zero para todo mundo.

WF Para todo mundo?! Vingança perfeita!

FB Só para fechar o parêntese. Aí me surgiu a inquietação vocacional. Por causa da militância cristã, desenvolvi muito o gosto pela oração. As duas coisas que mais gosto de fazer são rezar e escrever. Então, a partir da oração brotou a inquietação vocacional: "Será que tenho vocação religiosa?" Na adolescência, gostava de festa, de namorar, tive iniciação sexual precoce, mesmo para a minha geração.

WF Com que idade?

FB Com 11 anos. Nem dá para falar que foi relação... Amigos me levaram a prostitutas.

WF Literalmente, foi na zona mesmo?

FB Não, foi com moças que, na periferia, se deixavam esfregar em troca de algum dinheiro. Frente à dúvida, fiz exame vocacional na PUC. As psicólogas me aconselharam: "Você tem vocação para diplomacia, direito, mas para padre, não. Convém não enveredar por aí." Pensei bem, e concluí: "Sou jovem. Nada tenho a perder. Não quero chegar aos 40 anos com a sensação de que Deus me chamava em outra direção." Decidi fazer uma experiência; disse aos frades dominicanos: "Vou entrar, não para ficar, e sim para tirar a dúvida que carrego, se esse é ou não o meu caminho."

WF Você estava com quantos anos?

FB Vinte anos. Então, em 1965 tranquei a matrícula na faculdade e fui para o noviciado dos dominicanos no alto do bairro da Serra, em Belo Horizonte, na época um lugar meio isolado. Foi um dos anos mais felizes da minha vida.

WF No seminário?

FB No noviciado. Foi uma experiência inusitada. Tem a ver com o que você falou da sua experiência, Marcelo, lá em Itacuruçá.[3]

MG Certo.

WF Aquela epifania.

FB Epifania. Só que ampliada no tempo. O que ocorreu comigo? Três meses depois do noviciado, entrei em crise de fé, cuja imagem gráfica, para melhor me expressar, é parecida a um vírus no computador, tudo começa a desabar. Exatamente isso aconteceu com a minha fé.

WF Depois de três anos?

MG De três meses!

FB Devo frisar um detalhe: dois dias antes de ingressar no convento, eu disse a meu pai que iria ser um dominicano. Ele, que já pressentia, chorou como quase ninguém nunca o tinha visto chorar daquela forma, nem antes nem depois, porque ele nunca enterrou um filho. Mas naquele dia ele me enterrou simbolicamente. E me disse: "Nunca mais fale comigo." Ficamos um ano sem nos falar. Depois verificou que os dominicanos não

---

[3] Frei Betto se refere a uma experiência vivida e retratada por Marcelo Gleiser no livro *Criação imperfeita*.

eram exatamente como ele pensava, eram mais abertos. Veio mais tarde minha segunda prisão, e a cabeça dele começou a mudar.

WF Isso é que eu ia lhe perguntar, porque você disse que ele era de direita.

FB Sim, ele comemorou o golpe! Na época, quebrou a perna e dizia que era o tributo que ele havia pagado para salvar o Brasil do comunismo etc. Então começou a se reaproximar de mim. Meu pai morreu em 2002, com cabeça de esquerda, fã da Teologia da Libertação.

WF Fantástica essa transição.

FB Morreu com 89 anos.

WF E você foi o principal instrumento dessa transformação dele, pela sua opção.

FB Sim, principalmente depois da segunda prisão, que durou quatro anos, aí foi mais forte.[4]

WF Eu queria lhe fazer uma pergunta, porque me lembro de que numa dessas apresentações suas numa orelha de livro você disse que era jornalista por vocação e frade por opção.

FB Hoje afirmo: escritor por vocação e frade por opção.

WF Você não coloca a opção religiosa como vocação?

---

[4] As prisões de Frei Betto estão relatadas em seus livros *Batismo de sangue* e *Diário de Fernando — nos cárceres da ditadura militar brasileira*, ambos da editora Rocco, e *Cartas da prisão*, da editora Agir e da editora Companhia das Letras.

FB Escrever, para mim, é como respirar. Se eu passar 48 horas sem escrever começo a me sentir mal.

WF Fisicamente?

FB Sim, é reação física. O que para muita gente é uma tortura, para mim é plenitude: ficar sozinho, entregue à elaboração dos meus textos. É o que pretendo fazer o resto da vida. Mas retomando a crise de fé... Então mergulhei numa crise de fé muito forte. Nunca havia passado por isso. Tinha aquela fé que a minha mãe me incutiu, de catequese, do colégio religioso no qual fiquei quatro anos. Todo o resto da minha formação escolar foi em escola pública. Tratei de procurar o meu diretor espiritual, frei Martinho Penido Burnier, homem sábio, formado pela Escola Bíblica de Jerusalém. A mais qualificada escola bíblica da Igreja Católica é a dos dominicanos, em Jerusalém. Tão qualificada que vários frades são professores também da Universidade Hebraica, sobretudo na área de arqueologia dos chamados "lugares sagrados". Há muito entrosamento no campo das pesquisas. Eu estive lá me preparando para escrever *Um homem chamado Jesus*[5], romance baseado nos evangelhos.

WF Estou lendo agora.

FB Ele contém a minha visão de Jesus. Voltando à questão, fui consultar frei Martinho, que me dispensou de ir à missa, das orações etc. E me aconselhou: "Cuide da sua crise, veja o que quer da sua vida." Noviciado é o ambiente próprio para isso. Disse a ele que estava pensando em ir embora, pegar meu boné e... fazer o quê na vida religiosa se eu não tinha mais fé?

WF Betto, explique para nós a diferença entre o noviciado e o seminário.

---

[5] *Um homem chamado Jesus*. Frei Betto. Editora Rocco, 2009.

FB O noviciado é a primeira etapa do candidato à vida religiosa e costuma ser cumprida em um ou dois anos. É um tempo de reclusão, no convento ou mosteiro, no qual o candidato entra em contato com a história da ordem ou congregação na qual pretende se inserir. Seminário é, em geral, para formar padres diocesanos, embora sejam frequentados também por membros de ordens e congregações religiosas. Porém, muitas ordens e congregações mantêm os seus próprios centros de formação em filosofia e teologia. É comum alguns religiosos cursarem a filosofia e a teologia em universidades católicas.

WF São as ordens?

FB São as ordens e congregações religiosas. Ali o candidato tem de um a dois anos de provação, para conhecer e ser conhecido; no fim desse período, é aprovado ou reprovado. Há quem seja mandado embora, o mestre vê que a pessoa não tem jeito ou tem algum desvio grave.

WF Eu aprendi com Marcelo Barros uma distinção que não conhecia entre as ordens e a Igreja. Não sei que adjetivo colocaria aí. Você pode, por exemplo, ser monge ou frade sem ser padre.

FB É o meu caso.

WF É o seu caso? Você não é padre?

FB Sou religioso. Na história da Igreja, primitivamente, havia padres, ligados ao bispo da cidade, e havia os monges, que não eram padres. Devido à falta de sacerdotes para celebrar missa e administrar sacramentos, religiosos foram feitos padres. Aos poucos, os religiosos assumiram a hegemonia na Igreja, sobretudo porque o clero era, em geral, quase analfabeto, por vezes devasso etc., enquanto os religiosos — monges e frades — eram mais disciplinados, tinham mais estudo. Portanto, passaram a ocupar as funções mais importantes na hierarquia da Igreja, como o papado. Assim, a vida religiosa se "clericalizou".

WF Clericalizou, era esse o termo que eu ia usar.

FB Quando entrei nos dominicanos, ainda na época do Concílio Vaticano II, o irmão, o frade não sacerdote — que é o meu caso — era um religioso sem estudos de nível superior. Era aquele que cuidava da portaria, da lavanderia, da horta, fazia compras no mercado, enquanto o frade sacerdote tinha estudos, pregava em público e não se ocupava com trabalho manual. A minha geração quebrou isso nos dominicanos. Todos que ingressam ali fazem os mesmos estudos de teologia e filosofia, e outros complementares, e depois cada um decide se quer ou não ser padre. Decidi não ser padre. Uma minoria faz esta escolha. Há influência indireta do meu pai em minha escolha.

MG Eu ia perguntar isso, se houve influência do seu pai nessa escolha de você não ser padre.

FB Houve. E me sinto muito feliz; não tenho vocação para cuidar de paróquia, celebrar missa, administrar sacramentos etc.

MG Posso lhe fazer uma pergunta?

FB Claro, todas as perguntas!

MG Você falou sobre "eu perdi a fé". O que quer dizer isso? Ou o que quis dizer isso naquele momento; talvez essa seja a melhor formulação.

FB Acredito nos conceitos da fé, na existência de um Deus em três pessoas, na divindade de Jesus e, de repente, essas coisas começaram a aparecer na minha cabeça como ridículas; sem fazer sentido ou ter lógica.

MG Mas alguma coisa deve ter provocado isso.

FB Tive uma conversa com o meu diretor espiritual, frei Martinho, e disse a ele: "Vou embora, sair dos dominicanos, retomar a universidade e viver como leigo." Ele me olhou e indagou: "Betto, se você estivesse caminhando à noite numa floresta e a pilha da sua lanterna acabasse, o que faria? Continuaria caminhando ou esperaria amanhecer?" Dei a resposta óbvia. "Então espere amanhecer, e leia os textos desta mulher." E me deu as obras completas de santa Teresa de Ávila. Ela é a paixão da minha vida. Brinco com as mulheres que gostariam que eu passasse pela vida delas: "Não é fácil competir com santa Teresa de Ávila!" Durante sete meses me dediquei a ler aqueles textos e meditar sobre eles, pois Teresa não é para ser apenas lida, é para ser sorvida.

WF É para ser experimentada.

FB É como um bom vinho, que você lamenta que acabe. Teresa é tão visceral, tão espontânea, tão amorosa, que nos seduz. Durante sete meses dediquei-me a seguir os ensinamentos dela e, por fim, tive uma experiência mística. Quando li, Marcelo, sobre a sua experiência em Itacuruçá, para mim foi arrebatador. Aliás, do ponto de vista da química do cérebro, isso já está comprovado: é a mesma alteração provocada pela paixão. Quem já esteve apaixonado sabe do que estou falando. E creio que nós três aqui já estivemos.

WF Com certeza.

FB Estar apaixonado é sentir-se permanentemente possuído por um outro que, objetivamente, está fora da gente; apesar disso, ele me ocupa mais fortemente do que eu a mim mesmo.

WF Essa sua descrição é perfeita!

FB A experiência mística é isso, com um detalhe: o Outro está dentro. É uma loucura, muda tudo, muda inclusive a relação com o tempo. Marcelo, às vezes — e na prisão experimentei isso de novo — eu dormia duas horas como se tivesse dormido oito. Esse dorme não dorme é coisa de quem está apaixonado.

MG É o estado psicótico da mania.

FB É uma euforia por dentro.

WF Dizem que os grandes iluminados dormem pouquíssimo, umas duas horas por noite.

MG O Einstein gostava de dormir nove, dez...

FB O Einstein?

MG É, o Einstein era dorminhoco.

FB Quanta sabedoria se perdeu, hein? Mas, enfim, era um estado de forte exaltação. Então, respondendo agora à questão que você levantou: passei de uma fé sociológica para uma fé personalizada, foi o que aconteceu. Em mim desabou uma certa cultura religiosa que eu confundia com os fundamentos da fé.

WF E não a fé propriamente dita.

FB Descobri, depois, que não havia perdido a fé, havia perdido certa visão religiosa. As religiões são muito recentes na história da humanidade, existem há, no máximo, oito mil anos. Já a espiritualidade existe há cerca de duzentos mil anos, desde que o *Homo sapiens* despontou.

WF É verdade.

FB Uma grande confusão que se faz é achar que a religião é necessariamente portadora da espiritualidade, e não perceber que a religião está para a espiritualidade como a família está para o amor; a família é sociologicamente equacionável, o amor, não. Descobri uma vivência de espiritualidade muito pessoal, para a qual não tenho a menor preocupação em buscar explicações racionais. Posso até equacionar elaborações teológicas etc., mas, como experiência de vida, é o mesmo que perguntar a você por que Waldemar ama Mônica e não ama Suzana... Hoje, tenho a sensação de que, mais do que ter fé, é saber que Deus tem fé em mim, como acredito que Ele tem fé em todo mundo. Há tempos fiz uma dedicatória numa *Bíblia* para o Fidel [Castro], dentro de um contexto curioso, porque eu havia feito — entre aspas — um grande contrabando de Bíblias para Cuba, a pedido dos bispos de lá. Eles se queixavam da insuficiência de exemplares da *Bíblia*. Como no Brasil não tem *Bíblia* em espanhol, mobilizei amigos na Espanha e enviamos a Cuba um contêiner de Bíblias. Elas deveriam ter sido entregues aos bispos, mas quem as recebeu foi o Partido Comunista, que cuidou de guardá-las no porão da sede do Comitê Central até eu retornar a Havana.

WF Chega a ser engraçado.

FB Para decidir como encaminhá-las. Eu disse: "Puxa, isso era para ter sido entregue." O dirigente comunista que me recebeu falou: "É, mas houve um problema, Betto. Acabaram as *Bíblias*." "Como acabaram?" "Os companheiros aqui do partido vieram pedi-las. Uns diziam que era para a avó, outras para o filho que fazia trabalho na escola, pois o Fidel, ao discursar, falou que nós, cubanos, somos Davi diante de Golias, os Estados Unidos; e os alunos queriam saber de onde procediam essas figuras."

WF Que são do Antigo Testamento.

FB Considerei a socialização das *Bíblias* muito apropriada, por avaliar que era mais importante os comunistas lerem a palavra de Deus do que os cristãos. Estes, de alguma forma, já a conhecem.

WF E o que o Fidel achava de tudo isso?

FB Na mesma tarde encontrei o Fidel. Contei isso e ele perguntou: "E não sobrou nenhum exemplar para mim?" Dei a ele o meu exemplar em espanhol, pois sempre levo um neste idioma quando vou a Cuba. Como dedicatória, escrevi: "A Fidel, em quem Deus tem muita fé." Fecho o parêntese. Para encerrar esse tema: a experiência de descoberta de uma fé personalizada foi muito forte e, no ano seguinte, fui para São Paulo fazer o curso de filosofia e, na USP, o de antropologia. Estou falando de 1966.

WF E você se afastou da política nessa época, de alguma forma?

FB Não, aí é que a coisa se agrava.

MG Posso fazer uma pergunta?

FB Claro, fique à vontade.

MG Quando você teve essa visão tão forte e leu santa Teresa de Ávila, mesmo assim achou que não ia ser padre?

FB A decisão de não ser padre data de 1970. Cinco anos depois, quando eu me encontrava na prisão, houve pressão, um pouco política também, de que eu fosse ordenado sacerdote dentro do cárcere. Um gesto simbólico. E o núncio apostólico, que é o representante do papa no Brasil, era uma pessoa muito simpática a nós presos, mais do que muitos bispos que nos visitavam. Paulo VI nos deu muito apoio durante os anos de prisão, ao contrário de alguns cardeais daqui, que foram, no mínimo, omissos, embora tenhamos recebido muito apoio de outros, como Paulo Evaristo Arns e Aloísio Lorscheider. O núncio achou que se eu fosse ordenado na prisão poderia soar junto ao governo como provocação.

WF E era mesmo, não era?

FB Era, foi aí que caiu a ficha e decidi não ser padre. E nunca mais relutei, embora tenha sofrido pressões para mudar minha opção. Porém, alguns bispos me autorizam a, eventualmente, celebrar batizado ou casamento.

WF Eu queria entender esse limite. Achei que era necessário ser padre para ministrar qualquer sacramento.

FB Basicamente, só para ministrar dois sacramentos é preciso ser padre: penitência ou confissão auricular — e, hoje, raros se confessam a um padre — e a consagração do pão e do vinho.

WF Consagração?

FB Sim, na celebração da missa. Hoje em dia, até mesmo leigo pode celebrar casamento, desde que delegado pelo bispo. Pode também celebrar batizado ou dar a unção dos enfermos.

WF Ah, pode fazer a unção?

FB Pode. Crisma, não, só sendo padre ou bispo.

WF Então, são crisma, confissão e…

FB A consagração da eucaristia. E outra vantagem é que, não sendo padre, não posso fazer carreira na Igreja, o que acho ótimo!

WF Isso é uma grande vantagem, não é?

FB Para mim, sim.

WF E o celibato está dentro disso, faz parte dos compromissos religiosos?

FB Faz parte. Todo religioso ou religiosa tem os três votos: pobreza, castidade e obediência, termos que proponho mudar. São medievais, têm muito mais a ver com as virtudes pagãs gregas do que com a mística do Evangelho. Proponho mudar o de pobreza para voto de compromisso com a justiça, pois é muito fácil falar de pobreza se vivo num conventão repleto de mordomias. O importante é saber se vou lá lutar com os pobres, solidarizar-me, ajudar a defender os direitos deles. Quanto à castidade, voto de gratuidade no amor.

WF De gratuidade?

FB Gratuidade no amor, e a obediência, fidelidade comunitária. Fidelidade é palavra muito bíblica. A sua mulher não é obediente a você, nem você é obediente a ela, vocês são fiéis, termo da mesma raiz das palavras fé e confiança. Confiança significa com fé. Quando eu for cardeal em Roma vou poder mexer nisso...

WF Isso vai ser numa outra encarnação, provavelmente.

FB Mas aí voltando... Cheguei a São Paulo em 1966 e entrei na subversão. Por meio da universidade eu me liguei ao Marighella. Negócio pesado!

WF Luta armada, mesmo.

FB Luta armada mesmo. Nunca peguei em arma, era linha auxiliar, apoio. Nos anos de 1967, 1968... Se fosse escrever um livro como o do Zuenir [Ventura][6], o título seria *Os anos em que não dormi.* Estudava filosofia, estudava antropologia, trabalhava na revista *Realidade,* era assistente de direção do Zé Celso [Martinez Corrêa] na montagem de *O Rei da vela,* peça de Oswald de Andrade, e ainda atuava na resistência à ditadura. Como eu dava conta de tudo isso, não sei explicar. Foram anos extremamente intensos, também sedutores; toda a aventura da clandestinidade, estar tramando contra o regime militar...

WF Havia aquele lema do Hélio Oiticica: "Seja marginal, seja herói."

FB É, exatamente: me sentia herói, acreditava que o meu tempo histórico coincidiria com o meu tempo pessoal, coisa em que não creio mais.

WF Mas, durante essa época, de uma certa forma você viveu isso plenamente.

FB Sim, claro, mas acreditava que um dia, sei lá, desceria a serra da Mantiqueira para tomar o poder em Brasília. Não renego minha participação na luta contra a ditadura, pelo contrário, tenho sadio orgulho daquela época, de tudo que vivi e passei.

WF Você terminou esses cursos todos, Betto?

FB Nada, foi tudo bastante atrapalhado, tanto que não tenho mestrado, doutorado. Teologia terminei na prisão, com a ajuda de orientadores.

WF Onde você fez teologia?

FB Comecei na Escola Dominicana de Teologia, em São Paulo, prossegui no seminário dos jesuítas, em São Leopoldo (RS)... Quando veio o AI-5.

---

[6] 1968 *o ano que não terminou.* Zuenir Ventura. Editora Nova Fronteira, 1989.

WF Final de 1968.

FB É, no final de 1968, trabalhava na *Folha da Tarde,* era chefe de reportagem do jornal.

WF Quer dizer que durante esse tempo todo você estava trabalhando profissionalmente como jornalista?

FB Sim, como jornalista. Nós, dominicanos do Brasil, sempre tivemos que trabalhar e ajudar a sustentar a comunidade.

WF Não havia aquela opção da vida retirada.

FB Não, não tinha isso não. Fez-se aqui no Brasil a opção de não ter fonte de renda própria. Hoje, temos algumas, porque antigos conventos ficaram ociosos, muito grandes para o reduzido número de frades, e fomos morar em comunidades menores. Os antigos conventos estão alugados para escolas. Ao contrário de outras ordens e congregações religiosas, nunca tivemos fazendas, gráficas, imóveis alugados...

WF Todo mundo ia trabalhar.

FB Todo mundo trabalha, até os estudantes. Considero isso muito positivo.

WF E isso era só entre os dominicanos?

FB Aqui no Brasil, que eu saiba, só os dominicanos. Todos devem trabalhar. É um alívio poder afirmar que sempre vivi do meu trabalho, nunca fui mantido pela Igreja. Pelo contrário, contribuo para a comunidade com o ganho do meu trabalho. Hoje, trabalho como escritor e palestrante. E, de modo voluntário, assessoro movimentos pastorais e sociais. Então, em 1968, com o AI-5, a coisa começou a apertar.

WF E você estava na clandestinidade a essa altura?

FB Não, e se existe isso, eu estava numa semiclandestinidade, porque a polícia começava a dar sinais de que sabia da minha existência como militante. Por exemplo, eu morava numa comunidade de frades num apartamento com mais cinco ou seis deles. Em certo momento, quem morava em convento passou a viver em pequenas comunidades, vestindo roupa de leigo etc. E um dia apareceu no prédio um sujeito dizendo-se vendedor de produtos farmacêuticos; queria falar comigo. O porteiro, que era meu amigo e nada tinha de bobo, me falou: "Olha, acho que eram os caras do DOPS, disfarçados de vendedores. Achei estranho vendedores de medicamentos querendo falar com você. Disse que havia viajado." Começaram alguns sinais semelhantes. Então, o Marighella me propôs ir para o Rio Grande do Sul, montar um esquema de fronteira, para dar fuga a militantes que estavam sendo procurados pela repressão, porque, às vezes, o companheiro era reconhecido numa operação de expropriação bancária e precisava de um esquema para sair do Brasil.

WF Para passar pela fronteira?

FB Fronteira com o Uruguai e a Argentina. Então fui para o Rio Grande do Sul estudar teologia com os jesuítas.

WF Ah, você esteve com os jesuítas?

FB Com os jesuítas. Sou primo de um deles, o João Batista Libanio. Brinco quando perguntam: "Você é parente do João Batista?" Respondo que sou primo do João por parte de mãe e irmão de Jesus por parte de pai, já que meu outro sobrenome é Christo.

WF Certo, você é Christo também.[7]

FB Fui lá para São Leopoldo e montei o esquema de fronteira. Tirei do Brasil vários sequestradores do embaixador americano. Em novembro de 1969, a repressão descobriu o esquema dos dominicanos de apoio ao Marighella. Está tudo descrito no *Batismo de sangue,* e hoje há o filme do Helvécio Ratton sobre o assunto. Então fui preso.

WF Antes ou depois do AI-5?

FB Em 1969, um ano depois. O AI-5 foi em dezembro de 1968. Fui preso em novembro de 1969, e fiquei quatro anos.

WF Quatro anos?!

FB Quatro anos, dois como preso político e dois como preso comum. Quando terminava a pena, em companhia de mais dois frades, Fernando de Brito e Ivo Lesbaupin, o Supremo Tribunal Federal, julgou o nosso recurso e diminuiu a sentença de quatro para dois anos. De modo que posso cometer qualquer crime penalizável até dois anos porque já está pré-pago.

WF Está com um saldo lá, é isso?

FB Com saldo, crédito.

WF Mas o Supremo conseguia ainda ter alguma independência nessa época, com todo esse arrocho do AI-5?

FB Aliomar Baleeiro era um grande jurista. Nosso processo caiu nas mãos dele, foi a nossa sorte.

---

[7] O nome completo de Frei Betto é Carlos Alberto Libanio Christo.

WF Quer dizer que os militares acatavam uma decisão do Supremo nessa época?

FB No nosso caso, nem tinham como não acatar, porque já não era nem questão de soltar, nós tínhamos sido condenados a quatro anos, e esse tempo estava expirado.

WF Então houve um julgamento de fato; não foi uma daquelas prisões arbitrárias, em que a repressão ia lá e prendia sem mandado, sem nada.

FB Não, fomos presos, mas julgados dois anos depois, e condenados a quatro anos. Entramos com recurso, primeiro no Superior Tribunal Militar, que confirmou os quatro anos, e depois no Supremo Tribunal Federal, que, em outubro de 1973, reduziu a pena de quatro para dois anos, quando faltavam alguns dias para completarmos os quatro anos.

WF Já tinham se passado os quatro anos?

FB Exato.

WF Engraçado, tenho a impressão de que nessa época — eu tinha 16 anos quando o AI-5 foi promulgado — as instituições tinham ficado completamente solapadas pelo governo militar.

FB Havia pequenas brechas.

MG A justiça não é cega.

WF Mais do que tudo, eu achava que, às vezes, essas decisões eram, digamos, atropeladas pelo regime militar.

FB Em geral, sim.

WF Já era o Médici a essa altura.

FB Fiquei na cadeia exatamente início, meio e fim do período Médici.

WF Que foi a doença do [presidente] Costa e Silva e o impedimento da posse do [vice] Pedro Aleixo.

FB Peguei o pior período de todos os ditadores do regime militar.

WF Aí, por fim, o período da famosa Junta Militar.

FB Por isso virei preso comum.

WF Como? Explica para nós.

FB Havia muita repercussão de torturas no exterior e, segundo a repressão, era culpa da Igreja. Quem abastecia a imprensa internacional com informações era a Igreja.

WF A repercussão era culpa da Igreja?

FB Sim, por causa da capilaridade. Até o papa criticava o regime militar. Claro que Dom Helder tinha parte de responsabilidade nisso.

WF E botava a boca no trombone.

FB Uma vez, foi fazer uma palestra em Paris, num auditório com duas mil pessoas, e mudaram para o Palácio de Esportes, que comporta 12 mil pessoas, de tanta afluência. Dom Helder e Pelé eram os brasileiros de maior renome internacional; eram atração em qualquer lugar que fossem. Impressionante a influência que Dom Helder teve. Ele denunciava tudo. Por isso o regime militar tinha ódio dele. Mas sabia também que tinha gente que o abastecia de informações. Nós, que estávamos dentro da prisão, ficávamos sabendo das atrocidades cometidas e passávamos a informação para fora. Então, a ditadura achou que nos colocando no meio dos presos comuns iria nos calar. Aí é que piorou.

WF Que artifício, que justificativa eles usaram para isso, do ponto de vista jurídico?

FB Nenhuma; eles violaram as próprias leis. Simplesmente nos pegaram de madrugada e enfiaram num carro de polícia. Viajamos 12 horas naquele cofre traseiro todo fechado, algemados uns aos outros, sujeitos a cada solavanco… A algema tem um sistema de dentes que vai comendo um a um. Imagina o sufoco para tentar evitar que ela apertasse mais… Só desapertava quando parava em posto de gasolina para abastecer a viatura, ir ao banheiro e tomar café. Foram 12 horas de viagem de São Paulo a Presidente Venceslau, na divisa com o atual estado do Mato Grosso do Sul. Naquela época, com estradas ruins, vocês imaginam… Ficamos quase dois anos em Presidente Venceslau. De lá saímos livres.

WF Mas é essa a minha dúvida em relação ao Supremo [Tribunal Federal]. Nessas horas o regime militar fazia o que queria. Transformou vocês em presos comuns de um dia para o outro sem dar satisfação a ninguém.

FB Sem dar satisfação a ninguém. Violando todos os princípios. Naquela época, por lei, eu tinha direito à prisão especial, mas isso nem foi cogitado. Eu usava uniforme, tinha — tinha não, tenho, porque isso é perene — matrícula de preso comum. Se eu voltar a ser preso e for para uma penitenciária, o prontuário está lá, não muda. No início, sentíamos muito medo dos outros presos, medo sobretudo de serem induzidos a cometer algum tipo de violência contra nós. Era uma forma de ficarem livres da gente. Na ditadura, bastava soprar no ouvido de um preso comum: "Dá uma facada nesse cara aí, finge que é uma briga e a gente apressa sua liberdade." Porém fizemos uma descoberta sensacional, Marcelo. Descobrimos que os caras tinham mais medo de nós do que nós deles, por causa da fama de terrorista!

WF Veja só! Na cabeça deles, vocês eram pessoas perigosíssimas.

FB Éramos os Al Capone. Eles se sentiam amadores diante de nós. Era uma coisa incrível, o cara chegava perto de mim e dizia: "Olha, Betto, eu estou para sair, já estou há 16 anos aqui e queria me enturmar com seu pessoal lá fora, não vou mais assaltar pé de chinelo, quero partir pra uma pesada, metralhadora, sequestro de embaixador, assalto a banco…"

WF Vocês eram mitificados pelos presos comuns.

FB "Eu nunca fiz isso", dizia a eles. "Ora, sei que você não vai abrir o jogo comigo, mas eu vou te mostrar que pode confiar." O que nos salvou foi o mito.

WF Permita-me puxar um ponto aqui, pela pequena diferença de gerações que existe entre você, o Marcelo e eu. Eu, por exemplo, vivi essa rebeldia muito mais dentro da filosofia do movimento hippie, que era uma outra forma de contestar. Nós tínhamos duas formas de protestar contra a situação daquela época: ou íamos para a esquerda, para a luta armada, ou contestávamos o regime por meio do movimento hippie.

FB De uma forma comportamental.

WF Exatamente, comportamental. Você viveu isso de alguma forma? (Dirigindo-se a Marcelo.)

MG Bem na saideira.

WF Na saideira?

MG É, em 1968 eu tinha nove anos. Mas eu tinha um irmão mais velho, o Luiz, que, em 1968, tinha 18 anos e mergulhou no movimento estudantil de cabeça. Saiu uma foto dele na capa do *Jornal do Brasil* jogando uma pedra num policial. Ele foi para a França, para Paris, fugindo antes que o pegassem. Ele saiu fora de cargueiro do Loide [Brasileiro].

WF Os cargueiros do Loide.

MG Ele foi para Vincennes[8] em 1968 e 1969 e, quando voltou, voltou "o" hippie.

WF E você pegou uma carona na experiência dele?

MG É, a minha geração pegou uma carona, mais no movimento hippie do que no movimento da luta armada.

WF Exatamente, foi o meu caso também; nós fomos muito mais pela via comportamental, como o Betto falou, de contestar os valores estabelecidos pegando uma carona na rebeldia contra a Guerra do Vietnã, contra o engajamento dos americanos nessas guerras coloniais todas...

MG Eu tinha uma polarização muito grande em relação aos Estados Unidos; por um lado havia o Vietnã, mas em 1969 a gente assistiu ao homem pousar na Lua. Então para mim foi...

WF Pelo lado da ciência...

MG Claro, claro. A mistificação por esse outro lado: ali era o lugar onde se podiam fazer milagres. Onde cientistas transformam em realidade o

---

[8] Universidade de Vincennes, Paris.

que antes a gente achava milagre. Por exemplo, viajar e colocar um homem na Lua. Aliás, diga-se de passagem, tem gente que até hoje não acredita. Pessoas inteligentes, bem-informadas...

FB Eu estava na prisão, em Presidente Venceslau, quando fomos levados para um salão para ver pela televisão o homem pisando na Lua.

MG É, existem certos momentos da história que ninguém esquece onde estava. Esse é um deles. E me parece que a morte de John Kennedy é um outro. Eu me lembro bem; tinha quatro anos e ainda me lembro.

FB Eu lembro de que estava no Passeio Público, no centro do Rio, saindo do cinema.

WF Eu tinha 11 anos.

MG Então, esses momentos ficam na história de cada um. Essa é uma das poucas imagens que eu tenho da minha mãe, porque ela ainda estava viva. Primeiro a televisão saiu do ar, e, quando a vi aos prantos, perguntei: "O que aconteceu?" E ela me respondeu: "Morreu o presidente dos Estados Unidos."

WF Ela estava comovida com o fato?

MG Muito. Esse momento foi inesquecível para muita gente. De alguma forma, na minha cabeça de criança, o que mais me impressionou foi a tristeza da minha mãe. A minha família tinha uma relação longa com os Estados Unidos. Meu pai foi estudar em Harvard, fez curso especializado em 1953. Meus dois irmãos mais velhos foram com ele. Eu me lembro das fotos de Boston toda cheia de neve, um lugar mágico. Existiam dois Estados Unidos: um bom, outro ruim.

WF É, havia essa polarização; isso que você falou é muito interessante, porque por um lado tinha, digamos, a vilania que era a Guerra do Vietnã, e na peça *Hair* era justamente essa a dúvida do personagem principal: se ele vai servir no Exército americano ou não. É muito bonita essa simbologia porque no final da peça, quando ele aparece vestido de soldado, de uniforme, no meio dos amigos hippies, se torna invisível para os amigos, que ficam gritando por ele, que responde "Estou aqui, estou aqui", com aquele uniforme tipicamente americano. Mas ele não é mais enxergado pelos amigos. Essas duas vertentes foram muito marcantes nessa época.

MG Acho que na geração dos nossos pais tem que se dar um desconto também por causa da Segunda Guerra Mundial. Os americanos — os ingleses e os russos também — salvaram o mundo. Eu acho que isso é uma coisa que marca. Já pensou se não tivesse sido assim?

FB Claro, eu não estaria aqui.

WF Claro, acho que nenhum de nós estaria aqui.

MG Então tem esse lado. Eles são os mocinhos, não é? Essa coisa de mocinhos e bandidos. Depois, é claro, você começa a estudar um pouco mais de história e…

WF Começou principalmente com a Coreia, não é? E desaguou no Vietnã.

MG É uma nação que está permanentemente em guerra. Isso é uma coisa com a qual fico horrorizado. Moro nos Estados Unidos há 25 anos e é uma nação que está permanentemente em guerra, que só funciona com a guerra.

WF E essa questão é algo que está plasmado no inconsciente coletivo do povo americano.

FB A questão da guerra.

WF A paranoia da Rússia, da Guerra Fria. Eu fui fazer um curso de engenharia de som em 1982, em Ohio, e me lembro de uma conversa com colegas americanos. Tinha aquela questão de o povo russo ser o principal antagonista, aquela guerra fria alimentada por essa propaganda. Eles viviam isso na pele: eu sentia literalmente que os caras tinham pavor que jogassem uma bomba na cidade deles ou de os russos invadirem os Estados Unidos.

MG É uma coisa de louco. Aquilo que o Betto falou logo no início da nossa conversa, que a espiritualidade é muito mais antiga do que a religião, eu complemento afirmando que o tribalismo é muito mais antigo do que a civilização. Essa questão de você tribalizar a vida, o planeta, é totalmente parte de como funcionamos. Então, é óbvia essa dicotomia do bem e do mal. A minha tribo contra o resto do mundo. E na União Soviética eles faziam a mesma coisa ao contrário.

WF Ao contrário, pois é. Esse termo "tribalismo" é muito interessante nesse contexto, Marcelo, porque eu me lembro que normalmente no teatro grego original você tem os atores principais e o coro, o grupo de figurantes que também faz parte do elenco. E no *Hair*, o coro era "a tribo", fazia parte daquilo que seria o coro no teatro grego, e que especificamente na peça começou-se por reavivar e reafirmar esses conceitos do movimento hippie, dessa atitude comportamental. Nós éramos chamados de "a tribo" e não de "o coro".

MG E essa questão tribal, para mim, é um dos maiores problemas da religião, porque leva ao fundamentalismo. Outro dia eu escrevi um artigo para a *Folha [de São Paulo]* sobre a Copa do Mundo e de onde vem essa coisa das torcidas. A questão das torcidas é muito interessante: é tribo, cara, é tribo. E as alianças mudam, porque primeiro você é torcedor do Flamengo, então essa é sua tribo; depois tem o Campeonato Brasileiro, então não é mais o Flamengo contra as outras tribos do Rio de Janeiro, mas é o Flamengo contra as outras tribos do Brasil. Depois vem o campeonato mundial, e aí você não é só Flamengo, você é brasileiro, e suas alianças mudam.

WF Níveis de tribalismos diferentes.

MG Com as cores, com o grito, com o tambor, com o ritual, com a vuvuzela... Então, isso mostra o quanto a gente é tribo mesmo. O ser humano evoluiu em muita coisa; os utensílios da tribo mudaram, mas o fundamento do pensamento tribal é totalmente presente em nossas vidas.

WF Interessante. O que você acha disso, Betto?

FB Concordo com o Marcelo, porque, na verdade, é aquilo que o Leonardo Boff fala do carisma e do poder. Todas as instituições renovadoras, não só as religiosas, como também as políticas, nasceram de movimentos, e esses movimentos, com o tempo, foram se institucionalizando. Você, Marcelo, usou a expressão religião organizada, eu sugiro colocar religião institucionalizada.

WF Está ótimo.

FB E a institucionalização, por razões sociológicas, é um pouco necrófila, ela vai te sugando a vida porque exige a hierarquia, a disciplina, exige um código, um princípio que vai ser arraigadamente defendido, propagado, e com isso você perde a dinâmica.

MG Enrijece, perde a magia.

FB Razão pela qual os místicos, ao longo da tradição cristã, foram progressivamente sendo clandestinizados. Porque... bem, primeiro porque todos eles, com raras exceções, foram muito perseguidos por questionarem a instituição.

WF Eles transcendiam o limite da convenção religiosa.

FB Justamente. Santa Catarina de Sena criticava o papa. Santa Teresa de Ávila enfrentou o núncio dom Felipe Sega, que quis queimá-la na fogueira na Inquisição, sob a alegação de que ela era uma mulher desobediente, contumaz, indisciplinada. Foi preciso um grupo de teólogos defendê-la.

WF A experiência mística dela seria quase que ofensiva, de acordo com as convenções da Igreja naquela época.

FB Sobretudo uma mulher que saiu do Carmelo para fundar outro Carmelo, dizendo: "Olha, isso aqui não tem nada a ver. A proposta tem que ser outra." Toda essa dinâmica vai sendo congelada com o tempo, e esse é um desafio que vale para qualquer instituição, inclusive para a universidade. Como encontrar uma maneira de evitar o congelamento de um movimento, de uma dinâmica, na sua institucionalização? É a questão do poder, que está muito relacionada a isso. O poder é muito retrógrado, porque ele quer manter, perpetuar...

WF O poder, por natureza, é conservador.

FB Exatamente, é conservador.

CIÊNCIA E FÉ

MG É interessante essa questão que estávamos conversando sobre o poder, porque a ciência tem uma solução em relação a isso. É claro que na ciência existe poder, hierarquia, mas o fato de a ciência estar sempre se questionando...

FB A teoria da dúvida.

MG Exatamente, não existe uma teoria final. Não existe dogma na ciência, quer dizer, você tem teorias que são aceitas, mas essas teorias podem ser questionadas, até mesmo derrubadas ou complementadas no futuro.

FB Ótimo! Então vamos desdobrar isso, porque considero este tema extremamente importante para a nossa conversa. Foi muito cômodo enquanto a Igreja teve hegemonia sobre a ciência, ou, em outras palavras, enquanto ela se adequou à cosmologia do Ptolomeu. A Igreja entrou em pânico no momento em que a ciência se tornou independente dela, e esse pânico historicamente vem, de um lado, pela ciência, de outro, pelos místicos. Falávamos que os místicos eram clandestinizados. Hoje são pouco conhecidos. Sempre à margem, de alguma forma, porque sempre incomodaram o poder. O místico é uma pessoa extremamente livre.

WF E é essa liberdade que incomoda o poder.

FB Essa liberdade incomoda. Frente ao pensamento científico, o que a Igreja fez? Ela dialogou até um certo momento, porque quase todos os cientistas — Galileu, Copérnico, Newton — eram cristãos. Tinham algum diálogo com a religião, a respeitavam. Mas chegou um momento, a partir do século XIX, em que houve um corte, uma ruptura, o que levou a Igreja Católica à declaração do dogma da infalibilidade papal.

WF É do século XIX?

FB Do século XIX. O dogma foi declarado por Pio IX. Ele convocou o primeiro Concílio do Vaticano, que, por causa da guerra, não terminou. Havia um questionamento brutal.

WF Quando foi isso exatamente?

FB Em 1869 e 1870.

WF Mas, no caso, a qual guerra você está se referindo?

FB À guerra franco-alemã. Então Pio IX, com um argumento de força, declarou: "Apesar de todo o questionamento, o papa é infalível." Há uma sutileza: "Infalível em questões de fé e moral", mas isso bloqueou o pensamento científico dentro da Igreja, castrou o pensamento científico.

WF Tudo teria que passar pelo crivo do papa?

FB Um caso exemplar é o de [Teilhard de] Chardin. Quem me despertou para toda essa questão foi o Teilhard, sobre quem escrevi o meu primeiro livro, quando tinha 20 anos. Ele foi um *boom* literário mundial na década de 1960. Mereceu grande cobertura da TV. Teilhard morreu em 1955, sem publicar uma linha! No enterro dele em Nova York, no domingo de Páscoa, havia duas pessoas: o coveiro e um irmão jesuíta, que foi levar o corpo.

WF E estava completamente encostado por causa do questionamento.

FB Graças a Deus ele teve a sabedoria de enviar os escritos para amigos seus da família real da Bélgica, que os guardaram com muito cuidado. Depois que ele morreu, publicaram tudo. Foi uma explosão, porque ninguém imaginava que um padre jesuíta, praticamente exilado na China, houvesse escrito uma obra tão vasta e ousada.

WF Exilaram-no na China. E ele adorou, porque lá desenvolveu as escavações e pesquisas dele.

FB Desenvolveu as teorias dele e fez aquele livro maravilhoso, *O fenômeno humano,* que hoje está cientificamente superado, mas não importa, foram grandes intuições. Ele era um visionário.

WF Você conta, na introdução do seu livro, que ele não era uma pessoa letrada, no sentido de ser um intelectual. As questões dele surgem a partir de um elemento muito intuitivo.

FB Ele tinha, sim, profunda cultura e era de uma rara sensibilidade, mas sofria muitas limitações de pesquisa científica; não tinha nem acesso à bibliografia. No interior da China, enfiado lá no meio de terra e pedra, faltavam recursos, até mesmo os recursos próprios da época. O que acontece hoje no inconsciente coletivo é que há um antagonismo entre ciência e religião. Há um antagonismo, porque se supõe que a religião é o reino do dogma, da certeza absoluta, e a ciência, o reino da dúvida.

WF Do questionamento.

FB Da incerteza absoluta como fator positivo. Ora, que a ciência seja o reino da dúvida, ninguém pode questionar isso; todo cientista é alguém que — para usar uma expressão da moda — quer conhecer a mente de Deus.

WF Isso é um ponto que acho muito interessante, que para mim de certa forma aproxima a ciência e a religião: é porque as duas buscam uma compreensão do mundo que vai além daquilo que podemos captar através dos nossos cinco sentidos habituais. O que acontece é que principalmente o budismo, no caso, tenta sempre ir além daquilo que conseguimos perceber através dos cinco sentidos habituais, e de uma certa maneira acho que é o que a ciência tenta compreender: o invisível. A física quântica, principalmente, está toda mergulhada nessa parte, no mundo subatômico.

MG O ponto então talvez seria a busca pela transcendência.

WF Acho essa palavra perfeita nesse contexto!

MG Que é uma coisa que tanto a religião quanto a ciência procuram. No caso, Betto, você falou da paixão que vem de fora, mas que está também dentro de você. E quando se acredita num Criador que é onipotente e onipresente, para penetrar na Sua mente, você tem que transcender sua dimensão humana. Isso pode ser tanto por meio da fé, ou até mesmo da ciência, se o cientista acredita nessa metáfora que quanto mais a gente entende o mundo, mais a gente entende a mente de Deus. Hoje em dia *isso* costuma ser metáfora, mas na época de Galileu e de Newton era *isso* mesmo: o mundo era uma obra do Arquiteto Divino, e, portanto, quanto mais se conhecesse deste mundo pela ciência, mais se conhecia, de fato, a mente de Deus. O [Stephen] Hawking continua usando essa metáfora: quanto mais a gente entender da teoria unificada, que visa unificar todas as forças da natureza numa só, mais a gente entende a mente de Deus. No fundo, ambas, a fé e a ciência, estão servindo como um veículo de transcendência da condição humana, de ir além, de explorar uma dimensão desconhecida; e você, Betto, falou uma coisa interessante: que a ciência é o reino da dúvida, se alimenta da dúvida para buscar a verdade. Acho que é fundamental saber que não existem verdades acabadas, finais. O processo da busca é o processo de transcendência.

FB Justamente, e o maior de todos os erros é a religião abafar a espiritualidade. Esse é o maior de todos os erros.

MG É um paradoxo.

WF É um paradoxo, mas fato incontestável.

FB É como você ter um carro maravilhoso na garagem, mas que não anda. Todo mundo aprecia e...

MG Isso é importantíssimo para mim, porque vejo como um problema sério da religião, não só no ritual católico e no cristão, mas em geral; talvez não nos evangélicos, mas também na maioria das vertentes dos ritos judaicos existe essa questão da passividade, quer dizer, você repete todas aquelas rezas, mas não tem...

WF Aquele arrebatamento.

MG Em contrapartida, você vai a um candomblé ou àquelas igrejas negras dos Estados Unidos, em que todo mundo canta, dança e grita... Essa coisa da entrega da atividade, da busca, não só receber e repetir, deve ser importante, concorda?

FB Tudo é a questão do poder. Em 1971, houve uma reunião de bispos de vários continentes em Roma, e um bispo africano convidou os bispos e cardeais para, à noite — naquela época não havia vídeo —, ver um documentário sobre a liturgia na diocese dele. No filme em cores aparecia um tronco de árvore com o vinho e a hóstia, uns negros dançando e batucando, e as negras com os seios à mostra, de tanga, todas pintadas, dançando. Um cardeal se levantou: "Isso é um absurdo, é uma infâmia, é uma blasfêmia, não é a liturgia da Igreja!" Aí o bispo africano parou o filme, acendeu a luz e disse: "Pode não ser a liturgia de Roma, mas da Igreja é, porque se nós, africanos, tivéssemos evangelizado a Europa, a essa hora todos vocês estariam de tanga, dançando e cantando em volta do altar." Isso comprova a dificuldade que as religiões têm de se inculturar.

WF De serem permeáveis a outras culturas.

FB Como soube fazer isso muito bem o apóstolo Paulo, que disse "fui grego com os gregos e judeu com os judeus". Há uma briga explícita na *Carta aos Gálatas*, uma das 13 cartas contidas no Novo Testamento. Consideradas sagradas pela Igreja Cristã, foram escritas por Paulo, com duras críticas a Pedro. E Pedro era o papa! Pedro achava que para ser cristão o pagão deveria, primeiro, passar pelos ritos judaicos: circuncisão, observação dos ritos de pureza etc. Paulo chega a dizer que Pedro é um homem de duas caras. Não conhecemos a resposta de Pedro, mas sabemos que Paulo viveu um momento da Igreja em que, pelo amor à Igreja, se podiam expressar críticas até ao papa, não tinha essa coisa de "amém" para toda forma de autoridade, achando que a autoridade é portadora da verdade. Muitas vezes ela falseia a verdade. Mas quero voltar ao tema: a ciência pode, na minha opinião, viver sem a religião. Diria mais: eu me sentiria, como cristão, como religioso, muito incomodado com uma ciência confessionalizada, como me sinto incomodado com esse esforço de querer provar, pela linha da unificação, que lá na ponta do *Big Bang* está Deus e... eu brincava com isso... acho que escrevi isso na *Obra do*

Artista[1], não lembro, mas mencionava os quarks, que nunca foram quebrados. Então são sempre três, não é isso?

MG Na verdade, são seis quarks. Mas prótons e nêutrons são feitos de três.

FB Ao quebrá-los, o que se encontra? Encontra-se, do outro lado, o Pai, o Filho e o Espírito Santo. Considero isso uma grande bobagem. Um Deus que precisa ser explicado pela ciência, acabou. Eu vou retomar isso por um outro viés.

MG Acho essa uma ótima posição. Pelo lado da ciência também é uma grande bobagem querer explicar Deus.

FB Vou retomar por outro viés. Paulo diz, na *Primeira Carta aos Coríntios*, que a fé cristã é escândalo para os judeus, por razões óbvias: está baseada num homem que ficou dependurado na cruz; e "loucura para pagãos", porque tinham uma visão grega de que um verdadeiro Deus é onipotente, tanto que o conceito de onipotência tem origem na filosofia grega. Ora, quando se abre a *Bíblia*, o primeiro livro que se encontra é o do *Gênesis*, no qual se descreve um Deus tão "incompetente" que leva seis dias para criar o mundo e ainda vai descansar no sétimo. Foi à praia no sétimo, porque ninguém é de ferro, nem Deus.

WF Foi descansar da obra.

FB É evidente que os gregos olhavam aquele relato da Criação e diziam: "Os hebreus estão malucos, porque um verdadeiro Deus é que nem Nescafé, cria instantaneamente." O interessante nessa história é que os gregos, na sua visão cíclica do mundo, não perceberam que os hebreus haviam

---

[1] *A obra do Artista — uma visão holística do Universo*. Frei Betto. Editora José Olympio, 2011.

herdado dos persas algo que considero, hoje, a questão filosófica número um: o conceito do tempo como história. Marx coloca o conceito de historicidade a partir do aparecimento do ser humano. O autor do *Gênesis*, antes do aparecimento do ser humano. Quer dizer, há uma historicidade da natureza, que precede o aparecimento do ser humano. Três grandes personagens da nossa cultura ocidental — os três são judeus — herdaram esse sentido de tempo como história: Jesus — o Deus de Jesus é o mesmo Deus dos hebreus, é um Deus que, num mundo politeísta, quando apresentado, tem que mostrar *curriculum vitae*. "Não sou qualquer Deus, sou o Deus de Abraão, de Isaac e Jacó, tenho história." Marx, quando analisa a sociedade capitalista, vai lá na comunidade primitiva, vem vindo pela tributária, feudal, mercantilista, capitalista, para depois projetar o socialismo e o comunismo. E Freud, quando manda você deitar no divã, se puder vai até sua vida intrauterina. A meu ver, o mais grave crime do atual neoliberalismo — senhor Fukuyama[2], "a história acabou" — é a desistorização do tempo. Essa é, a meu ver, a questão filosófica central. Ora, a tendência é tomarmos a sério algo que vale como brincadeira — o concordismo. "Ah, então quer dizer que o autor do *Gênesis*, inspirado por Deus, ao descrever a Criação num encadeamento temporal, ele intuiu o *Big Bang?*" Só agora sabemos que o Universo tem 13,7 bilhões de anos. Digo às mulheres nas palestras: "Não se envergonhem de falar a idade, digam que têm 13,7 bilhões de anos, porque é verdade, vocês não estarão mentindo." Estamos aqui por causa desses 13,7 bilhões de anos. Mas não podemos cair no concordismo, pois um Deus que exige provas científicas ou racionais, como o Deus de Descartes, ou provas astrofísicas, como o Deus de Newton, geômetra, não é o Deus da minha fé. O meu Deus é o de Jesus.

WF O interessante de tudo isso, para colocar um elemento estranho à origem de vocês dois — estranho do ponto de vista de criação e de cultura, de criação religiosa —, é que o budismo não fala em Deus.

---

[2] *O fim da história e o último homem.* Francis Fukuyama. Editora Rocco, 1992.

FB De acordo.

WF O budismo não toca em Deus, não menciona Deus. E quando, eventualmente, se pergunta a um budista por quê, ele diz: "Esse tema é algo que está tão fora do nosso alcance que não cabe a nós nos ocuparmos disto, porque não vamos chegar a lugar nenhum." Quer dizer, estou simplificando esse conceito, mas o budismo não fala em Deus. Não entra no mérito do Criador, porque diz que isto está muito além da nossa compreensão, da nossa capacidade de percepção.

FB A minha ideia de Deus sofreu uma inversão total: não creio que Jesus é Deus porque creio em Deus, creio em Deus porque creio em Jesus.

WF Você inverteu a direção.

FB Sou dostoievskiano. Dostoievski dizia que "ainda que me provassem que Jesus não estava com a verdade, eu ficaria com Jesus".

MG Mas você acha que Jesus é uma criatura divina ou humana?

FB Na minha concepção, é humano e divino. Jesus é um ser humano assumido divinamente. Crer nisso é mera questão de fé, não há que buscar nenhuma prova. A comunidade que conviveu com Jesus propagou que o viu ressuscitado. Bem, pode-se acreditar ou não, mas, de acordo com todos os parâmetros da época, nenhum deles favorecia uma cultura de crença na ressurreição de uma pessoa antes do fim do mundo. Os judeus, como você sabe, jamais deificavam uma pessoa.

MG É verdade.

FB E numa cultura dominada pelo Império Romano, que divinizava César, isso era absolutamente impensável. Nenhum pagão jamais propagou a ressurreição de um imperador. E, do ponto de vista literário, se crio um personagem e quero convencer o leitor de que ele é Deus, acha que o descreverei com marcas de pregos nas mãos ou com fome? Um personagem ressuscitado merece a perfeição do protótipo. Ora, Jesus ressuscitado, toda vez que aparece nos evangelhos, manifesta vontade de comer. Se a descrição evangélica fosse uma ficção, o autor com certeza a faria esteticamente completa para convencer o leitor. Ora, o modo como Jesus ressuscitado aparece nos relatos dos evangelhos dá a entender que se trata da descrição de um fato objetivo. Se jamais alguém tivesse visto um polvo e eu tivesse a sorte de ser o primeiro a vê-lo e descrevê-lo, não importa que os meus leitores dissessem "não acredito que exista um peixe assim". Segundo alguns linguistas, os relatos evangélicos trazem a força do fato objetivo.

MG Mas o que acontece depois da ressurreição?

FB Não me pergunte o que acontece depois da ressurreição, porque pactuo com o que me é passado pelo testemunho dos apóstolos e pela própria tradição da Igreja. Aceito-o como dogma de fé. Quanto à interpretação que se faz do dogma, isso é outra questão. Não aceito o dogma como um conceito congelado. Existe uma ciência teológica, ou seja, a teologia tem que buscar na ciência o seu aprimoramento, não pode hoje, por exemplo, ignorar os avanços da astrofísica. Hoje, os recursos científicos de interpretação da *Bíblia* são avançadíssimos. Você, Marcelo, que vive nos Estados Unidos, com certeza se depara com criacionistas, aqueles que ainda acreditam que a humanidade deriva de um casal chamado seu Adão e dona Eva… Aqui no Brasil, felizmente, essa tendência quase não existe, mas nos Estados Unidos, sim.

WF É verdade.

MG Temos alguns criacionistas aqui no próprio Rio de Janeiro.

FB É, uns poucos... Algumas escolas insistem em adotar essa postura. Ora, em hebraico bíblico "Adão" quer dizer "terra" e "Eva", "vida". O autor do *Gênesis* quis nos ensinar que a vida brotou da terra. Só que ele não diz isso em conceito, pois a *Bíblia* não contém nenhum compêndio teológico ou doutrinário. Os autores bíblicos, como se todos tivesem nascido em Minas Gerais, relatam "causos". A *Bíblia* é toda ela como um almanaque: tem guerras, casamentos, poemas eróticos, anedotas, fatos míticos e históricos... Mas não tem aula de teologia ou doutrina, não tem uma página que diga: "Eis os conceitos básicos da fé." Isso não existe. Adão é um personagem criado pelo autor, pois como o povo não fala em conceitos abstratos, só em "causos", ele adota a linguagem popular, que é sempre plástica. O sonho de todo escritor é chegar a uma linguagem plástica, a um simbolismo universal, a uma polissemia fantástica. Então, o autor pôs lá o seu Adão e a dona Eva. Mas, tudo bem, vocês são criacionistas, ótimo. O casal teve dois filhos homens e como é que nós estamos aqui? Um grande incesto?

WF E tem lá, tem lá logo em seguida, quando eles saem, Caim vai e estabelece família com uma outra tribo, com um outro grupo, que estava ali perto.

MG Então a história é logicamente absurda. Mas não posso pegar a *Bíblia* ao pé da letra.

WF De jeito nenhum.

MG Mas tem muita gente que faz.

FB Pois é, muita gente o faz sem perceber que não há uma leitura neutra: entre os meus olhos e o texto existem óculos que me foram incutidos pela cultura, pelo meio, pela tradição, pelo espírito da época. E o papel da ciência nos estudos bíblicos é justamente depurar esses óculos; continuo lendo o texto, mas agora sei que "Adão" significa "terra" e "Eva", "vida", e o que o autor quis dizer é que a vida veio da terra, e, na concepção dele, foi uma criação de Deus. Quanto a ser criação de Deus não tenho nenhum problema com isso, assim como afirmo que o amor de um casal é uma bênção de Deus. Quer dizer, Deus se manifesta no que nos faz bem, na generosidade, na felicidade. Mas não posso é pegar a *Bíblia* ao pé da letra, pois se faço isso corro o mesmo risco daquele amigo que tinha a mania de, toda manhã, abrir os evangelhos em qualquer versículo para tentar praticá-lo: "Amai ao próximo como a si mesmo." Naquele dia ele se mostrava muito generoso com a moça do café, cumprimentava sorridente o ascensorista... Um dia ele abriu e leu no Evangelho: "E ele foi e se enforcou." Ele pensou: "Muito bem, é o caso de Judas, mas Deus não vai querer que eu me enforque, então hoje tenho uma segunda chance." Aí caiu no último versículo da parábola do bom samaritano: "Vá e faça o mesmo." Ele, então, ficou apertado de costura. Como hoje tudo é tríade, dialético, ele admitiu: "Bem, tenho uma última chance." Abriu a *Bíblia* de novo e caiu lá no relato da Paixão de Jesus, segundo Lucas: "O que tem a fazer, faça depressa." Quem faz uma leitura literal da *Bíblia* terá que, para ser bom cristão, odiar pai e mãe. Não é este o preceito de Jesus? Não adianta dar voltas, o verbo grego é "odiar": "Só pode ser meu discípulo quem odeia pai e mãe" (Lucas 14, 25). Claro, há que se ler o texto religioso dentro de um contexto, e quanto mais se conhece o contexto, mais se conhece o texto. Foi justamente o meu trabalho no livro sobre Jesus. Estive na Palestina, em Israel, e li uma bibliografia imensa. Não há nenhuma região no planeta tão minuciosamente conhecida como aquela no século I: sabe-se tudo, tudo; o que se sabe de lá, não se sabe de nenhuma outra parte do mundo. Isso graças aos protestantes alemães do século XIX. Pesquisou-se tudo: moeda, onde se fazia o melhor vinho, como se estruturavam as famílias, as relações de parentesco. O Templo de Jerusalém era o principal banco do Império Romano. Ali se fazia todo tipo de câmbio, devido ao afluxo de peregrinos. As Igrejas evitam essa contextualização em seus discursos exortativos devido a seu preconceito à ciência, inclusive à ciência que colabora e enriquece a teologia. Resultado: há todo um segmento de fiéis mantido à base da ignorância.

WF É triste, não é?

FB Neste ponto, concordo com Marx: essa religião é o ópio do povo. Esta é a religião da colonização do Brasil, em que os padres pregavam Jesus crucificado para os escravos suportarem os flagelos e o Jesus bondoso para os senhores de escravos abrir o bolso e contribuir com a Igreja.

WF Aquela "forcinha" financeira para a Igreja.

FB Por isso precisamos trabalhar mais profundamente a relação ciência e fé. Para enriquecer e aprofundar o nosso diálogo.

WF Eu queria aproveitar este momento para falar de um texto do [Stephen] Hawking em que ele entra em toda essa teoria do *Big Bang* e afirma, quase ao final, o seguinte: "Nós estamos chegando perto de saber como o Universo se originou", e termina dizendo: "Agora, *por que* o Universo se deu ao trabalho de resolver existir, essa é uma pergunta que só Deus pode responder." Eu não sei se o texto está fiel ao que ele disse, me parece que foi uma conferência feita já há algum tempo que eu peguei na internet. (Dirigindo-se a Marcelo) Você sabe me dizer alguma coisa neste sentido? O Hawking é um unificador?

MG É um unificador, e andou falando grandes besteiras com relação a essa questão. Chegou a afirmar que a ciência mostra que Deus é desnecessário. Só esqueceu de dizer que essa ciência a que se refere é altamente especulativa, mais metafísica do que física. É importante fazermos uma distinção entre o que a ciência pode e o que a ciência não pode tratar. Uma das coisas importantes nessa discussão é que existe uma grande diferença entre o "porquê" e o "como", e a ciência é muito boa com o "como".

WF Com o "como", exatamente.

MG Como é que o Sol exerce uma influência sobre os planetas, de forma que eles se movem e continuam estáveis em suas órbitas? Newton explicou de uma forma em 1686, dizendo que a gravidade é uma força que cai com o inverso do quadrado da distância. De fato, você faz os cálculos usando essa força e vê que as órbitas são mesmo elípticas, como os astrônomos já sabiam desde a época de Kepler, no início do século XVII. Essa é a típica explicação do "como". Mas se você perguntar "por que o Sol gera essa força?" (e os planetas também, como tudo que tem massa), a ciência não tem nada a dizer. O que temos é uma descrição operacional de como o mundo funciona. Esse é o tipo de pergunta operacional que não tem embutido nela o senso de — tem aquela palavra em inglês — *purpose*.

WF De propósito.

MG Isso, de propósito.

WF Ou de intenção, talvez?

MG De intenção, de intencionalidade, exato! E a ciência não lida com isso, é uma narrativa que explica como funciona o mundo, e não por que o mundo funciona.

WF É aí que percebemos que existe uma diferença — ao mesmo tempo em que nós estamos vendo semelhanças — entre a ciência e a fé, na medida em que as duas tentam ter uma compreensão mais ampla do Universo no qual nós vivemos. Nesse ponto, percebemos que existe uma diferença entre os dois campos, já que a ciência não se ocupa do "porquê".

MG Exatamente.

WF E de certa forma a religião busca esse "porquê".

FB Pois é, mas a religião não pode ter a pretensão de explicar o "como".

WF Exatamente!

MG Exatamente!

WF O papel de cada um está bem-definido.

FB A ciência pode até perguntar: "Como ocorre uma ressurreição?" Acredito na minha, na sua, na ressurreição de todo mundo, mas não sei e não tenho o menor interesse em saber como — e não me apresente nenhum cientista que tenha a pretensão de dar esta resposta. Faço analogia com o amor: tem sentido reunir um grupo de cientistas para provar cientificamente ao João que ele está equivocado em amar a Maria, que ele tem que amar é a Suzana?

WF A Célia[3], esta figura tão importante na minha vida, fazia essas analogias com o que ela conhecia de física e mecânica quânticas, e quando ela falava no amor dizia assim: "Escuta, você sente amor, sabe que o amor existe?" A pessoa respondia: "Sei, dona Célia." E ela: "Então bota dois dedos de amor aqui na palma da minha mão, por favor." É claro que...

MG Ela usava isso como argumento para demonstrar a existência de Deus.

WF Exatamente. E a pessoa não tinha o que dizer.

---

[3] Célia do Carmo Ferreira da Silva, paranormal retratada no livro *Encontros com médiuns notáveis*.

MG Mas voltando aqui à questão do "como" e do "porquê", e do Hawking. É muito importante as pessoas entenderem que existem certos exageros retóricos feitos pelos cientistas que acabam sendo algumas vezes uma coisa... infeliz.

WF Você acha que essa afirmação que eu mencionei é uma delas?

MG Essa afirmação do Hawking é uma delas. Existem várias outras, mas o ponto é que a ciência atual, ou seja, o modo como nós conhecemos o mundo hoje, a questão do Universo, da expansão do Universo, mostra que o Universo tem uma história. E se ele tem uma história, a gente se pergunta: "Essa história começou num momento do passado?" E esse momento do passado é o que a gente chama de *Big Bang*, da grande explosão que, na verdade, nem foi uma explosão; mas isso é uma outra conversa, podemos falar sobre isso mais tarde. Existe uma grande confusão em relação a isso, a esse momento inicial, o princípio do tempo. As pessoas falam: "Mas espera aí, se existia esse momento inicial, o que estava acontecendo *antes* desse momento inicial?"

FB Santo Agostinho tem uma resposta lógica.

MG Santo Agostinho. Eu acho que nas *Confissões,* não me lembro exatamente em que trecho, ele afirma: "As pessoas que perguntam isso são as pessoas a quem respondo que Deus estava criando o inferno para colocá-las lá." Mas depois fala: "As pessoas atribuem a mim essas palavras, mas não é isso o que falo. O que falo é que tempo e espaço surgiram com a Criação." Ou seja, não faz sentido falar em "antes", porque não existia "antes", não existia tempo, não existia espaço. De certa forma é isso mais ou menos o que está acontecendo com a física moderna, no sentido de que, se você vai voltando no tempo, vai chegar a um momento em que as teorias atuais da física deixam de fazer sentido; é o que se chama de singularidade. E o Hawking fez o nome dele nos anos 1960, junto com

Roger Penrose, que é professor da Universidade de Oxford, mostrando que voltar no tempo leva forçosamente a essa singularidade em que o espaço... basicamente tudo se quebra, porque tudo vai a um ponto que tem energia e densidade infinitas.

FB A famosa "sopa quântica".

MG Pois é, esses argumentos deles se chamam "Os problemas da singularidade". Eles mostraram que as teorias clássicas, como a teoria da relatividade geral do Einstein, que é uma teoria que descreve a gravidade como a curvatura do espaço, deixa de fazer sentido perto da tal de singularidade. É como se o Universo virasse um grande buraco negro e nada mais faz muito sentido.

WF Você não chega próximo dessa singularidade.

MG Próximo, sim. É a tal Era de Planck. A questão é o que ocorreu nessa transição do Universo clássico para o Universo quântico. Pois nesse Universo quântico, que de certa forma precede o tempo — se é que se pode falar dessa forma —, não existia a passagem homogênea do tempo nem a configuração estável do espaço. Então, como na mecânica quântica tudo flutua — e é bom mencionar que a mecânica quântica é a ciência que estuda o comportamento dos átomos e dos objetos muito pequenos e que obedece a leis completamente diferentes das nossas.

FB É o princípio da indeterminação.

WF Do [Werner] Heisenberg.

MG Exatamente. Então, o que é estranho é que no mundo do muito pequeno as regras são bem diferentes das do nosso mundo. Por exemplo, uma das coisas muito importantes é justamente esse princípio da indeterminação, que diz o seguinte: se você é um elétron, nunca para quieto, está sempre se movendo, sempre se agitando. Muito diferente de um copo: você põe um copo na mesa e ele fica lá parado. Portanto, o copo tem energia zero; o elétron, não, está sempre se movimentando. Essa agitação quântica faz com que nada tenha energia zero, porque algo está se movendo, tem energia de movimento. Quando você transfere esse tipo de conceito para o tempo e para o espaço, o que acontece? Ao nos aproximarmos do tempo zero, o Universo vai ficando tão pequenininho que a física quântica tem que ser usada. O próprio tempo e o espaço começam a flutuar de forma aleatória como o elétron que fica lá no ziguezague dele. Algo bem incrível. Então, o que acontece? O tempo, em vez de fluir como um rio — que é a nossa experiência aqui, o tempo passa de uma forma muito bem-comportada —, no caso do momento inicial não tem mais isso: o tempo pode ir para a frente, pode ir para trás, pode não ir, pode ir devagar; o conceito de tempo em si não faz sentido. Nesse caso, o conceito de história também deixa de fazer sentido, você não tem mais uma história, você não pode seguir uma seta no tempo. Então, o que acontece? Segundo a teoria moderna, essa teoria que o Hawking está falando, no início existia uma entidade atemporal que era, vamos dizer assim, o vácuo quântico, o nada do qual tudo vem, e esse nada, apesar de ter energia zero em média, como no mundo quântico nada tem energia exatamente zero, esse vácuo espacial sofria flutuações, e talvez o nosso Universo seja uma dessas flutuações. Essa flutuação, quando cresce um pouquinho, passa a se tornar um objeto clássico e a ter então uma história em que o tempo flui, determinando assim a transição do quântico para o clássico. Problemas: não temos a menor ideia de como isso acontece, não sabemos transformar essas estruturas espaciais e temporais, quer dizer, a teoria da relatividade geral do Einstein numa teoria quântica da gravidade. Existem várias propostas, ou duas principalmente, mas não sabemos se qualquer uma das duas está certa; e a outra coisa é que — isso é um ponto um pouco mais profundo — mesmo que você tenha uma explicação científica da origem do Universo, essa explicação científica é baseada numa série de suposições. Por exemplo, para você escrever essa teoria, tem que usar a teoria da relatividade geral do Einstein, tem que usar o princípio da incerteza, tem mais a lei de conservação de energia e uma série de outros princípios que estão embutidos aí. É legítimo então se perguntar: de onde vem isso tudo, de onde vieram essas leis todas? Precisamos de uma teoria que descreva por que o nosso Universo tem as leis que tem, e não outras. E essa "teoria das teorias" é algo muito distante no horizonte científico.

FB Mas vamos partir do princípio indutivo: esse vácuo, que é o nada que precede a história, o tempo e o espaço, tem uma lógica. Podemos não ter a teoria capaz de descrevê-lo, mas ele tem uma lógica interna.

MG Tem, quer dizer, ele segue certos princípios.

FB Exatamente, há uma física teórica, virtual ou latente que seria capaz de descrevê-lo. A ciência pode até não ter chegado lá.

MG Não, mas nós temos essa física, a gente sabe descrever a equação. Na questão do Hawking, você pode descrever a equação quântica do Universo. Se chama "cosmologia quântica". Existe uma proposta, uma proposta teórica de como isso aconteceu.

FB É como ficar olhando o Michael Jackson dançar. Você até não entende, acha que aquilo é mero improviso, uma loucura, mas não há loucura. Aquilo tem a sua lógica.

MG A questão é: por que essa lógica? O que eu estou dizendo é que a ciência precisa de um arcabouço conceitual para funcionar, precisa de suposições, de princípios, de leis de conservação. Hoje em dia nos perguntamos: "Esse Universo em que vivemos pode não ser o único Universo que existe." Se existem muitos Universos, precisamos de uma teoria que selecione, desses muitos Universos, este Universo. Essa metateoria que, de certa forma, mostra que, dos muitos Universos que existem, esse nosso Universo é um Universo especial, ainda não existe, e não sei — e ninguém sabe — como criar essa meta teoria no momento. Esse problema da descrição científica da Criação, da origem do Universo, é um problema extremamente antigo e que o Betto deve conhecer bem, o problema da Primeira Causa.

WF Certo, a Causa Primordial.

FB Que o diga Aristóteles.

MG De onde vem a Causa de todas as causas? Nós, seres humanos, temos muita dificuldade com relação a essa questão da Primeira Causa. Escuto então pessoas dizendo: "Ah, enquanto a física não explicar a origem do Universo, sempre vai ter um espaço para Deus."

FB Não, desse Deus eu estou fora.

MG Esse Deus não faz o menor sentido.

WF Realmente.

MG Mas na percepção popular é o Deus do vão, o Deus das lacunas. Esse "Deus das lacunas" é um compromisso teológico muito perigoso.

FB Exatamente. Prefiro ficar com o Deus do amor a acreditar nesse Deus que vem substituir o professor de física que faltou à aula e pretende dar explicações que extrapolam a física e a ciência. Porque, na verdade, neste ponto, o meu confrade santo Tomás de Aquino tem uma certa culpa, "certa" entre aspas, porque ele foi — como nós três aqui somos — uma pessoa de seu tempo.

WF Claro, e tinha as limitações dele.

FB Ele fez uma revolução teológica, baseada num pagão chamado Aristóteles, para reconstruir toda a teologia da Igreja. É o que a Teologia da Libertação, guardadas as proporções, tenta fazer com a contribuição do marxismo e de outras ciências sociais. Por beber em Aristóteles, Tomás foi perseguido, o bispo de Oxford queimou as obras dele em praça pública. Ele desenvolveu um conceito de Deus que está muito mais para a teologia pagã grega do que para a teologia bíblica.

WF Interessante; não é nem apenas a cristã, mas a teologia bíblica de uma forma geral?

FB Bíblica de uma forma geral, porque quando você conhece o Deus de santo Tomás, as famosas teses da existência de Deus, os conceitos de onipotência, onisciência, onipresença, são mais próprios da filosofia grega. E ao abrir a *Bíblia* a gente se depara com um Deus que guerreia, ama, odeia, despreza, perdoa etc.

WF Que castiga.

FB No Novo Testamento, então, nem se fala: Deus é humano e passa fome, chora, é tentado, se sente traído, tem saudades, se sente abandonado e morre pendurado na cruz... Então, fico com quem? Com qual imagem de Deus? Lembro de um companheiro comunista que foi um dia a uma igreja que tinha um crucifixo e o retrato do papa, com toda aquela ornamentação das vestes pontifícias, e perguntou ao padre: "O que este aqui da direita — que era o papa — tem a ver com este aqui da esquerda?"

WF De fato, há uma enorme diferença entre os dois.

FB Com todo o respeito à imagem de Deus que cada crente possui e a ciência insiste: não há ninguém, nenhum santo, nenhum papa, que tenha uma imagem quimicamente pura de Deus, não existe isso — é preciso depurar, na medida do possível, esse revestimento que a falta do conhecimento científico levou o pensamento religioso a fazer de Deus um *factotum*, um instrumento para múltiplas funções. Não pode ser por aí. A questão de Deus é a seguinte: o conceito ou a experiência que tenho de Deus me faz mais humano?

WF Certo.

FB Para o meu romance *Um homem chamado Jesus* escolhi como epígrafe esta frase de Leonardo Boff: "Humano assim como ele foi, só podia ser Deus mesmo."

WF Essa frase é maravilhosa.

FB Quer dizer, Jesus não é Deus porque deixou de ser humano, muito pelo contrário. É nos humanizando que nos divinizamos. E os valores anunciados por Jesus não são valores cristãos, não são valores do Evangelho, são fundamentalmente valores humanos que, pela ótica da fé, ganham caráter transcendente.

WF Humanos. Perfeito! Sensacional!

FB Amar, ser solidário, ser generoso, partilhar, tudo isso é humano.

WF E não tem nada de novo.

FB É como se Jesus nos dissesse: "Tais valores humanos têm dimensão transcendental, nos reportam a outra dimensão da vida e nos fazem portadores de Deus." Aliás, Paulo disse o mesmo com outras palavras.

WF Estou me lembrando da questão do tribalismo que você mencionou anteriormente, Marcelo. Até onde existe um antagonismo dentro de nós, que faz com que a gente tenda a cultuar esse tribalismo e com isso não cultivar essas qualidades que Jesus pregava, que eram qualidades basicamente humanas. Eu me lembro de uma história do Leonardo Boff, uma autocrítica que ele fez, na época da Eco 92 aqui no *Rio*. Ele disse "Vou fazer uma perguntinha para o Dalai Lama", o Dalai Lama vinha participar da conferência, "para ver se eu pego ele 'na curva'". No momento em que se sentaram juntos à mesma mesa, ele perguntou: "Santidade, qual é a religião que o senhor considera a melhor delas?" E o Dalai Lama, naquela simplicidade típica dele, disse: "Aquela em que você se sente bem." E o Leonardo disse que essa resposta desmoronou toda a argumentação que ele tinha preparado para falar disto. Além do mais, o próprio Dalai Lama sempre afirma: "Para você ser uma pessoa espiritualizada, não precisa ter uma religião; basta você ter um bom coração."

FB Costumo lembrar: Deus não tem religião.

WF Isso! Esse é um conceito importantíssimo! Deus não tem religião.

FB Um padre chegou à China, no início do século xx, e foi pregar para um pequeno grupo de 2 mil chineses.

WF "Pequeno"...

FB Aquele conceito da esquerda, de massa...

WF Certo.

FB No mundo inteiro é povo. Massa é só na China. É uma coisa impressionante, é gente que não acaba mais. Visitei oito províncias da China com um grupo de 17 pessoas. Apostávamos se iríamos passar por algum trecho sem encontrar multidão.

WF Não existe essa possibilidade.

FB Toda aquela imensa população confinada em apenas 16% do território.

WF Dezesseis por cento?

FB Sim, o resto é deserto... Voltando ao meu relato, o padre, em sua pregação, disse que o papa é o representante de Jesus, portador da verdade etc, etc. Quando terminou, um chinês contestou: "Padre, esta não é a verdade." "Como não é a verdade? A Igreja Católica é depositária da verdade." "Não, padre, o senhor está enganado; existem três verdades: a do senhor, a minha e a verdade verdadeira; nós dois juntos devemos buscar a verdade verdadeira."

MG Genial.

FB E é isso, nós precisamos baixar a bola, ter humildade. A falta de humildade leva ao fundamentalismo. O escritor Amós Oz diz com ironia que todo fundamentalista é um altruísta extremado, porque está tão convencido de que sua convicção faz bem para ele que insiste em querer impô-la a ferro e fogo aos demais.

WF Altruísta extremado é ótimo!

FB Temos que desenvolver, por meio do exemplo da ciência como busca da verdade pelos caminhos da dúvida, a busca de Deus pelo caminho da tolerância. Inclusive a tolerância para com aqueles que não buscam Deus, ou negam a existência de Deus, desde que não queiram impor o seu ateísmo aos demais.

WF Pela força. Eu estava contando para o Marcelo um episódio que aconteceu com a dona Célia: uma vez, durante uma das sessões de psicografia que ela realizava, registrou a presença do [compositor] Camargo Guarnieri, que era agnóstico ou materialista, e a cunhada dele estava presente lá na hora. A Célia disse: "Está aqui presente o seu cunhado Camargo Guarnieri, e ele está lhe mandando um abraço." A senhora ficou muito surpresa e disse: "Dona Célia, ele era um materialista, não acreditava em nada!" E ela, na sua maneira muito aberta de encarar isso tudo, disse: "Minha filha, é melhor ser um materialista, porque você não compra essas mentiras que estão sendo vendidas aí pelas religiões, do que ser um fanático religioso, e o fato de ele ter sido um materialista não impede que a energia dele tenha sobrevivido à deterioração do corpo; ele está aqui lhe mandando um abraço."

MG Mas uma coisa que me preocupa, que me confunde um pouco, é a seguinte: tolerância, humildade, respeito aos outros, amor ao próximo e a si mesmo, todos esses valores podem existir sem uma crença numa entidade sobrenatural.

FB Eu diria até que devem existir!

WF Mas foi isso que o Dalai Lama falou: "Basta você ter bom coração para ser uma pessoa espiritualizada"; você não precisa ter uma religião.

MG Isso mesmo, maravilha! Então, a questão é: por que tanta gente crê nessas entidades sobrenaturais? De onde vem essa necessidade da fé nessa existência inexplicável?

WF Lembro-me de ter assistido a uma entrevista do Luiz Carlos Prestes na televisão, onde lhe perguntaram sobre essa questão de ele não acreditar em Deus, e ele respondeu da forma mais elegante que eu já vi; ele disse: "Eu nasci sem essa necessidade que a maioria das pessoas tem de acreditar num ser sobrenatural, mas não acho que seja um equívoco quem faz isto. Apenas prescindo dessa necessidade." Você, Betto, agora há pouco estava falando de tolerância; você, Marcelo, nesse seu último livro, comenta com olhar crítico a questão dos fundamentalistas científicos que fazem uma espécie de guerra contra a religião, e eu acho que é exatamente essa a questão. Há poucas semanas fiz uma palestra na Biblioteca Nacional falando sobre isso, sobre os meus livros que tratam de espiritualidade e eventualmente de religião. Expliquei para o público que os meus dois ofícios básicos antes de começar a escrever livros sobre música e astrologia — são saberes pluralistas, todos dois. Eu dei o exemplo de uma orquestra, onde você tem um violino, um contrabaixo, uma trompa, um fagote, quer dizer, instrumentos que são fundamentalmente diferentes entre si e que tocados juntos produzem um resultado maravilhoso. Eu usei isso como uma parábola, como uma analogia, digamos assim, para exortar as pessoas para a tolerância, para a aceitação da diversidade. E na astrologia também, a gente sabe que, simplificando o saber astrológico, nós temos pelo menos 12 modos diferentes de ser, e todos eles têm a sua função no mundo. Então, a questão fundamental reside exatamente nisto: por que o diferente de nós tem que nos ameaçar de alguma forma? Por isso é que acho que este tema que estamos abordando agora faz muito sentido: a intolerância é reflexo de você não aceitar o outro como ele é. Baseado nisso, usei uma outra analogia: a sétima casa de um mapa astral é exatamente a casa da busca do outro, e a casa que vem em seguida, a oitava, é a casa da transformação profunda, porque nós nos transformamos profundamente quando nos deparamos com o outro e somos enriquecidos de alguma forma por esta troca. O outro não precisa nos ameaçar, ele deveria nos enriquecer. Eu não sei se fugimos um pouco do tema que se tinha falado, da entidade sobrenatural, mas é porque essa questão da tolerância e da diversidade é fundamental no mundo de hoje.

FB Só posso dar uma resposta ao Marcelo pelo viés cristão, a partir da minha experiência pessoal: o importante não é ter fé em Jesus, é ter a fé de Jesus. Ter fé em Jesus é fácil, o difícil é ter a fé que Jesus teve. No mundo judaico, onde o nome de Deus era sequer pronunciado, era inusitado tratar Deus como *Abba* — "meu pai querido" —, um dos raros vocábulos em aramaico que aparecem nos evangelhos. É uma revolução; ou seja, trata-se de um Deus que saiu lá de cima e baixou aqui, impregnou-se no humano...

WF É o sentido etimológico do termo *avatar* do sânscrito.

FB Correto.

WF A descida do divino no humano. A manifestação do divino no humano.

FB Epifania. Santa Teresa de Ávila viveu na passagem do período medieval para o moderno. Ela arrancou Deus lá de cima e pôs no coração humano. Agora, a fé não pode estar situada no âmbito da necessidade. Ela é pura gratuidade.

WF É a sua experiência?

FB É uma experiência viva em mim. E ela precede qualquer elaboração teológica que eu possa fazer e, sobretudo, sociológica, que seria a formação de uma Igreja com todas as suas hierarquias, leis etc. As Igrejas se parecem, às vezes, a grandes caixas-d'água. Quando eu era criança, em Belo Horizonte havia muitos morros, não havia prédios; então você via, na montanha, a enorme caixa-d'água da cidade. Trago essa imagem até hoje na cabeça, que a Igreja é aquela enorme caixa-d'água, e o povo aqui embaixo morrendo de sede. O povo sabe que lá há muita água, mas não tem como estabelecer a ligação. As Igrejas se apresentam como portadoras do divino. E daí? Como ocorre isso? Precisamos fazer o caminho inverso, da indução, ir lá dizer ao povo — é o que as Comunidades Eclesiais de Base fazem — "Deus está em você, Deus está na sua prática, na sua solidariedade, na sua amizade, no seu amor". Isso é divino, é o que o Evangelho propõe. Revelar a dimensão espiritual da cultura desse povo, como os gestos de solidariedade, de partilha etc. Na América Latina o substrato da cultura é a religião, e a porta da religião não é a razão, é o coração.

MG Certo.

FB Se você tem a chave do coração, depois se chega à razão.

WF É a frase do Dalai Lama: "basta você ter um bom coração."

FB O erro de muitos, sobretudo europeus, é querer discutir tudo em nível da razão.

WF É racionalizar.

FB É, isso mesmo.

WF Marcelo, dentro da sua formação — como você já explicou no início da nossa conversa —, que não foi uma formação religiosa no sentido militante, na prática, foi muito mais no sentido da comunidade judaica, da diáspora, e com a sua especialização na ciência...Eu queria voltar à pergunta que você formulou sobre esses valores fundamentais, que, como o Betto disse, são humanos; nesse sentido não há nada de novo no que Jesus veio pregar. Ao mesmo tempo, você relata muitas vezes experiências que a psicologia chama de experiências de pico, de epifanias. Eu queria que você falasse um pouco sobre isso, porque esse termo "agnóstico" é muito importante nesse contexto, em vez do "ateu". Pediria a você que desenvolvesse mais essa questão a partir disso que o Betto falou, porque ele acha que não há a necessidade de se ter uma religião para que a pessoa seja uma boa pessoa, uma pessoa espiritualizada.

MG Sem dúvida, espero que não. Bem, a diferença entre ateísmo e agnosticismo é importante. O ateísmo nega a existência de Deus *apriori,* e o agnosticismo não. O agnóstico diz: "Olha, eu não acredito em Deus, mas não posso negar a Sua existência, porque não tenho provas."

WF Digamos porque eu não tenho instrumentos para isso, não é?

MG Exatamente. Como cientista, baseio-me em provas empíricas. Quando você fala para mim que um fenômeno aconteceu, e eu faço uma observação confirmando, então, ok, aconteceu. Por outro lado, não posso negar algo que não posso medir. Ou seja, a ciência não pode provar a inexistência de Deus. Então eu acho que, cientificamente falando, a única posição saudável que posso ter para ser coerente com o método científico é o agnosticismo.

WF Perfeito.

MG Você pode dizer: "Não vejo nenhuma evidência a favor, mas não posso ser sumariamente contra porque não tem nenhuma evidência contra." Este é o sentido do agnosticismo. Já o ateísmo acredita no não acreditar, o que para mim é uma contradição. Eu me lembro de uma vez em que dei uma palestra em São Paulo, e no final uma moça muito bonita falou: "Você acredita em Deus?" Quando dei minha resposta, ela disse: "Mas como é que você consegue dormir de noite sem acreditar em Deus?" Eu respondi: "Durmo muito bem"; aliás, quis até brincar com ela na hora, dizendo "se eu te convidar para sair e você aceitar, vou acreditar em Deus", mas acabei não fazendo isso. Mas o ponto é que não vejo nenhum problema com isso. E sinto-me perfeitamente à vontade com essa questão.

WF Eu acho muito importante destacar aqui que, em tudo que li a seu respeito, você sempre se coloca numa posição de abertura.

MG Exato.

WF Eu acho isso uma coisa fundamental em qualquer ramo do saber, mas principalmente para o cientista.

MG Mas se não fizesse isso, estaria indo contra os princípios da humildade e da tolerância, que são os princípios mais fundamentais da minha vida.

FB Temos que passar do Deus da necessidade para o Deus da gratuidade. Deus é gratuidade. Preciso expressar que, a partir dessa convicção, sou tolerante, generoso, amoroso, solidário, luto por um mundo melhor, e que a crença das pessoas nesta mesma concepção de Deus venha daí, e não da imposição. Não pode existir nenhum menosprezo a quem não crê. Somos seres espirituais vivendo uma aventura humana ou somos seres humanos vivendo uma aventura espiritual?

WF Teilhard de Chardin!

MG Somos os dois.

FB A humanidade, quando tiver mais espiritualidade — no sentido amplo dessa palavra —, possivelmente será bem melhor. Também não acredito num mundo em que haja absoluta transparência da razão. Santo Tomás tem uma frase, Marcelo, lapidar: "A razão é a imperfeição da inteligência." Dá vontade de gravá-la na avenida Rio Branco em anúncio luminoso. E, acrescento, a inteligência é irmã gêmea da intuição. Vem do latim *Intus legere*, "ler dentro". Encontramos muitas pessoas pobres, desescolarizadas, que não são cultas, racionalistas, mas são inteligentes, captam bem as coisas, são sábias.

WF Sábias; essa palavra é muito bonita. Sabedoria.

MG E por outro lado, uma vida só racional, uma vida sem mistério, é uma vida horrível.

WF Medíocre.

MG Acho que nós temos essa atração profunda pelo mistério, e aqui no Brasil vejo isso de uma forma muito mais aberta.

WF Esse sincretismo, esse misticismo todo.

MG É diferente do que acontece nos Estados Unidos. Lá, ou você é fundamentalista cristão bem louco ou se coloca nessa posição ultrarracional; oito ou oitenta. E acho que a vida sem esse flerte com o mistério é muito mais sem graça, menos interessante. E é por isso que me considero um cientista profundamente espiritual.

WF Acho fantástico isso, muito interessante mesmo, e aquilo que nós estávamos mencionando durante o almoço, a respeito do nome da sua cadeira na Universidade de Dartmouth — eu acho que o Betto não estava lá — é genial!

MG Eu sou o *Appleton Professor of Natural Phylosophy*. *Appleton* porque havia um médico de Boston chamado John Appleton que doou dinheiro para a universidade em torno de 1820, para que fosse criada uma cátedra de filosofia natural, que é o antigo nome da física.

WF Isso é que é maravilhoso: a física antigamente se chamava "filosofia natural".

MG Eu convidei, cerca de um mês antes dessa nossa conversa, um ganhador do Prêmio Nobel para dar uma palestra na minha universidade chamado Frank Wilczek, que é um cara muito bom: aliás, ele é um dos que descobriram que os quarks, quando estão muito próximos uns dos outros, se comportam como partículas livres. Olha que interessante! O Wilczek me disse que adoraria ser considerado um filósofo natural! Então, não existe incompatibilidade alguma entre ciência e espiritualidade, isso é uma coisa que não entra na cabeça das pessoas. Não existe uma incompatibilidade entre a espiritualidade e a ciência. Muito pelo contrário, o cientista é uma pessoa que dedica toda uma vida ao estudo da natureza, justamente porque é apaixonado por ela. Senão qual é a graça? Essa relação é espiritual, mesmo que muitos cientistas não a reconheçam como tal. Então o ponto é esse: essa ideia de que o cientista é uma pessoa racional, que só fica falando de números e de dados concretos e que, portanto, é uma pessoa destituída de paixão, sensibilidade. Isso aí é uma grande…

WF Quebrar esse estereótipo eu acho importantíssimo!

MG Importantíssimo, e muito desse meu trabalho de divulgação é justamente baseado nessa quebra de estereótipo: "Não, pessoal, olha, o cientista é um cara emocionado, emocionante, e a natureza é uma coisa apaixonante…" Você se entregar a esse estudo é uma coisa que é profundamente humana, e não anti-humana, não é coisa de máquina. Existe uma diferença entre criar tecnologia e criar sabedoria e conhecimento, porque por trás de toda máquina tem uma arte.

WF É, esse paralelo entre ciência e arte eu acho muito bacana porque você, embora esteja sendo modesto em relação às suas habilidades musicais, diz que toca mal violão hoje em dia…

MG Uns acordes básicos, só…

WF É porque com os irmãos Assad ao lado[4], você deve ter cortado um dobrado para acompanhar. E justamente isso, criar essa dicotomia entre ciência e arte, ciência e religião, como se fossem coisas que se opõem de alguma forma.

---

[4] Waldemar se refere a um concerto dado pelos irmãos Sérgio e Odair Assad no Dartmouth College.

FB É possível separar a fé da política, mas com a consciência de que são campos complementares, que se mesclam na vida de cada um de nós, não há como separá-las.

WF A política que você fala é no sentido mais amplo da palavra.

FB A mesma coisa é a ciência. Quase todo mundo lida com computador. Porém, poucos sabem como aquilo funciona. Meu pai ficava fascinado com o fax: como alguém pode enfiar um papel lá do outro lado do planeta e sair escrito aqui. Um amigo mostrou para o neto de seis anos uma máquina de escrever. Tirou a máquina do armário e disse: "Olha, antes do computador a gente trabalhava com isso aqui." "Ah, é, vovô? E como funciona?" O avô enfiou o papel e começou a datilografar. O menino viu aquilo e disse: "Que barato, vovô, você digita e já sai impresso!" Ele achou a máquina de escrever uma coisa mais avançada do que o computador.

MG Já tem impressora!

FB Já sai direto! Nós não podemos viver sem a ciência. Ela está em todas — em todas! — as dimensões da nossa vida: nos óculos que usamos, na cama em que deitamos, na roupa que vestimos, em tudo!

WF A Célia fazia essa síntese por meio das teorias dela, e dizia que havia encontrado Deus na ciência, pelas formulações que fazia. E ela tinha horror ao lado institucionalizado da religião.

FB A experiência de escrever *A obra do Artista* foi, para mim, de contemplação! Mas busco conhecer o Universo e a natureza, na medida da minha capacidade, pela via da ciência. As explicações teológicas eu conheço, e sei distinguir muito bem quanto elas têm de míticas, porque estudei essas histórias da construção dos textos bíblicos, dos mitos, quer dizer, o que o Dilúvio representa, a travessia a pé enxuto pelo mar Vermelho etc. O grande problema — voltamos ao fundamentalismo — é a leitura literal dos textos bíblicos, sem perceber que todo texto — aí entra um diagrama usado em teoria literária: "De todo texto, o leitor tira melhor pretexto se compreender o seu contexto." É isso aí. Então, um exemplo: quem entende mais a obra do Jorge Amado, um brasileiro ou um alemão? Evidente que é o brasileiro, porque está próximo do contexto em que o texto foi produzido. Já o alemão entende melhor a obra de Goethe.

WF Viveu essa realidade.

FB Daí a importância de trabalhar o contexto. Foi o que eu busquei fazer ao escrever o romance sobre Jesus, como você, Marcelo, fez no livro sobre o Kepler. O contexto alarga o horizonte do leitor e o situa melhor. Voltando à Causa Primeira: tudo deriva de um processo, e não porque caiu do céu é assim e assado e não se discute. Então, acho que é muito, muito importante não colocar nunca a fé como um princípio de precedência científica e, sobretudo, uma censura ou limitação à ciência. Jamais, jamais!

WF Eu queria dizer que me considero um privilegiado neste momento por ter, digamos, expoentes de áreas diferentes, como vocês dois, que têm um pensamento comum, neste sentido da tolerância e da abertura ao outro. O contato com o outro é algo que deveria ser visto como enriquecedor para nós e não como uma ameaça. E vocês dois, expoentes nas suas áreas, professam essa diversidade e não a adversidade, no sentido de se tornarem adversários. Pelo contrário, nós acabamos descobrindo muitos pontos em comum, e de novo nos lembramos daquela velha diferença entre espiritualidade e religião. E você falou muito bem, Betto: Deus não tem religião. Acho essa frase muito interessante.

MG Esse fato de os cientistas acreditarem ou não em Deus, existem todos os tipos de cientistas. Quando me perguntam isso, falo: "Num banco vai ter o ateu, vai ter o agnóstico, vai ter o religioso, vai ter o espírita, vai ter o budista, uma porção de gente diferente."

WF E na ciência é a mesma coisa.

MG Claro, você tem cientistas que são pessoas profundamente religiosas, de todas as religiões. As pessoas se perguntam: "Mas não é incompatível?" Não, não é. Eles dizem que o estudo da ciência, da natureza, para eles, os ajuda a apreciar a obra de Deus. Para eles, quanto mais aprendem sobre o mundo, mais se aproximam ou mais admiram o Criador deles. E aí tem A *obra do Artista*. E tem de tudo. As pessoas também podem argumentar: "Ah, mas existem os ateus fundamentalistas, tipo Richard Dawkins, Sam Harris." É verdade. Mas esses cientistas não são a voz da ciência!

WF Isso é muito importante de ser enfatizado.

MG Eles são alguns cientistas que têm o parecer deles sobre o que acham dessa questão, mas não falam por toda a ciência, nem por todos os cientistas. Queria deixar isso bem claro. Você leu a coluna que eu escrevi na *Folha [de São Paulo]* neste domingo?

FB Não.

MG Foi uma isca para você, proposital.

FB Que pena...

MG Mas tudo bem, eu falo um pouco sobre o que é. Tenho pensado cá comigo e também escrito sobre isso. Eu escrevi na *Folha* — e lá nos Estados Unidos também — sobre quais são as atitudes que nós temos perante o desconhecido. Eu acho que existem duas opções. Acho também que a escolha de cada um revela a sua atitude com relação à vida mesmo. Talvez esteja sendo um pouco categórico demais, mas de qualquer forma...

WF Já deu para começar, para incitar a discussão.

MG Para mim, existem duas maneiras de você encarar o desconhecido: ou você vê o mundo por meio do que chamo de naturalismo, ou o vê por meio do *sobrenaturalismo*. E essas duas posições, para mim, são incompatíveis. Só para definir os termos, para não ficar nebuloso o tema. Para mim, o naturalismo é quando você tenta entender o que está acontecendo no mundo, seja lá o que for, pelas relações de causa e efeito que tenham uma explicação dentro do real, ou seja, dentro do que pode ser pensado, do que pode ser emitido, do que pode ser discutido entre as pessoas de uma forma universal, dentro dos valores da ciência. Isso não significa que a gente já saiba tudo, muito pelo contrário, pode ser que surja um fenômeno novo, surpreendente. Mas mesmo que não saibamos a resposta, eventualmente podemos chegar a uma explicação por meio dessa postura naturalista. E talvez existam até questões que simplesmente não sejam compreensíveis pela razão humana. O que mais uma vez não significa que exista uma dimensão sobrenatural. Então, essa é uma postura. E o que seria o sobrenaturalismo? O sobrenaturalismo, dentro dessa dicotomia, seria o que não pode ser explicado por meio de relações causais — de causa e efeito — entre entidades materiais. Então, por exemplo, o espiritismo. A questão do espiritismo, dentro de uma postura naturalista. Existe um corpo; o corpo é feito de matéria; a matéria... Vamos falar do cérebro. O cérebro tem cerca de cem bilhões de neurônios; usamos uma fração deles, mas nossa concepção de quem somos, do individualismo pessoal, vem dessas várias relações não lineares e extremamente complexas de blocos de neurônios em contato entre si, que as ciências neurocognitivas estão desenvolvendo agora. Para um naturalista, uma vez que o corpo vai embora, vai embora tudo. Não existe uma entidade imaterial que possa interagir com essa entidade material que se chama cérebro — que chamamos de espírito — que permaneça depois da morte do corpo. Um sobrenaturalista diria que não. Existe, de alguma forma inexplicável, essa entidade imaterial chamada espírito, que permanece após a morte do corpo. Como se explica que uma coisa imaterial possa interagir com uma coisa material sem que a gente se dê conta disso de uma maneira causal (que você possa medir)? Isso é inexplicável, mas não interessa. A postura sobrenatural assume que isso seja possível. Acho importante comparar essas duas posturas. No meu caso, obviamente, sou um naturalista. E a ideia significa simplesmente o seguinte: não vamos saber tudo sobre o mundo. Até posso fazer uma afirmação meio categórica — *nunca* vamos saber tudo sobre o mundo. Pela seguinte razão: vamos supor que o conhecimento esteja dentro de um círculo, ou seja, que o que a gente conhece do mundo caiba dentro de um círculo. À medida que aprendemos mais sobre as coisas, esse círculo vai crescendo: ampliamos nosso conhecimento por meio da ciência, da razão, das artes etc. Existem várias maneiras de se conhecer a realidade humana e a que está "do lado de fora" também. Mas a região fora do círculo é muito grande. Então, mesmo que nós aprendamos cada vez mais sobre o mundo sempre vai haver algo externo ao círculo, ou seja, nem mesmo sabemos quais são todas as perguntas que precisam ser feitas para que possam ser respondidas.

WF Perfeito. Betto, deixe-me dar duas pontuadas antes de você desenvolver o tema do Marcelo. Eu tenho uma postura totalmente ecumênica em relação a esse ponto da religião. Se me perguntam qual é a minha religião, eu digo: "Todas e nenhuma ao mesmo tempo." Tenho uma ligação afetiva com algumas dessas tradições por razões totalmente subjetivas; primeiro, o catolicismo, porque fui criado nele até os meus 17 anos; depois, o espiritismo sob várias vertentes, principalmente o espiritismo dito europeu, que é o kardecista, e o afro-brasileiro, que é a umbanda. E tenho também uma ligação afetiva muito grande com o hinduísmo e com o budismo. Isso só para lhe dizer o seguinte: faço parte de um grupo espiritualista aqui no *Rio* no qual estamos agora estudando o *Livro dos médiuns,* que é uma das cinco obras, um dos cinco principais livros do [Allan] Kardec. E Kardec viveu numa época extremamente racional; ele fala o tempo todo no livro que o fenômeno mediúnico não tem nada de sobrenatural. Ele encarava aquilo como uma manifestação natural da potencialidade humana, mas uma potencialidade ainda desconhecida para a maioria das pessoas. Por isso que ele se debruçou tanto sobre esse estudo e de uma forma extremamente sistemática, extremamente racional, extremamente organizada. E a outra diferença, de novo a Célia, que costumava afirmar que o sobrenatural não existe; apenas damos este nome porque não conhecemos determinadas dimensões, determinadas frequências, frequências outras da realidade física. Desculpe o parêntese, Betto.

FB A minha reação inicial é de quem tem dificuldade de aceitar a dicotomia natural e sobrenatural. Voltando ao velho Aristóteles, ele afirma que somos uma interconexão de três esferas: sensitiva, racional e espiritual. Então, existem realidades que não são apreensíveis pelos sentidos, mas são racionalizáveis. Por exemplo, as emissões de rádio. Ao ligar o rádio, captamos o quê? Minha audição capta as ondas sonoras quando sintonizo uma emissora. Só um parêntese: quando estava lendo seu livro, Marcelo, você se referia a extraterrestres. Ora, como a emissão que, até agora, a nossa tecnologia consegue projetar mais distante é a televisão, acredito que os extraterrestres já captaram essas nossas emissões e chegaram à conclusão de que não há vida inteligente na Terra. Fecho o parêntese. Mas enfim, as ondas de rádio, por exemplo, não são percebidas pelos sentidos, mas são racionalizáveis. E há uma dimensão espiritual que não é irracional, mas transcende a razão: a experiência amorosa, a mais significativa de todas. Não é matematizável, mensurável, mas é real e move vidas de modo determinante. Quer dizer, pessoas mudam de país, de cultura, de tudo, em função de uma relação amorosa. Você, Marcelo, é um exemplo: saiu do Brasil em função de uma experiência espiritual.

WF A experiência amorosa.

FB A experiência amorosa é fundamentalmente espiritual. E ao mesmo tempo, como toda experiência espiritual mais radical, não é mensurável, passa pelos sentidos, pela razão, como a água passa pela peneira. Até se diz que discussão entre casal é a pior perda de tempo que existe, porque é a tentativa de racionalizar o irracionalizável, então, é querer coar água com a peneira, explicar o inexplicável. E trabalho muito com essas três dimensões: da imanência, transcendência e "profundência",

MG Se James Joyce pode inventar palavras, nós também podemos.

WF Claro, claro! Mas "profundência" tem um sotaque meio mineiro, você não acha?

FB Pode ser. Nunca tinha pensado nisso.

WF Acho que tem.

FB Na natureza, tudo tem profundência. Daí a minha dificuldade em achar que há dicotomia. Não acho que haja; são planos diferentes que se intercalam e que, na experiência de cada um de nós, ora acentuamos mais a dimensão sensitiva, ora mais a racional, ora mais a espiritual. O ideal — aí o papel da ascese — é que a gente conseguisse fazer a espiritual predominar. E para isso precisamos trabalhar a ascética dos sentidos e da razão. E o esqueminha ascético de todas as místicas é o mesmo. Muda só a nomenclatura, mas o esqueminha é o mesmo. Você lê budismo, lê são João da Cruz, e conclui que são João da Cruz conheceu o budismo.

WF Era budista.

MG Eu estava pensando uma coisa um pouquinho diferente: estava pensando na questão de por que tanta gente acredita que existem forças ocultas que controlam a vida delas? Podem ser deuses, podem ser demônios, podem ser astros, podem ser duendes, fadas etc. E esse tipo de relação com o desconhecido para mim não faz o menor sentido. Para mim, a própria noção do sobrenatural não faz sentido. Pelo seguinte: uma vez que uma coisa acontece... Vamos dizer, eu vi um fantasma. Se você viu um fantasma significa que houve uma interação eletromagnética entre você e o fantasma, no sentido de que se você *viu* algo, houve uma emissão eletromagnética, já que seus olhos captam fótons, as partículas de luz, certo? Então, se você viu ou ouviu, esse fenômeno já não é sobrenatural. É natural.

WF Era isso que o Kardec dizia.

FB Vi duas vezes e acompanhado — nenhuma das duas sozinho — disco voador (falo disso em *A obra do Artista*). Numa das vezes, estávamos minha mãe e eu; na outra havia uma multidão. E todos contatos de segundo grau, porque foram de dia. Havia uma multidão parada numa esquina em Belo Horizonte vendo, num céu azul, azul, aquele *"long-play"* subir, subir, até desaparecer. Sei lá o que era, mas não posso negar que vi. Durante muito tempo tive vergonha de falar disso. Concordo com você que há possibilidades ou virtualidades da mente que estamos longe de saber explicar cientificamente.

WF Até de mensurar, quanto mais de explicar.

FB Conheço várias experiências, mas também passei por uma experiência pessoal: tive uma doença, relacionada a glândulas, considerada incurável pela medicina. E fui me consultar com um grande especialista em São Paulo, pesquisador da doença incurável. Disse a ele: "Vou me curar pela meditação." Fiz o tratamento até certo limite, porque não aceitei ser operado nem passar por certos procedimentos com os quais não concordava, e me curei. Totalmente. O médico ficou tão espantado que admitiu: "Não tenho fé, mas tenho fé na sua fé." E falou: "Agora quero te fazer uma proposta: você vai ser minha cobaia por três anos. Durante três anos vai vir aqui, vou fazer um check-up completo em você."

WF Para ver se a coisa não volta?

FB É. Três anos depois, me disse: "Olha, é inexplicável. Não tem explicação à luz da ciência. E se você um dia aparecer com essa doença novamente, pode ter certeza de que não é aquela que aflorou de novo. É como se você nunca a tivesse tido." E assim foi. Há pouco tempo saiu numa revista científica na Inglaterra uma experiência dentro daquele princípio básico da ciência de que você falou — você descreve o "como", não descreve o "porquê". Puseram um grupo de pessoas orando por um grupo de pacientes e observaram outro grupo de pacientes pelos quais ninguém orava. E constataram...

MG É bom falar o resultado para as pessoas. Qual foi o resultado?

FB Funcionou assim: o grupo de pacientes pelo qual havia um grupo rezando apresentou melhoras muito maiores do que o outro grupo. Então, se você me pergunta: "Isso é uma coisa de Deus?", eu respondo: "É e não é." Não é porque um dia a ciência vai poder explicar essas interações.

MG Uma pergunta: nesse estudo, a pessoa que estava recebendo as orações sabia do fato?

WF & FB Não.

MG Nenhum dos grupos sabia?

FB Não.

WF Isso é que interessante na história.

FB Um dia acredito que a ciência venha a explicar isso, como hoje explica as ondas de rádio, fótons etc. Agora, é de Deus porque, para nós, crentes, Deus não é — claro que existe esse conceito de Deus para muita gente — o motor primeiro de Aristóteles. É um Deus pessoal, mas é um Deus pessoal que está imantado em toda a realidade. E até essa capacidade de provocarmos coisas aparentemente inexplicáveis, ou de a ciência desvendá-las, isso também é dádiva de Deus. Volto a dizer, na verdade há dois perigos: primeiro, o concordismo. O que é o concordismo? É algo que a teologia tradicional condena, embora praticado na Igreja. O concordista diz: "Olha, a descoberta da evolução do Universo, a partir do século XIX, já estava prevista pelo autor do *Gênesis*. Ele, simbolicamente, a descreveu na *Bíblia*." Isso a Igreja condena, não aceita. Só que ela própria vive pegando carona na ciência para cobrir o pobre do Deus capenga de alguns atributos tomados emprestados da ciência. Esse é um risco. E o outro é, a partir de uma experiência de agnosticismo ou não crença, eu diria mesmo a partir de um lugar epistêmico determinado, querer negar os demais lugares epistêmicos. Porque cada um de nós tem um lugar social, mas tem um lugar epistêmico. O seu lugar epistêmico, Marcelo, é fundamentalmente a física teórica, a ciência exata. Então, o risco é quando, a partir de um lugar epistêmico determinado, pretendemos generalizar para todos os outros campos de conhecimento ou de experiência, o que é quase uma religião às avessas. Porque a pretensão de toda religião é ter respostas para a totalidade. Põe tudo dentro de um saco, amarra, faz um lacinho bonito e entrega o pacote. Então, acho que é preciso também tomar cuidado com isso, com essa atitude, e saber dizer "não". É desconhecido? É desconhecido. Funciona, mas eu não sei como explicar? É, assim acontece. Não quer dizer que seja um embuste. Posso não entender como Chico Xavier recebia tantas inspirações e conseguia redigi-las com tamanha agilidade. Não tenho explicação, mas era um fato real. Não vou negar o dom e o talento de Chico Xavier pelo simples fato de eu não entender.

WF Como o garotinho de santo Agostinho, que tentava botar o mar num buraquinho de areia.

FB Aliás, num debate, em São Paulo, sobre religião, havia um médium e um padre cheio de preconceitos, que desmereceu o médium de maneira que considerei desrespeitosa. Saí em defesa do médium porque ele, muito humilde, não quis bater duro no padre, mas não me segurei. O padre disse a ele: "Não posso acreditar nesse negócio de conversa com os mortos." Eu me virei para o padre e falei: "Como o senhor não pode acreditar, se todos nós na Igreja Católica conversamos com os mortos?" "Como conversamos com os mortos, Frei Betto?" "Conversamos, sim. O senhor não reza para são Francisco, para Nossa Senhora, para são João Batista, para santo Expedito? O senhor está conversando com quem? Essas pessoas morreram." Aí o padre desmontou; falar o quê? Só que, ao contrário do espiritismo, nós falamos daqui para lá, eles falam de lá para cá.

WF O Chico [Xavier] dizia que o telefone só toca de lá para cá.

FB De vez em quando também a resposta vem de lá para cá nos milagres, nas aparições... Está cheio de ex-votos por aí. Acho que a coisa não é tão dicotômica. São níveis, planos diferentes.

WF Será que você podia colocar essa questão das dimensões aí na nossa conversa? Porque para mim, como leigo, isso é uma coisa espantosa, essa descoberta...

MG Não tem descoberta nenhuma, são formulações. Isso é tudo teoria. Não tem nada de concreto.

WF Nada, nada?

MG Não, muito pelo contrário. Está bem difícil confirmar este tipo de ideia.

FB Mas conta para nós.

MG Por exemplo, nessa discussão de você querer tentar justificar o que para nós pode parecer sobrenatural por meio de aspectos da ciência moderna, muita gente lança mão do fato de que certas teorias da física usam mais do que três dimensões espaciais para tentar unificar as forças da natureza. Então, por exemplo, na teoria das supercordas — em que você tem nove dimensões espaciais e uma dimensão temporal ou dez dimensões espaciais e uma temporal — as pessoas falam: "Está vendo? Já que existem essas dimensões extras, invisíveis..." O Antoine de Saint-Exupéry dizia em O *pequeno príncipe* que "o essencial é invisível aos olhos", então talvez sejam essas dimensões invisíveis que expliquem esses fenômenos que, para nós, possam parecer sobrenaturais. Porque, realmente, se nós tivéssemos acesso a uma dimensão a mais, coisas impressionantes poderiam acontecer. Por exemplo, vamos supor que esta mesa aqui seja o espaço, e que existe um ser que vive nesta mesa. Só para dar um exemplo de coisas estranhas acontecendo, certo? Então tem uma baratinha aqui só nesta mesa que não sabe que existe uma terceira dimensão. Ela não pula para cima, nem cai pra baixo da mesa. Mas nós sabemos. Então vamos assustar essa baratinha. Pegamos uma caixa de fósforos e fazemos um fogo aqui nesse lado. Aí fazemos um outro fogo ali, uma coisa que para a coitada da barata é completamente inexplicável. De repente, apareceu um fogo aqui, e outro fogo ali, sem conexão um com o outro. No mundo da baratinha, essa estranha ocorrência é atribuída a demônios, são coisas completamente inexplicáveis. De onde vem a conexão entre os acontecimentos? Vem da terceira dimensão, que para ela é invisível. Por isso que tanta gente gosta de invocar dimensões extras para explicar o que aparenta ser inexplicável. O problema com essa explicação, infelizmente, é que essas dimensões extras, de que a gente fala na física, são muito, muito pequenas. Se existirem, porque por enquanto são apenas teoria. Eu, por exemplo, sou extremamente cético, mesmo tendo feito doutorado exatamente nesse assunto. Estudei matematicamente universos com mais de três dimensões. Uma das explicações que temos que dar é por que as três dimensões em que nós vivemos são grandes? Temos os familiares Norte, Sul, Leste, Oeste; para cima, para baixo; as três dimensões. A questão é por que as outras são invisíveis, por que não são "grandes" como elas? As teorias dizem que são muito pequenas. Uma maneira que temos para visualizar isso é a seguinte: imaginem um lápis. De perto vemos que o lápis tem duas dimensões, porque tem o comprimento, longo, mas também tem o raio. Na verdade, o lápis é um cilindro, que tem duas dimensões: O comprimento e o raio. Mas se você olhar o lápis muito de longe, ele vai parecer uma linha — que tem uma dimensão só. Então é tudo uma questão de perspectiva. Se você olhar muito de perto, você vê essas dimensões extras. Se você olhar de longe, você não as vê. O problema é que são tão pequenas, mas tão pequenas, que são muito menores do que as menores coisas que já conseguimos medir. Então o que que a gente já mediu? Até uma distância de 10^{-16}cm. O que é isso? É um décimo de milésimo de trilionésimo de centímetro, que é menor do que um próton, que junto com o nêutron é a partícula que integra o núcleo atômico. Essas dimensões extras dessa teoria são trilhões e trilhões de vezes menores ainda do que o próton, do que essa distância. E o que significa isso? Mesmo que esses fenômenos sobrenaturais não tenham que ter passagem de energia, não tenham que ter informação, é absolutamente impossível que essas dimensões extras — segundo o que a gente conhece até agora — tenham qualquer função para explicar esse tipo de exemplo que eu dei, de assustar a baratinha aqui na mesa. Mas eu, como bom cientista, mantenho uma cabeça aberta.

WF Eu acho interessante o que li no seu livro sobre aquela concepção — que eu acho interessantíssima e que tem tudo a ver com o que estamos conversando agora — de que o Universo é tudo aquilo que nós conseguimos apreender dele.

FB Exatamente.

MG E a cada época, desde o geocentrismo, nós vamos ampliando essa percepção. Você mencionou isso agora há pouco também, não é, Betto?

E acho que a gente está lidando com uma limitação da nossa condição humana mesmo, e da tecnologia que temos para mensurar tudo isso.

MG O que é difícil nesse discurso todo é o seguinte: vocês falaram desse experimento da reza; eu já li relatos que falam exatamente o oposto: que fizeram experiências exatamente assim e provaram o oposto, no sentido de que os que foram rezados pioraram. E por exemplo, o meu orientador de doutorado na Inglaterra pegou o Uri Geller — que é um famoso israelense que entortava colheres com a força do pensamento — para fazer algumas experiências com ele no laboratório, e o Geller não fez nada. Então, quando um cientista bem-intencionado — o meu orientador estava impressionadíssimo com o poder do Uri Geller; ele até escreveu um livro chamado *As mentes do futuro* — tenta mostrar que realmente isso pode ser averiguado…Quando ele colocou sensores mecânicos na colher e no Uri Geller, não aconteceu absolutamente nada, e o Uri Geller falou que os aparatos todos estavam atrapalhando. Então fica impossível você averiguar empiricamente este tipo de asserção.

FB Mas se você tirar o sensor e der a ele a colher inteira, ele a entorta? Como é que se explica?

MG Ele a entorta. Existe um mágico nos Estados Unidos, chamado "Amazing Randy" (Randy, o Magnífico), que mostra exatamente como o Uri Geller entortava todas as colheres na sua frente, explicando: "olha, é assim que ele fez." Ele faz igualzinho ao Uri Geller. O Uri Geller era um embrulhão.

FB Não, era um mágico.

MG Era um embrulhão porque ele era um mágico que se dizia paranormal.

FB Aí é blefe.

MG E um mágico muito bom como esse Randy faz igualzinho. Tudo que ele fazia, o Randy faz também. As pessoas têm uma fragilidade emocional muito grande. A vida é muito difícil. Existe tanta gente que manipula essa fragilidade para o seu próprio benefício que você tem que manter uma postura bastante cética com relação a esse tipo de fenômeno, para não ser enganado. São muitos casos. Tem tantas histórias assim que nem vale a pena começar: as irmãs espíritas do século XIX lá nos Estados Unidos, cujo nome não me recordo agora...Sabe, muitas coisas assim que fizeram um sucesso gigantesco e que não tinham nada a ver. Eu acho muito importante não dizer "Isso é impossível porque a ciência não explica"; isso eu acho besteira. Esse radicalismo eu concordo 100% com você, Betto, que a ciência não tem o direito de fazer esse tipo de asserção. A ciência é bem melhor explicando o que existe do que o que não existe. Por outro lado, a ciência tem como missão ensinar as pessoas a pensar por si mesmas e aprender a ser céticas com relação a asserções que podem ser perigosas, enganosas, manipuladoras etc.

WF O Betto falou nesse médium. Só a título de ilustração: havia um paranormal que morava aqui no Rio chamado Lourival de Freitas[5]; ele era conhecido como "Nero", porque dizia que um dos espíritos que recebia era o do imperador de Roma, e fazia cirurgias físicas mesmo, no sentido de operar a pessoa com qualquer instrumento cortante que tivesse à mão e a pessoa não sentia dor alguma; normalmente o corte fechava praticamente minutos depois, quando não fechava imediatamente, na hora. Ele passou 15 anos morando na Inglaterra e sendo pesquisado por uma fundação sediada em Londres que tentava fazer uma ligação entre medicina e paranormalidade. E me explicou como isso aconteceu: essa fundação convidou paranormais do mundo inteiro, submeteram-nos a uma série de testes e, no final, sobraram quatro: um russo, um belga, um filipino e ele, como brasileiro. Esses quatro foram contratados por essa fundação como se fossem cientistas ou funcionários, seja lá qual o nome que você

---

[5] Paranormal retratado em *Encontros com médiuns notáveis*.

queira dar. E, de acordo com a capacidade de cada um, tinham um contrato de trabalho bem específico. O Lourival, por exemplo, tinha que fazer uma cirurgia por semana ou uma por dia, não me lembro exatamente quantas eram. Além disso, eles eram obrigados, por contrato, a estudar medicina. Lourival sabia interpretar uma chapa de raios X e dizia: "Olha, isso aqui não tem nada de paranormal no que eu estou lhe falando, o que acontece é que a maioria das pessoas, inclusive muitos médicos, não sabe interpretar uma chapa de raios X." Nas cirurgias, por exemplo, ele usava música como anestésico. Normalmente música ao vivo. Ele foi relativamente conhecido porque entre os anestesistas dele estavam Chico Buarque, Tom Jobim, Miúcha, Toquinho...Ele tinha uma ligação muito grande com a música por causa disso.

FB Aliás, foi ele quem convenceu o Chico a beber só vinho?

WF Foi, exatamente! Ele passou a tomar só vinho. O Chico o chamava de "Bruxo das Laranjeiras" porque ele morava no bairro de Laranjeiras e era realmente uma figura impressionante. Ele tratou de uma namorada minha que tinha um câncer, e dizia com todas as letras: "Não sei curar o câncer, sei controlá-lo de tal forma que ele vai virar um pontinho no corpo da pessoa, que vai ter que tomar os meus remédios durante o resto da vida (umas garrafadas que ele fazia com ervas trazidas dos lugares mais longínquos) e não vai morrer de câncer. Se você conhecer alguém que saiba curar essa doença, me apresente porque eu também quero conhecer." Ele dizia exatamente assim. E as cirurgias todas eram feitas dessa maneira, ou seja, com um monte de gente assistindo, era meio uma festa. Quando chegava num determinado momento, ele dizia: "Tom, senta aí no piano e toca um negócio para mim." E metia a faca na pessoa, metia gilete, tesoura, o que tivesse à mão. O engraçado é que se você fosse conversar com ele sobre isso depois, ele dizia: "Pelo amor de Deus, não me fale de cirurgia, porque eu não sei nada do que acontece ali naquele momento, inclusive se eu vir sangue, eu desmaio." Ele, Lourival, pessoa física. "Eu sei medicar, eu sei fazer as garrafadas que eu faço, mas da cirurgia eu não tenho a menor lembrança do que acontece, e ainda bem que não tenho, porque se eu vir uma gota de sangue, caio desmaiado." Ele operou essa minha namorada na minha frente; os anestesistas foram a Miúcha cantando, eu tocando flauta e o Nando Carneiro tocando violão. Ele tirou uma metástase da coluna dela em segundos, um minuto, um tempo curtíssimo. Assisti a isso tocando flauta, com os olhos quase pulando fora das órbitas. Primeiro, ele me disse: "Dá para mim tudo o que você tenha em casa que corte, qualquer instrumento cortante." Fiz uma pesquisa no apartamento e coloquei na mesinha de cabeceira uma lâmina de barbear, uma faca de cozinha daquelas grandes e uma tesourinha de unha. Além disso, peguei gaze, esparadrapo e mertiolate e também deixei na mesa de cabeceira. Ele pegou a lâmina e começou a arranhar a pele dela numa região próxima da coluna lombar, fazendo uma espécie de "X". Depois de marcar o lugar com a lâmina, enterrou aquela faca enorme uns dois centímetros de profundidade ao lado da coluna dela, e a faca vibrava numa velocidade tal que parecia que havia alguma corrente elétrica ligada nela. Em seguida, um pequeno pedaço de tecido saiu daquele corte sem que uma única gota de sangue escorresse. Ele pegou a tesourinha de unha e cortou aquilo — era um círculo do tamanho de uma moeda grande, com umas pequenas manchas marrons nas bordas. Ele cortou aquele pedaço de tecido, botou num copo e falou: "Põe no congelador." Aí, disse: "Podem parar de tocar." Pegou o algodão e falou "Waldemar, segura aqui um minutinho para mim, bem em cima do corte"; eu peguei aquele algodão enquanto ele preparava um curativo, com esparadrapo e gaze. Segundos depois, ele completou: "Pode tirar o algodão." Quando fiz isso, só tinha aquele arranhão que a lâmina tinha feito. Ele passou mertiolate, colocou a gaze e o esparadrapo em cima e começou a falar como médico: "Olha, você vai ter sintomas de pós-operatório durante 72 horas; se tiver dor de cabeça, toma dipirona. Tem uns outros remédios que eu vou lhe dar, e tenho uma outra cirurgia para fazer em você aqui no pescoço." Aí, virou-se para nós e falou: "Ela está cheia de metástases ósseas, embora as cintilografias ainda não apresentem evidência, o fato de ter operado o seio provocou uma reação das metástases." É a história do galho de uma árvore, o câncer tem disso: se você não opera a matriz da doença e secciona uma metástase, é como se você cortasse um galho, e com isso fortalecesse os outros. A orientação do Lourival foi a seguinte: "Daqui a um mês nós vamos fazer uma cirurgia no pescoço dela, mas essa é uma cirurgia mais delicada, na qual vou precisar de um piano na anestesia. Flauta, violão e voz não serão suficientes para eu fazer o procedimento para tirar a outra metástase. Então, vamos esperar o Tom [Jobim] chegar dos Estados Unidos. Quando ele chegar, a gente marca a cirurgia na casa dele, porque vou precisar de um piano."

MG E ele topava?

WF Claro que topava! O Tom adorava esse lado meio bruxo também. Então, dentro dessa área, onde eu não consigo explicar o que eu vi.

MG E o que aconteceu com ela? Melhorou?

WF Melhorou imediatamente. Ela estava na cama há dias porque, como a metástase óssea começou a pressionar o nervo ciático, ficava o dia inteiro na banheira, com água morna, que era a única coisa que aliviava a sua dor. O que aconteceu um pouco mais adiante é que a família, de forma muito diplomática, me falou: "Nós queremos que ela faça o tratamento convencional." E exatamente neste momento, ele sumiu durante uma semana. Ela havia ficado muito dependente dele psicologicamente, falavam-se ao telefone todos os dias, e de repente nós não conseguimos encontrá-lo durante uma semana inteira. A família virou-se para mim e disse: "Você já fez mais do que podia, deixe que nós tomamos conta do caso a partir de agora; vamos voltar para o tratamento convencional." No dia seguinte ele reapareceu e falou: "Eu sabia que isso ia acontecer, porque tem gente na família dela que não acredita no que eu faço; tem gente que acredita, mas eu sabia que isso ia acabar acontecendo. Inclusive, foi por isso que relutei muito em aceitar o caso dela, porque sabia que ia dar um quiprocó qualquer no meio do caminho." Em seguida, me disse: "O meu tratamento já acabou." Acontece que uma dessas entidades que ele recebia havia me dito: "Quando você quiser convencer o Lourival a atender alguém, diga que a pessoa está sentindo dor, porque ele sabe que vai morrer pela dor e não suporta saber que alguém está com dor." Então, quando consegui localizá-lo no dia seguinte, falei: "Lourival, a Sandra está na casa dos pais." E ele disse: "Então meu tratamento acabou. Eu sabia que isso ia acontecer." Eu falei: "Lourival, ela está com dor. Vamos dar um pulinho lá." E ele: "Tá bom, então passa aqui em casa e me pega que eu vou dar um pulo lá para aliviar a dor dela, mas depois eu vou lhe dizer o que a medicina vai fazer com ela: vão sedá-la, não têm mais como curá-la." Quando estávamos a caminho da casa dela, ele me disse: "Existe um gânglio na parte de trás do pescoço chamado 'gânglio estelar'. Se eu vazar esse gânglio e provocar um pequeno derrame dentro dele, aquilo vai funcionar como uma espécie de anestésico para ela; vai durar 24, 48, 72 horas. Então, vou fazer isso, vou dar uma aliviada na dor que ela está sentindo, e na segunda-feira vão levá-la para o hospital, vão extrair os ovários, depois vão fazer mais uma série de procedimentos de sedação." Quando chegamos à casa da família, havia um monte de gente reunida, e ele era muito direto na maneira de falar, não tinha meias palavras. Expulsou todo mundo do quarto onde ela estava deitada morrendo de dor e falou para mim: "Waldemar, toma conta da porta, não deixa ninguém entrar." E apontou para uma televisão que havia no quarto, em cima da qual estavam um carretel e uma agulha. "Eu já tenho aqui o que eu preciso para fazer o que eu quero." Trinta segundos depois, abriu-se a porta e ele falou: "Vai lá e mostra para eles a dor que você está sentindo agora." Ela saiu com um cigarrinho na mão, com a cara mais lavada do mundo. Existe um outro caso dele absolutamente incrível, só para terminarmos essa história, em que a Miúcha foi testemunha. Ele foi procurado por uma família rica do interior de São Paulo que tinha um filho que havia sofrido um princípio de afogamento. Quando o menino foi socorrido, deram a ele uma dose de oxigênio de adulto, não de criança, e o menino entrou num estado de coma profundo. Os médicos diziam: "Não podemos fazer nada, só esperar." A família, muito rica, mandou buscar o Lourival de avião particular, no qual, além dele, foram a Miúcha, um músico que tocava com ela e um médico amigo dele do [Hospital] Miguel Couto (ele tinha muitos amigos médicos). Quando ele chegou à porta da UTI, o menino estava todo entubado, em coma profundo. Ele disse: "Bom, a medicina não pode fazer mais nada por ele, vamos ver o que a magia pode fazer." Ele gostava muito de usar esses termos. Em seguida, tirou um pequeno crucifixo que trazia no bolso, colocou na testa do menino durante alguns instantes, depois falou: "Miúcha, canta aquela música que o Chico fez para você" — "Maninha", uma música linda em que o Chico fala dos quintais da infância dele e dos irmãos. Miúcha começou a cantar a música e a repetiu umas duas, três ou quatro vezes. Em seguida, ele disse: "Tá bom, pode parar." Olhou para o relógio e falou: "Vamos para a casa da família, porque daqui a meia hora o menino vai sair do coma." Ele nem encostou a mão no menino; não operou, não fez nada. Meia hora depois o menino acordou completamente curado, sem nenhuma sequela, nada. E ele não aceitava pagamento pelo que fazia. A família quis de alguma maneira retribuir, e ele disse: "Não, não tem dinheiro na história, não sou médico, não sou profissional de medicina, não cobro nada pelo trabalho." Eles insistiram muito, e ele acabou cedendo da seguinte maneira: "Bom, se vocês quiserem me ajudar, façam o seguinte: me empresem esse avião e o piloto durante uma semana, porque eu tenho doentes espalhados pelo Brasil inteiro; assim posso visitar todos." Foi naquela semana que ele sumiu e que a família da Sandra levou-a de volta para a casa deles. Quando ele saiu da casa depois de ter feito esse procedimento de vazar o gânglio estelar, me disse: "Ela vai ter mais três meses de vida *só*, então, vá tocar." Eu tocava com o Zé Ramalho nessa época, vivíamos viajando pelo Brasil inteiro. "Esquece, você já fez o que tinha que fazer por ela, bola para a frente." Lourival morreu com enfisema pulmonar no Hospital

Central do Exército do Rio, com problemas psiquiátricos e praticamente esquecido por essa turma toda que ele ajudou.

MG Então, uma pergunta que eu faço para você direto, no caso da sua namorada. Por que é mais fácil você acreditar que ele realmente a operou do que acreditar que ele fez um "X" com a gilete, não operou, mas tinha uma força tão grande e as pessoas acreditavam tão profundamente nele, e mais, ele talvez fosse capaz de hipnotizar as pessoas também, que a própria força da pessoa ajudou-a a se curar e não teve nenhuma magia, no sentido de receber um espírito que podia fazer a cirurgia e tal?

WF Só que eu vi realmente, eu vi aquela faca enorme de cortar carne entrar nas costas dela!

MG Viu mesmo? Deixa eu ver se entendi a diferença: realmente veio o espírito e fez a cirurgia, o corte cicatrizou milagrosamente; tudo isso aconteceu, ou o médium tinha um poder fantástico que influenciou todo mundo ali presente? Eu pergunto isso porque nós não conhecemos tanto sobre a nossa cabeça, nem tanto sobre o câncer, que tem um lado emocional muito forte também. Sabe, as pessoas querem tanto viver, que quando surge uma presença tão forte como a desse médium, a fé é tão grande que aparecem forças que estão lá dentro... Se você tivesse feito — só para complementar isso —, assim que ele terminou a cirurgia, uma radiografia e tivesse mostrado que houve realmente uma incisão profunda na coluna dela, aí eu falaria "ok".

WF Foi ao lado, próximo do nervo ciático.

MG Mas para mim não é claro que houve mesmo uma cirurgia, mesmo que ela tenha melhorado, o que não discuto.

WF A melhora foi instantânea.

MG O que eu discuto é o processo, vamos dizer assim, não o que realmente ocorreu.

FB Deixa eu dizer duas coisas: primeiro, isso do psicossomático, claro que existe, inegável, não precisa nem falar, pois eu tive o caso da minha doença. Todos os dias temos experiências psicossomáticas sem às vezes perceber. Por exemplo, você desarranja o intestino porque recebeu uma notícia que mexeu com a sua emoção.

MG Essa experiência de meditação que você contou agora há pouco, hoje em dia, na Califórnia, isso está muito popular.

FB Está. E isso é muito saudável.

MG Essa coisa da cura pela alma...

FB Porque a meditação tem muitos efeitos benéficos, porém o mais sensível é a redução drástica da ansiedade.

WF Do que se chama de estresse, não é?

FB E nessa civilização em que vivemos...

WF É, eu pratico uma técnica que é conhecida como Meditação Transcendental há mais de vinte anos: você recebe um mantra de um instrutor e usa aquele mantra só mentalmente; não é para cantar, não é para falar. Não tem nenhum aspecto devocional na prática, é meramente científico.

MG Eu também faço meditação.

WF Você também?!

MG Faço.

FB E como é que você faz?

MG Eu tento esvaziar a mente.

FB Você reserva um tempo para isso?

MG Às vezes quando acordo, de manhã.

FB Também faço de manhã e ponho relógio para não me enganar. Porque tem dia que flui e tem dia que não flui.

WF Exatamente, tem dia que é fácil, tem dia que é difícil.

FB Por isso ligo o despertador.

MG Meu relógio é o meu filho de quatro anos. Eu acordo antes dele justamente para poder ter tempo.

WF Essa técnica que eu pratico foi difundida por um mestre indiano, o Maharishi Mahesh, que ficou famoso por ter ensinado os Beatles a meditar. Ele era estudante de física quando conheceu o guru dele. Passou horas a fio sentado na frente do homem santo em silêncio, até que este, subitamente, lhe disse: "Vá terminar seus estudos universitários, porque a sua formação acadêmica vai ser uma ferramenta muito importante no trabalho que você tem para fazer depois." Ele então formou-se em física e depois aprofundou-se no conhecimento do ioga, de onde extraiu uma técnica chamada "técnica do chefe de família", ou seja, uma prática para nós, que temos uma vida secular, que não estamos isolados num mosteiro, que estamos atarefados o dia inteiro. Ele sugere que a pessoa a pratique duas vezes por dia (uma quando o dia começa, outra quando acaba), e que dure vinte minutos. Por isso eu uso um despertador também. Às vezes parece que aqueles vinte minutos duraram cinco segundos, às vezes parece que duraram uma hora.

FB Sempre sugiro às pessoas que estão iniciando começar com cinco, dez minutos e até meia hora. Mas começar. Aos pouquinhos. Na prisão — claro, as condições eram ideais porque era um verdadeiro mosteiro, com celas separadas —, cheguei a meditar quatro horas sem sentir o tempo passar. Ali vivi uma experiência muito marcante: havia um preso comum em cuja vida tudo era oito. Ele tinha 28 anos, preso desde os 18, condenado a 48 por latrocínios. Seu apelido era "Risadinha", porque passava uma forte exuberância de espírito e grande amor à natureza. A penitenciária era toda cimentada para que ninguém enterrasse faca, estilete etc. Até o campo de futebol era cimentado. E havia uns holofotes possantes que atraíam muitos insetos. No recreio da noite, em determinadas épocas do ano, apareciam muitos besouros. O pessoal botava fogo nos insetos, amarrava besouros no barbante. Risadinha não deixava, ele tinha aquela coisa meio franciscana: pegava todos os bichos, punha no bolso do uniforme, depois levava para a cela e lá os soltava. A cela dele tinha uma grade que dava para um jardim. Um dia, me aproximei dele — que não tinha nenhuma formação mística, nenhuma cultura religiosa, mal tinha o curso primário — e soube que ele era da Igreja Adventista do Sétimo Dia. A penitenciária era frequentada por vários pastores, mas o que mais impactava era o da Igreja Adventista, era o mais simples e tinha seis filhas! E as seis filhas constituíam o coro do culto dele. Era tão carismático que dobrava a audiência no culto. Havia 400 presos na penitenciária, e o salão só dispunha de 200 lugares. Era o único a lotar todas as cadeiras. Nem o padre conseguia isso (o padre, aliás, não era muito querido). Impressionava a pedagogia, a empatia do pastor adventista. E criança numa prisão é uma bênção dos céus, porque o que mais mexe com preso comum é criança. E ai do sujeito que vai parar lá por molestar criança... Aquele pastor ia lá e levava as meninas dele sem nenhum medo. Mas volto ao Risadinha. Perguntei a ele: "Como você ora?" Ele me disse: "Olha, Betto, tem dia que eu entro na cela, sento na cama e fico orando. Sabe que de repente eu olho para a grade, cara, já está amanhecendo e não dormi, nem sinto sono." Para vocês entenderem a nossa rotina na prisão: o recreio terminava às oito da noite e as luzes eram apagadas às dez pelo controle externo do carcereiro e acendidas na hora de acordar, às cinco da manhã.

WF Não sentia o tempo passando.

FB Ele não sentia o tempo passar. Quem conhece a dinâmica da mística sabe que isso é comum, é um fenômeno comum.

WF Transcende a temporalidade.

FB Voltando ao nosso tema: realmente, a fé não pode pretender se transformar num método de explicação de fenômenos.

MG Certo.

FB Acho isso muito importante.

WF Perigoso até.

FB Seria o mesmo que um de vocês falar: "Olha, descobri um modelo conjugal ideal para todos os casais. Quem seguir o meu modelo, vai ser feliz para o resto da vida." Não existe isso. E segundo: a humildade da ciência é própria do seu método, da sua natureza e caráter, que é se calar diante do inexplicável, do desconhecido. Ela pergunta, sempre pergunta — é o papel dela —, o "como". Não deve extrapolar o discurso científico, como muitas vezes se fez na Antiguidade, quando não havia distinção epistemológica entre ciência e religião, ciência e fé, então se extrapolava facilmente. Quando observamos alguns fenômenos considerados extraordinários ou misteriosos, há que buscar neles uma lógica. Cito dois: As aparições de Nossa Senhora — Fátima, Medjugorje... A pergunta é esta: Por que Nossa Senhora nunca apareceu num acampamento dos sem-terra? Por que nunca apareceu na Sierra Maestra durante a guerrilha de Cuba? Ora, se você analisar as aparições de Maria no século XX, quase todas têm componente anticomunista.

MG É mesmo?!

FB Quase todas. E no momento em que acabou a União Soviética, acabaram as aparições.

WF Que conclusão você tirou disso?

FB É a fisiologia do milagre. É como aquela onda de ver disco voador, alimentada pela revista *O Cruzeiro*. Como disse, acabei vendo duas vezes. Sei lá se existe ou não, não posso afirmar com segurança. Posso dizer o seguinte: algo se produziu como um objeto visível e exterior a mim. Agora, o outro lado da moeda: os milagres de Jesus. Nenhum milagre de Jesus é de acréscimo. Por exemplo: um homem chegou sem o dedo indicador, Jesus pegou um toquinho, pôs ali, soprou, e o homem saiu com a mão perfeita. Todos os milagres são, sem exceção, de revitalização. O sujeito tinha o olho, voltou a enxergar; a mão estava seca, voltou a movimentar-se; Lázaro morreu, o corpo dele estava lá, foi revivido.

MG Mas a multiplicação dos peixes e dos pães?

FB O grande equívoco que nos leva a essa ideia generalizada de que houve multiplicação é que a palavra "multiplicação" não aparece em nenhum dos relatos do episódio. Aparece como intertítulo, acréscimo didático da divisão do texto bíblico, que não consta no original. Tanto que, hoje, *Bí-*

blias mais progressistas já não colocam "multiplicação", colocam "partilha" dos pães e dos peixes. Por quê? Porque o texto diz claramente: "Havia 5 mil pessoas, e Jesus pegou cinco pães e dois peixes, abençoou-os e mandou que os discípulos organizassem as pessoas em grupos de cem e de cinquenta. Então esses peixes foram distribuídos e no fim todos ficaram saciados e ainda sobraram 12 cestos cheios de restos de pão e de peixe." A lógica é simples. O que acontece em qualquer praça onde se reúnem mil pessoas? Há logo um afluxo de pipoqueiros, vendedores de cachorro-quente, churrasquinho. E lá não teria sido diferente. Se no fim sobraram 12 cestos é sinal de que havia mais cestos, que era o "carrinho" de venda de produtos na época. Então, se sobraram 12, só há duas hipóteses: a primeira é que as pessoas, já preocupadas com a postura, tinham o hábito de carregar cesto vazio na cabeça para ficar com o corpo ereto. E a segunda, que os vendedores viram aquela multidão e cada um levou o seu produto, basicamente peixe e pão ali na beira do lago... O mais interessante é que eram cinco pães e dois peixes. Se você analisar pela numerologia hebraica, o sete na *Bíblia* é o nosso oito deitado, representa o infinito. Deus ter criado o mundo em sete dias é símbolo de tempo infinito.

WF O sete está presente em todas as tradições.

FB E os nossos pecados serão perdoados, não apenas sete vezes, mas setenta vezes sete. Sete é símbolo do infinito na tradição hebraica. Então, havia um grande número de peixes e de pães. E, enfim, Jesus não era mágico. Se fosse mágico, pegaria cinco pães e dois peixes, cobriria com um lenço, e diria "abracadabra": uma padaria aqui e uma peixaria ali. Jesus fez, sim, milagre. E o que é milagre? É o poder que Deus tem de alterar o rumo natural das coisas. E onde esse poder opera? No coração humano. Jesus levou as pessoas a partilhar seus bens, que é a explicação que está no meu livro sobre ele. Não exatamente dessa maneira que acabo de discorrer. Na narrativa própria de um romance, adota-se outra linguagem. Então, essas coisas são, hoje em dia, cada vez mais estudadas.

Não para destruir a fé de ninguém, e sim para aprimorá-la. E para que a fé não seja um ridículo sucedâneo da ciência, e sim uma experiência de humanização das pessoas.

WF Eu me lembro de um outro detalhe, mas tem alguém a quem Jesus cura e diz: "Vai, que a tua fé te curou."

FB Também para a mulher que sofria de hemorragia, ele falou: "A tua fé te curou." Agora, o interessante é que em nenhum momento Jesus, antes de curar uma pessoa, perguntou: "Você acredita em mim? Qual é a sua religião?" Ele cura inclusive o servo do centurião romano. Ora, o centurião não tinha, com certeza, a fé judaica. Não tinha a mesma fé de Jesus. O que significa que, para Jesus, fé era sinônimo de amor. No amor é que as pessoas comprovam a sua fé. É como se ele dissesse: "O teu amor te salvou." E este, certamente, era pagão.

WF Certo.

FB Um fato inusitado: como um centurião romano se preocupa com a saúde de um servo? Em *Um homem chamado Jesus* dou a entender, sutilmente, que o centurião tinha um caso com o servo.

WF Veja só!

FB É por isso que quando Jesus diz a ele "Irei à tua casa ver o servo e curá-lo", o centurião não concorda, diz apenas: "Basta uma palavra e ele será curado." O oficial não deixou Jesus ir à casa dele...

WF "Não sou digno de que entreis em minha casa", não é?

FB Dou a entender que havia um caso entre o centurião e o servo para quebrar o preconceito contra homossexuais. Jesus nada tinha de moralista.

Se o episódio da mulher samaritana não estivesse nos evangelhos, fosse contado numa aula de seminário, coitado de quem o contasse... Por quê? A mulher foi buscar água no poço de Jacó ao meio-dia. Ora, nenhuma mulher busca água ao meio-dia, busca pela manhã. Por que ela ia naquele horário com o sol a pino? Certamente por não suportar mais o diz que diz da mulherada. Encontrou ali um jovem de 28 anos sozinho. E ele veio com aquela conversa de cerca-lourenço: "O que você está fazendo?" "É óbvio, estou tirando água do poço." "Ah, mas se você beber da água que eu tenho para te dar, não terá mais sede." Muito estranho, não é? Pergunte a uma mulher como reagiria se abordada por um estranho em lugar ermo. E o interessante é que lendo, você percebe esse clima. O texto diz que os apóstolos foram para a cidade comprar alimentos, e Jesus estava sozinho, junto ao poço, quando ela chegou. E começou aquele diálogo meio estranho, até que ele disse algo que reverteu toda a expectativa dela: "Vai buscar o teu marido." Ela responde: "Não tenho marido." Ele já a conhecia de fama: "É, eu sei. Você teve seis, e este com quem vive hoje não é seu marido." Em nenhum momento Jesus pronuncia um discurso moralista: "Minha filha, que promiscuidade! Você precisa regularizar sua situação conjugal." Ele simplesmente constata: "Você teve seis e eu tenho uma água viva para te dar." Ele percebe a voracidade amorosa dela, a sede de Absoluto. A carência afetiva da samaritana era profunda e ele chega e faz uma proposta espiritual: "Você está em busca do Transcendente, em busca de Deus." Defendo a hipótese de que a samaritana foi a primeira apóstola, pois o Evangelho a descreve como a primeira pessoa a anunciar em público Jesus como Messias. O machismo predominante a partir dos séculos I e II censurou isso no texto. E reduziu as mulheres do grupo de Jesus a meras discípulas.

WF O texto foi muito censurado, não é, Betto?

FB Tudo indica que sim.

WF Distorcido, até.

FB Hoje se conhece melhor a arqueologia do texto bíblico.

MG E eles foram escritos bem depois também. É um fato que não se pode esquecer.

FB Bem depois. Falo em "arqueologia" porque eles se baseiam em textos da época. É como alguém, Marcelo, juntar os seus artigos na *Folha de S. Paulo* e montar um livro. Havia as chamadas "perícopes", pequenos relatos das comunidades sobre o que se passava em cada uma delas, e os evangelistas as "costuraram". No fim do meu romance ponho os quatro evangelistas discutindo como irão escrever os evangelhos.

MG E aí cabe mais uma pergunta, falando-se de milagres: e a virgindade de Maria?

FB Pessoalmente, considero que Maria era virgem, não porque o hímen não foi rompido. Isso seria reduzir a questão da virgindade a um aspecto fisiológico. A virgindade está muito mais na pureza de coração dela.

WF O mito da virgem antecede o cristianismo.

FB Preservo no romance o que você chama de mito. Achei literariamente melhor manter, para descrever a crise de consciência de José. Como ele podia engolir aquela história? Uma mulher com quem ele nem estava casado fica grávida e vem dizer que isso é obra do anjo… Os evangelistas não tinham a menor preocupação jornalística, histórica. Só teológica. Há um método grego — díptico — que se vê em vitrais de igrejas. Por exemplo, a figura de Moisés de um lado e a de Jesus do outro — para acentuar que Jesus é o novo Moisés. Equivale à migração de sentido. Quem observa vê as duas imagens e, inconscientemente, as associa. Ora, os evangelistas leram em Isaías, no Antigo Testamento: "O Messias nascerá de uma virgem." Essa é a tradução dos católicos. "Nascerá de uma moça" é a tradução dos protestantes. Porque a mesma palavra servia — é como primo-irmão (afinal é primo ou é irmão?). No futuro, alguém pode indagar se fulano e sicrano eram primos ou irmãos. Uns dirão que eram irmãos; outros, primos. Então, os evangelistas fizeram um arranjo para dizer que esta mulher, mãe de Jesus, é aquela anunciada pelo profeta séculos antes. Como o nascimento de Jesus: hoje há um consenso entre os especialistas católicos da *Bíblia* que Jesus nasceu em Nazaré. Mas como o Antigo Testamento diz que "o Messias nascerá da família de Davi", então houve um arranjo para colocá-lo em Belém, a cidade de Davi. Imagino que José e Maria, ao chegarem a Belém — e ele era de uma família importante de lá, na qual Davi figurava como ascendente —, tenham sido repudiados, porque os parentes dele sabiam que não estava casado com a moça grávida. Portanto, se recusaram a recebê-los.

WF Foram então para a estrebaria.

FB Ocuparam uma terra na periferia da cidade e, dia seguinte, o "Diário de Belém" deu em manchete: "Família de sem-terra invade sítio na periferia da cidade." Hoje, o pessoal vê o MST ocupando terra e fica escandalizado. E o Jacó, o dono da terra, ficou danado da vida, pensou em chamar a polícia, mas o capanga dele falou: "Chama não, a mulher está dando à luz lá no cocho." E assim Jesus nasceu como um sem-terra e sem-teto...

O PODER

WF Eu queria sugerir que começássemos a conversar sobre um tema no qual ainda não fomos muito a fundo, que é o poder, e a relação dos saberes, dos ofícios de vocês com o poder. Estive conversando com um amigo meu que mora em Petrópolis, e ele me contou, Betto, que assistiu recentemente a uma palestra sua sensacional, na qual você falou justamente sobre as instituições que — entre aspas — mandam no mundo, afirmando que primeiro tinha sido a Igreja durante muito tempo, depois foi a ciência e que agora é essa entidade abstrata e onipresente chamada "mercado".

FB Na verdade, eu falava o seguinte: nós três aqui estamos vivendo algo que nossos avós e bisavós não viveram, que é uma mudança de época; eles vieram de épocas de mudanças, e nós vivemos uma mudança de época. A última geração que viveu uma mudança de época foi a de Copérnico, Galileu, Newton, Descartes, Cervantes, Teresa de Ávila, porque foram contemporâneos da passagem de uma época que durou mil anos, do período medieval para a modernidade. Cada época é caracterizada por um paradigma. O Marcelo, nas suas obras, coloca isso muito bem: havia de um lado o medo quanto à teoria heliocêntrica e houve manipulação do livro de Copérnico, com o prefácio escrito por um pastor luterano, atribuído a ele.

FB O Marcelo caracteriza muito bem essa questão da passagem do medieval para o moderno por meio da figura de Copérnico e, um pouco também, da figura do Kepler, cujo professor também tinha os mesmos medos etc. Kepler foi mais ousado. Estamos passando da modernidade à pós-modernidade, e o que caracterizou o paradigma do período medieval foi a fé; e o paradigma da modernidade, a razão, que ilustro na *Obra do Artista* com o caso do astrônomo inglês Edmond Halley, que deu o nome ao cometa. Ele viu o céu de Londres iluminado; ele e toda a população. Naquela noite, se trancou em seu gabinete, fez uma série de cálculos algébricos e comunicou, na manhã seguinte, à comunidade científica que, em 77 anos, aquele astro que iluminou o céu de Londres voltaria a fazê-lo. Disseram: "Esse cara é maluco, ficou trancado, sem nenhum instrumento ótico, fazendo cálculos matemáticos. Como ousa dizer isso? E por que não 105 ou 23 anos, porque exatos 77?" O cientista morreu antes, mas a comunidade científica levou a sério sua previsão, e 77 anos depois o cometa iluminou de novo o céu de Londres. O astro foi batizado com o nome dele.

WF Mister Halley.

FB Mister Halley. Então, foi a glória da razão, porque se a razão é capaz de prever os movimentos que Deus faz nos astros do céu, ela vai resolver todos os problemas humanos: a peste, a guerra, a doença, o mal, tudo. Só que nós três estamos na outra ponta da modernidade e podemos olhar pra trás. E o que constatamos?

WF Não resolveu nada.

FB Do ponto de vista de avanços tecnológicos e científicos, maravilha. Do ponto de vista da socialização das conquistas, uma catástrofe.

WF Uma catástrofe total.

FB Uma catástrofe total, ou seja, temos hoje uma população de seis bilhões e 500 milhões de habitantes, dos quais, segundo a ONU, quatro bilhões vivem abaixo da linha da pobreza[1]. Tecnicamente, a linha da pobreza é equivalente a quem recebe mensalmente 60 dólares, ou 2 dólares por dia, sendo que, desses, um bilhão e 200 mil vivem abaixo da linha da miséria, ou seja, têm uma renda mensal de 30 dólares ou de um dólar por dia. Não dá para dizer que a modernidade foi um sucesso... Foi um sucesso para nós três, que ganhamos na loteria biológica; nenhum de nós escolheu a família nem a classe social em que nascemos. Isso não deveria representar um privilégio, mas uma dívida social, uma responsabilidade social para com aqueles que não tiveram a mesma sorte. A ciência evoluiu, maravilha; a tecnologia evoluiu, maravilha. Mas as duas não são suficientes para resolver uma questão absolutamente primária, que é a da sobrevivência humana em condições dignas, ou seja, nós, com essa ciência e essa tecnologia, conseguimos que o homem colocasse o pé na Lua, mas não conseguimos colocar alimentos na barriga de todo mundo. São cinco milhões de crianças que morrem por ano com menos de 5 anos de idade em decorrência da fome, ou seja, pessoas que já nascem condenadas à morte precoce. Ora, Marcelo também coloca isso nas suas obras; o papel do cientista, da ciência, é decifrar a natureza e, a partir daí, desse "como", dessa explicação, dessas deduções dos fenômenos que ocorrem na natureza, favorecer a criação de artefatos tecnológicos que venham a melhorar nossa vida. Bom é o exemplo que ele dá sobre a descoberta da fissão nuclear. Graças a isso a energia nuclear pode ser usada para fins pacíficos. Só que o uso político disso,

---

[1] Em 2017, o Banco Mundial declarou que o número de pessoas vivendo abaixo da linha da pobreza era de 3,4 bilhões.

que muitas vezes não depende do cientista, embora haja historicamente muitos cientistas coniventes, é letal em muitos casos, como foram os casos das bombas de Hiroshima e Nagasaki. Então, não se pode dizer que a culpada foi a ciência. Deixar de fazer ciência seria uma imbecilidade total, a ciência tem que progredir, mas temos que voltar a Sócrates. Nós três fazemos parte de todo um período da humanidade em que a ideia da ética foi condicionada pelo pensamento religioso. Então, na verdade, o que predominou durante milênios foi a ideia do pecado. O pecado é algo de fora pra dentro de mim, é a minha autoridade religiosa que diz: "Betto, isso você pode, isso você não pode; se você fizer o que não pode vai estar cometendo um pecado." Então, por exemplo: sou cristão, o Marcelo é judeu; todo sábado — nós somos vizinhos — vou para a janela do lado da casa dele e como a minha feijoada, feliz da vida. E o Marcelo fica morrendo de inveja, porque ele não pode comer carne de porco, para ele é pecado, e para mim não é. Ou seja, o que é pecado para algumas tradições religiosas não é para outras.

MG Deve-se dizer que esse Marcelo é metafórico. A piadinha vale.

FB Então, o que acontece? Com a secularização que a modernidade produziu por meio de toda essa tradição racionalista, temos hoje um progressivo desaparecimento da ideia do pecado, porque as religiões já não têm mais a hegemonia da cultura, e, hoje, nos encontramos, literalmente, no limbo ético; como a terceira margem do rio, deixamos a margem em que as concepções, as denominações religiosas estabelecem o que é certo e errado, e não chegamos a uma nova margem.

WF Estamos no meio dessa transição.

FB Exatamente por isso vivemos essa crise ética no mundo, em todas as áreas: na política, na ciência, na tecnologia, em tudo. E nada escapa: no socialismo, no capitalismo. Ora, como o período medieval teve como paradigma a religião, e a modernidade, a razão, a pós-modernidade está em busca do seu paradigma, e o que predomina até agora como o paradigma — o que me assusta muito — é o mercado.

WF Essa entidade abstrata.

FB Exatamente. A mercantilização total de todos os aspectos da vida, inclusive das relações mais íntimas: se pegarmos os contratos de casamento nos Estados Unidos, caímos para trás, porque chegam a detalhes íntimos sobre o que é permitido ou não ao casal, assinados pelo advogado do noivo e da noiva. E, em São Paulo, as famílias ricas também: quando alguém casa, chamam advogados para estabelecer por escrito uma série de situações já prevendo a separação. Tudo passa pelo processo da mercantilização.

WF O mercantilismo acima de tudo.

FB Essa total mercantilização pode ser expressa por um fato recente no Brasil. Não sei se o Marcelo estava aqui, se viu essa notícia. O filho era menor de idade, ganhou na Mega-Sena e entregou o dinheiro do prêmio para o pai. Primeiro, porque era pai; segundo, porque era maior de idade; e, terceiro, porque o pai, um bancário, saberia administrar o dinheiro. Agora, passados alguns anos, ele pediu o dinheiro. O pai, então, chamou o outro filho, contratou pistoleiros e mandou matar o rapaz. O pai e o filho mandantes do crime estão presos. A polícia conseguiu chegar aos pistoleiros antes. Que dizer, quando um pai, por causa de dinheiro, planeja o assassinato do próprio filho... Volto a Sócrates: o que aconteceu a ele de singular? O Marcelo deu uma pincelada nessa mesma linha numa das obras dele. Sócrates também foi buscar nos céus o princípio do discernimento do que é certo ou errado, só que olhou para o Olimpo grego e viu uma esbórnia geral: incesto, adultério, parricídio, matricídio e todos os "cídios" que se podem imaginar. E falou: "Puxa, estou roubado. Daí não dá para tirar nada." E isso foi a salvação da razão humana, tanto que ele é condenado como herege.

WF A beber cicuta.

FB Isso por quê? Porque ele tinha que pensar pela cabeça dos deuses, não podia pensar pela própria cabeça e muito menos ensinar.

WF Essa foi a heresia dele, no caso?

FB Foi. Mas é exatamente aí que temos que chegar hoje. A modernidade conquistou, supostamente, a autonomia do ser humano, e eu evito a palavra "indivíduo", porque acho uma autonomia exacerbada; eu diria a pessoa, o ser humano, no sentido de que "a pessoa" tem conotação relacional. Mas ainda não conseguimos chegar à questão ética a partir da nossa subjetividade, como propôs Sócrates. Então, essa é a questão, porque se não alcançarmos isso, se todo o discernimento ético vem relativizado, ou por uma denominação religiosa, ou pelas leis existentes eventualmente nesse ou naquele país, a humanidade não tem futuro. Vamos para a barbárie.

WF Civilização ou barbárie.

FB Isso, exatamente.

WF Você quer acrescentar alguma coisa, Marcelo?

MG Quero. Quero fazer uns comentários, só para complementar um pouco isso. A gente pode também pensar que é verdade, existem muitas pessoas que precisam comer, que muitas pessoas precisam se educar, que realmente a situação está longe de ser boa, mas também é preciso argumentar que está melhor do que era, por exemplo, na Idade Média. Porque, afinal de contas, quando você tinha uma longevidade de 20, 25 anos, as coisas de uma certa forma estão melhorando. Não quer dizer que elas estão boas, obviamente, mas estão melhorando; uma outra coisa é que eu acho que existe uma conscientização muito maior — não ainda suficiente — das pessoas, mas ainda muito maior em relação a esse tipo de problema, do que na época, porque antigamente era perfeitamente aceitável que uns vivessem na miséria e outros não. Hoje em dia existe uma indignação crescente em relação a isso.

WF Uma mobilização maior.

MG Uma outra coisa muito importante, por exemplo, que eu vejo morando fora e voltando ao Brasil, não só aqui no Brasil mas também na China e na Índia, é uma afluência maior da classe média. Uma forma de você ver isso é a qualidade dos carros nas ruas que está mudando. Então, eu vejo as coisas com um pouco mais de otimismo. Todo mundo diz que o maior mal do mundo é que tem gente demais e que o planeta Terra não pode sustentar uma população tão grande, e quanto maior for a afluência, mais as pessoas vão querer coisas que são absolutamente letais para o planeta: primeiro, carne, porque não tem nada pior para o meio ambiente do que a agropecuária; para você manter gado, primeiro você tem que desflorestar áreas gigantescas. E, segundo, você tem que ter muita água; primeiro para regar as plantações e depois para dar para o gado. Então, uma das piores coisas que se pode fazer é distribuir mais carne para as pessoas em nível individual; se você quiser ajudar o planeta, a minha nova campanha é: vire vegetariano, porque não tem nada pior do que carne. E a outra coisa que as pessoas querem é carro. Todo mundo quer carro; então, para você ter carro, tem que ter gasolina, mais uma vez aumenta o elemento de poluição e a necessidade dos combustíveis fósseis etc. Então, polarização: por um lado, eu vejo uma melhora na qualidade de vida — se bem que na China as pessoas estão fazendo greve porque estão começando a perceber que estão sendo extremamente exploradas.

FB Boa coisa, na verdade.

MG Então, eu acho que existe esse outro lado que vejo com otimismo, apesar de estar profundamente preocupado com o futuro do planeta, que acho que é um assunto que deveríamos tocar depois. Mas eu queria colocar essa questão do Sócrates e da ética. Talvez a grande confusão no momento seja baseada no fato de que hoje a gente consegue perceber que é possível você conseguir ter uma vida moral e ética sem ser uma pessoa religiosa. E isso é uma coisa que, por exemplo, nos Estados Unidos, entre as pessoas religiosas, seja numa família extremista ou fundamentalista, a sua filha pode até casar com um negro ou com um judeu, mas com um ateu, de jeito nenhum, porque não tem coisa pior.

WF Isso ainda é muito arraigado lá?

MG Muito, muito. São as pessoas mais indesejáveis, no sentido de uma pessoa que opta por não acreditar em Deus não pode ser uma pessoa moral. Isso aí é uma coisa terrível, porque bota na cabeça das pessoas que existe uma relação entre você ter fé em algum deus, e, obviamente, aí entra a questão de qual moralidade é a certa, de qual religião...Então o meu deus é melhor do que o seu deus.

WF As minhas regras são melhores do que as suas.

MG Exatamente, as minhas regras, como é que fica isso? Então, o problema que o Betto colocou é muito importante, porque a questão fica sendo a seguinte: será que existe uma moralidade universal, será que existem regras que transcendem as escolhas religiosas das pessoas, que são absolutamente universais e que valem para a humanidade como um todo, além das questões culturais... Isso aí vai ser muito difícil de a gente chegar a uma conclusão.

WF A gente mencionou aqui em algum momento da nossa conversa, e vocês dois enumeraram isso, falando dos valores humanos, que independem de posições científicas ou de posições religiosas. Eu estou me lembrando de uma figura muito interessante que existe no mundo hoje que é um santo indiano chamado Sathya Sai Baba, que inclusive teria poderes miraculosos e que tem um movimento muito grande em torno dele na Índia. Ele diz: "Eu não vim aqui fundar religião nenhuma; a minha religião é o amor." E ele promove um movimento no mundo em vários lugares onde existem seguidores dele — seguidores entre aspas, porque ele também não incentiva nenhum tipo de culto à personalidade —, e seu lema é muito simples: é a educação baseada em valores humanos e ponto, só isso. Então, eu acho que é aí, tanto o *approach* científico quanto o religioso, principalmente na figura de vocês dois, estaria de acordo em relação a esses valores que independem da posição científica que um profissional de ciências tem, tanto quanto da posição religiosa que um religioso tem.

MG É que são simples, porque pra mim existem certas coisas que são óbvias: a vida é sagrada. Então você não pode matar, você tem que respeitar os outros. Isso daí não tem conversa. E a tolerância à diferença; se uma pessoa pensa diferente de mim, ela não é minha inimiga.

FB É não fazer da diferença uma divergência. Veja bem, estou convencido de que nós, seres humanos, temos dois problemas insuperáveis: prazo de validade e defeito de fabricação — que a *Bíblia* chama de pecado original. Ora, não acredito que sejamos capazes de criar uma sociedade autonomamente ética. O que é preciso fazer, primeiro, é criar uma sociedade em que a minha vontade de te corromper ou ser corrompido fique na minha vontade, e a institucionalização dessa vontade não me permita passar a um ato lesivo, delituoso.

Acho que é um caminho. Durante muito tempo eu acreditava que talvez a política e o poder fossem o meio, e que um dia, talvez, atingiríamos isso. Hoje, estou convencido de que não, devido aos estudos que desenvolvi no livro *A mosca azul*, pois lá faço um histórico da questão do poder, da atividade dos gregos até hoje. Pela minha experiência no governo, descobri que, ao contrário do consenso, o poder não muda ninguém, o poder faz com que as pessoas se revelem.

WF Tem aquela frase: "O poder corrompe; o poder absoluto corrompe absolutamente."

FB Há um ditado espanhol: "Queres saber quem é Juanito, dê a Juanito un carguito." Ou seja, se alguém tem qualquer tipo de poder — de um diretor de escola a um guarda de trânsito —, se a pessoa é arrogante, é egoísta, ali transparece, porque quando ela está numa posição relativa de igualdade, ela se segura.

WF Eu estou me lembrando de uma frase de Pedro Aleixo, que era o vice-presidente que a Junta Militar não permitiu que tomasse posse quando Costa e Silva teve o derrame. Quando promulgaram o AI-5, ele disse: "Eu não estou preocupado com o general, eu estou preocupado com o guarda da esquina, porque ele vai se arvorar de um poder que não é dele."

FB Então, para mim, o importante é o seguinte: não haverá ética na política, haverá ética *da* política. É preciso criar um sistema político capaz de coibir, inibir e punir todos aqueles que transgridem a ética. Agora, por onde chegar a isso? Acho que, hoje, é pela questão ecológica. Porque a ecologia é uma bandeira que supera ideologias, e não faz distinção de classe; atinge o rico, o pobre, a criança e o adulto. Isso o Marcelo tem trabalhado bastante nos livros dele.

WF É verdade.

FB E eu trabalhei em alguns livros, mas principalmente no último livro com Marcelo Barros, sobre teologia e espiritualidade[2]. Essa nossa casa comum tem que ser preservada, tem que ser cuidada, até porque já

---

[2] *O amor fecunda o Universo.* Frei Betto e Marcelo Barros. Editora Agir, 2009.

chegamos em um nível de destruição do planeta: 30% já degradados só serão recuperados por intervenção humana e não mais por autorregeneração. Se tenho um corte na pele, ela se recompõe; mas se você amputar o meu dedo, só um médico vai conseguir reimplantá-lo. Então, é isso o que acontece com o planeta. Até gostaria de mudar o nome, esse termo "ecologia" etimologicamente é incorreto, porque *logia* é conhecimento e *eco*, casa; é o conhecimento da casa. O nome correto não vai pegar, seria "ecobionomia". Quando você se refere à economia, eco-nomia, *nomia* é administração, *eco* é casa; economia é administração da casa. Então, *ecobionomia* é a administração da vida da casa. Mas é muito complicado. Precisamos trazer para o chão a questão da ecologia como cuidado com o planeta. Isso é um trunfo político muito forte.

MG Porque finalmente eu acho que um dos "defeitos de fabricação" da nossa nova espécie é que ela só se une quando existe um inimigo comum. Então é por isso — como a gente estava falando antes sobre a Guerra Fria — que a Guerra Fria é uma grande propaganda de unificação dos Estados Unidos contra a União Soviética. Enquanto existe um inimigo comum é fácil mobilizar o povo. E com isso você mantém uma coesão nacional. No tocante ao planeta, eu acho que é o mesmo caso desde o início: o inimigo comum somos nós mesmos; então, a única maneira de a gente vencer essa batalha é nos unirmos como espécie, para a preservação do planeta. Eu sempre digo que essa é uma guerra entre o nosso passado e o nosso futuro, e ela só pode ser lutada no presente. A gente tem que se redefinir. Então, eu acho que é muito importante mesmo que o Betto tenha colocado esse ponto da ecologia como o novo polo moral da humanidade, porque finalmente nós temos uma razão para nos unificarmos como espécie.

WF Temos um inimigo comum a toda a humanidade, que não é mais o capitalismo e o comunismo, a Rússia e os Estados Unidos, ou o Irã e o Iraque, ou seja lá o que for.

MG Exatamente, não interessa se você é um fundamentalista muçulmano. Se o mundo virar, se o clima virar, e o clima está virando gradualmente, isso vai afetar todo mundo, agora ou até mais tarde, mas vai acontecer. Nós estamos vendo nos Estados Unidos uma tragédia ecológica absolutamente enorme. No golfo do México, é a pior tragédia ecológica da história, ao menos concentradamente[3]. Cortaram todas as florestas da Europa e dos Estados Unidos, mas isso é uma outra história. Isso está finalmente mobilizando a opinião da comunidade americana contra o uso desenfreado de combustíveis fósseis. Quer dizer, foi preciso — como sempre — a gente reagir quando tem uma desgraça, porque isso é uma desgraça.

FB Parece até a vingança de Gaia. Havia muita esperança em Copenhague, mas os países ricos chegaram lá e sabotaram tudo, fracasso total. Primeiro, Gaia se vinga por meio do vulcão da Islândia; o prejuízo que aquele vulcão deu em poucos dias, fechando todos os aeroportos e paralisando o fluxo aéreo entre a Europa e o resto do mundo, foi incalculável; e, agora, vem o vazamento de petróleo da British Petroleum no golfo do México.

MG Superimportante esse exemplo do vulcão e do golfo do México para a fragilidade da nossa espécie, da espécie humana: um vulcãozinho…

WF O que ele fez foi expelir fumaça, só isso.

MG Acabou com o tráfego aéreo da Europa.

WF A consciência dessa fragilidade é importantíssima também.

MG É muito importante. No *Criação imperfeita* eu falo bastante a respeito de como a nossa existência nesse planeta é muito mais frágil do que a gente imagina. E por isso mesmo a gente tem que se conscientizar dessa

---

[3] Em 2010, a plataforma de petróleo Deepwater Horizon explodiu e afundou no Golfo do México, gerando um grande vazamento.

questão, porque a gente vive num ninho que fica em cima de um galho que está balançando, e se a gente balançar demais, vai cair. Então, manter esse equilíbrio e essa sobriedade, e principalmente não deixar mais que a ganância corporativa domine essa questão de mercado como você colocou, Betto, domine as escolhas políticas.

WF Eu queria colocar uma coisa bem pontual, bem específica, sobre os combustíveis fósseis que você mencionou, porque eu não sei até que ponto isso é uma lenda urbana ou se ela é verdadeira. Eu sempre ouvi falar que as famosas Sete Irmãs — as grandes refinadoras de petróleo — teriam um departamento comum a todas elas, encarregado de sabotar qualquer pesquisa que permitisse a utilização de combustíveis alternativos que não o próprio petróleo, e se isso é verdade, a gente está justamente misturando poder e mercado. Eu não sei até onde isso é verdade ou é uma grande lenda mundial, então eu queria ouvir você como cientista, Marcelo, porque todas as pesquisas que foram feitas na área de produzir alternativas aos combustíveis fósseis não progridem. A gente usa petróleo, motor a explosão, praticamente há pouco mais de uma centena de anos e continuamos iguaizinhos. Eu tenho um amigo suíço que diz: "Olha, os computadores progridem numa velocidade absurda, e os carros estão lindíssimos, porque agora se colocam pequenos computadores dentro deles que leem e dizem quanto você está gastando de combustível, quanto você precisa repor de óleo, mas o que move o carro é o mesmo motor do início do século passado, de quando o Henry Ford começou a massificar a produção de automóveis." Queria ouvir você falar um pouco sobre isso, se você tem alguma informação a respeito, principalmente nessa área dos combustíveis alternativos, das formas alternativas de gerarmos energia sem poluir e sem sugar a essência do planeta.

MG Olha, a propaganda lá fora — talvez mais do que aqui — é que essas companhias todas estão fazendo pesquisas e estão gastando milhões e milhões de dólares...

WF Para descobrir quais seriam essas alternativas, e não para sabotá-las.

MG Exatamente, então essa é a propaganda. Você abre revistas importantes nos Estados Unidos e na Europa e você vê lá: "British Petroleum, para um futuro verde"; falam de energia eólica, carros elétricos e uma porção de coisas aí acontecendo. Então, existe a propaganda, mas, por outro lado, você tem razão.

WF A gente não vê o progresso de fato nesse campo, não é?

MG A gente vê pesquisas em universidades, principalmente; não tem muito da iniciativa privada, só agora é que isso está começando mais, porque está tendo um fomento do governo, do governo Obama[4]. Isso depende muito de quem está no poder. Mas eu acho que existe muita hipocrisia com relação a essa questão das grandes indústrias petrolíferas serem as indústrias de ponta nas pesquisas de combustíveis alternativos. Eu acho que não está acontecendo, não.

WF Não está acontecendo, não. Eu acho que se houvesse a famosa vontade política de se buscar essas alternativas, pelo menos algum progresso já haveria ocorrido nesse sentido.

FB A questão ecológica é como os voos internacionais: estão divididos em primeira classe, classe executiva e classe econômica, mas na hora que cai morrem todos. Essa metáfora é importante, porque o mundo é muito desigual, extremamente desigual, apesar dos avanços. Concordo com o Marcelo, mas colocamos o homem com o pé na Lua e não conseguimos alimentar milhões de crianças. Então, há uma inversão: o funil dos avanços da tecnociência está de cabeça para baixo. Às vezes, na Europa, me perguntam: "Como é a luta de vocês na América Latina por direitos humanos?"

---

[4] Na época do diálogo, ocorrido em 2011, o ex-presidente dos Estados Unidos, Barack Obama, estava em seu segundo ano de mandato.

Respondo: "Olha, falar em direitos humanos na América Latina é luxo; ainda estamos lutando por direitos animais: comer, abrigar-se das intempéries, educar a cria; é coisa de bicho." No caso do Brasil, são 13,5 milhões de miseráveis ainda. Com todos os avanços e conquistas sociais do governo Lula[5], que reconheço, ainda tem muita gente — sobretudo nas grandes cidades — que tropeça em crianças de rua, tragédia rara em muitos países do mundo. Mesmo na América Latina, é muito raro.

WF É uma herança tipicamente brasileira.

FB É gritante chegar a esse ponto; você imagina que degradação do processo social existe atrás de uma criança que está nas ruas! Temos que começar a refletir sobre isso: como preservar esse *habitat* comum com essa consciência da nossa precariedade e fragilidade, e socializar essas conquistas da tecnociência? Agora surge essa obsessão de se prolongar a vida humana. Pelo que sei, as células humanas, segundo a biologia, conseguem ter uma sobrevida de, no máximo, 130 anos; este é o limite. Bem, penso que viver 60 ou 130 de alguma forma significa a mesma coisa, porque o anseio da imortalidade ou o medo da finitude é igual em qualquer idade, ou seja, quando você tiver 125 anos vai falar: "Espero que eu possa hibernar meu corpo, que a ciência descubra alguma forma de curar essa minha doença…" Isso é uma bobagem, qualquer que seja o nosso limite. Infelizmente não temos a inconsciência que os animais aparentemente têm, com exceção dos elefantes e outros, da própria morte, do próprio limite. Os animais não têm a percepção do tempo, da temporalidade, tão agudamente como nós temos. Um dos fenômenos deste início de pós-modernidade é essa obsessão em preservar e estender mais a vida com recursos que não são acessíveis à maioria da população. Ao mesmo tempo, há nisso uma injustiça, porque não se está preocupado em preservar a vida de todos, só a de alguns, daqueles que podem pagar pela preservação.

---

[5] Luiz Inácio Lula da Silva exerceu o cargo de presidente da república entre os anos de 2003 e 2011.

E isso cria tabus culturais curiosos: quando eu era criança, chamar uma pessoa de velho era respeitoso; não havia nenhuma carga de ironia, não era ofensivo. Hoje, essa palavra é evitada. Eu, por exemplo, sou oficialmente velho, com direito de andar de metrô e ônibus de graça e entrar em filas exclusivas. E tenho muita autoestima com a minha velhice. O meu pai dizia: "Levanta para dar lugar para os mais velhos", e o velho não se sentia ofendido. Agora a gente inventa eufemismos: a melhor idade, a terceira idade. Outro dia, vi uma Kombi cheia de velhinhos, onde estava escrito na lataria: "Aqui vai a turma da 'dign/idade'." Tenho uma proposta eufemística para a questão, chamar de turma da "eterna idade", já que nós estamos mais próximos dela. Quando eu era menino, criança era uma pessoa de 0 a 11 anos; adolescente, de 11 a 18; e jovem, de 18 a 30; adulto, de 30 a 50; e de 50 em diante, velho. Agora, criança é de 0 a 20, depende do pai e da mãe; adolescente é de 20 a 40, não sabe bem que curso faz, casa e descasa, aquela insegurança total; e jovem, de 40 em diante: 70, 80, 90, 100, todo mundo é jovem… Tudo bem que devemos, como diz o Marcelo, preservar nossa saúde, preservar o planeta, ter uma vida a mais saudável possível; agora é preciso pensar o que é razoável na preservação da qualidade de vida. Porque para muitas pessoas a qualidade de vida está ligada a um excessivo conforto que, na verdade, significa luxo. Os que podem pagar por isso gastam fortunas. Fico impressionado com o lucro das indústrias de cosméticos; é uma coisa assombrosa, dizem que o melhor negócio do mundo é criar uma indústria de produtos de beleza, porque entre custo e benefício há uma desproporção brutal.

WF Permita que eu coloque mais um elemento que me ocorreu agora, nessa questão da saúde que está na questão da estética também dos cosméticos. A indústria farmacêutica mundial também é outra — com todo o respeito da palavra — máfia assustadora.

FB Exatamente. O que tem de placebo aí sendo vendido como remédio de grandes efeitos. Enfim, repetem as fórmulas com nomes diferentes.

WF É, eu acho que, mal comparando, elas estão muito próximas das Sete Irmãs, das grandes refinadoras de petróleo.

MG Elas inventam outras doenças.

WF Para vender remédios novos.

MG Na psiquiatria nos Estados Unidos, então, é assustador o número de pessoas medicadas. Especialmente crianças, crianças de 7 anos tomando antidepressivos. São diagnosticadas como bipolares ou como tendo a síndrome da falta de atenção. Todo mundo tem isso agora, está na moda.

FB Estamos lidando muito, e cada vez pior, com a questão da finitude humana, quer dizer, a morte está virando tabu. Até me surpreendi com o que o Marcelo falou sobre o novo costume dos Estados Unidos, porque, hoje, morrer é quase uma falta de educação. Antigamente não, morria-se em casa, agonizava-se, tinha velório.

WF Tinha uma certa dignidade.

FB É, vela, fita amarela, missa de sétimo dia, trigésimo dia, ficava-se de luto. O rito de passagem era até exagerado, mas havia, o que para o nosso psiquismo é importante. O ser humano é um ser ritual, precisa do simbólico para poder se alimentar psiquicamente; isso ele não consegue desassociar. E ele é o único animal consciente de que nasceu para viver e morrer. O Universo, assim como teve início, vai ter fim, pelo menos tudo indica. A lei da entropia. Ou você acha que há a possibilidade de ele ser infinito?

MG Bom, já que a gente vai começar a falar disso agora, está mesmo na hora de falar?

WF Dá só uma pincelada para a gente.

MG Segundo as teorias atuais — é importante ressaltarmos que a ciência e as visões de mundo mudam. Então, para Aristóteles, o Universo era infinito, infinitamente velho, e estático, não ia mudar nunca. Hoje, a nossa visão cosmológica mostra que o Universo é uma entidade dinâmica que está crescendo no tempo, no sentido de que a distância entre as galáxias está aumentando. Isso não porque houve uma explosão inicial, e as galáxias são como os pedacinhos da bomba que vão voando e se afastando pelo espaço, não é nada disso. Essa é a visão normal: a de que houve uma explosão e que as galáxias são como detritos, pedaços da dinamite que saíram voando, e não é isso, a expansão do Universo é, na verdade, uma expansão do espaço mesmo. Então, é como se o espaço fosse uma tira de borracha, que vai se esticando, esticando, esticando, e as galáxias são pontos ancorados nessa tira de elástico que vão sendo carregadas pela expansão do espaço. Então a imagem é completamente diferente.

WF Tem a ver com a matéria escura e com a energia escura?

MG Não necessariamente. A energia escura e a matéria escura afetam como essa expansão da geometria do espaço ocorre, mas essa expansão estaria lá de qualquer forma, com ou sem matéria escura ou energia escura.

WF Essa expansão estaria ocorrendo do mesmo jeito?

MG Estaria ocorrendo de um *outro* jeito.

WF De um *outro* jeito, mas estaria ocorrendo.

MG Sim. Então, a imagem que você pode ter, vamos dizer, é uma rolha que está flutuando e que está sendo carregada por um rio. Essa rolha seria a galáxia, e obviamente existem variações em torno disso, porque as galáxias podem estar tão perto umas das outras que podem ter atrações locais.

WF Gravitacionais.

MG Então, por exemplo, no nosso caso, a Via Láctea tem uma vizinha aqui que é Andrômeda, é uma belíssima galáxia, bem maior do que a nossa, aliás, e essas duas estão tão próximas uma da outra que elas escaparam de certa forma dessa expansão do espaço, e Andrômeda e a Via Láctea estão se aproximando. E vai haver uma grande colisão galáctica em mais ou menos — eu tenho que verificar esse número, mas é em torno de — uns 4 bilhões de anos ou mais.

FB É bom a gente saber, para se preparar.

MG Não é como dois carros batendo um de frente com o outro, mas mesmo assim as coisas podem acontecer. Mas, de forma geral, o Universo está em expansão. Não é tanto tempo assim.

WF É verdade, cosmologicamente falando, é muito pouco.

FB Não é nada… um quinto de um bilhão de anos. Então, a partir dessa expansão do Universo existem duas possibilidades: ou o Universo se expande para sempre, ou ele chega a um tamanho máximo…

MG E começa a se contrair; você vai então do *Big Bang* à contração total.

WF O *Big Crunch*.

MG E aí a questão é: será que esse ciclo se repete indefinidamente, ou você tem expansão/contração, contração/expansão, a tal da dança do Universo; vem daí a história que, aliás, tem a ver com o mito.

WF Na cosmologia, principalmente na hindu: existe o *Dia de Brahma* e a *Noite de Brahma*.

FB De Shiva.

WF Shiva é o elemento renovador e destruidor. Brahma é a criação, então os hindus atribuem a Brahma a duração do Universo. A respiração de Brahma é um dia de Brahma, depois vem um ano de Brahma... é uma contagem que chega próxima à dos cosmólogos, de bilhões e bilhões de anos.

MG É, e Shiva induz essa criação e destruição pela dança. Tem essa concepção rítmica.

WF Exatamente. São três poderes: o Criador, que é Brahma, que nunca é personificado (isso é muito interessante); o Mantenedor, que é Vishnu; e o Destruidor ou Renovador, que é Shiva. A trindade hindu se baseia nesse ponto: Vishnu e Shiva são personificados em figuras, mas Brahma, não; o máximo que se representa visualmente de Brahma é um rosto com dezenas de faces ao redor, que é a Criação.

MG Então, segundo o que a gente sabe hoje, o Universo vai continuar em expansão indefinida. Talvez daqui a dez anos, quando a gente estiver na décima edição deste livro, eu conte uma outra história, mas no momento a história é essa.

WF É o que a ciência tem de informação nesse momento.

MG Que o Universo vai continuar em expansão. E o que isso significa? Significa que como as estrelas são — vamos dizer assim — usinas de fusão nuclear, elas transformam hidrogênio em hélio e daí criam essa energia toda. Como o nosso Sol, por exemplo, que basicamente contrabalança a tendência que todo objeto tem de expansão gravitacional. Então, você tem a gravidade da estrela, que quer fazer com que ela vire um ponto, e a energia liberada nessa fusão nuclear faz com que ela queira se expandir.

WF Essa briga entre a expansão e a contração.

MG Você tem um equilíbrio. Só que eventualmente a estrela se autoconsome, uma coisa bem dramática. Você fala que a vida de uma estrela é como a vida de uma estrela de Hollywood, que acaba se consumindo por dentro. E que, infelizmente, no caso das estrelas cósmicas, elas explodem. Então, o que acontece é que elas perdem essa energia e vão ficando cada vez mais escuras. Dependendo da massa da estrela isso pode acontecer mais rapidamente ou menos. Por exemplo, no caso do nosso Sol, daqui a uns 5 bilhões de anos ele vai se transformar numa estrela chamada anã branca, cuja luz é muito intensa e cujo tamanho é muito pequeno. Ela vai aos poucos se esfriando, como uma brasa que vai perdendo a intensidade. Outras mais pesadas viram buracos negros. Então, essencialmente, se você olhar bem para a frente no futuro, o Universo vai se apagar; pouco a pouco, o Universo vai se apagar.

WF Com o colapso das estrelas.

MG Com o colapso das estrelas, com o fim das estrelas. Algumas estão sendo formadas ainda, não está se falando para depois de amanhã, está se falando em cem bilhões de anos para a frente. Ou mais.

WF Isso dentro dessa perspectiva de que o Universo está em constante expansão.

MG Exatamente, mas mil coisas podem acontecer para mudar isso.

WF E a corrente que está mais próxima dessa visão da cosmologia hindu, da teoria do *Big Bang* e do *Big Crunch* está ultrapassada, ou sem fundamentos para continuar se apoiando nessa tese?

MG Neste caso da renovação — expansão e contração —, muito provavelmente sim. Trinta anos atrás, a ideia do Universo rítmico e cíclico, na verdade, era bastante popular ainda. Hoje já é bem menos, porque existem efeitos que, se o Universo tivesse tido vários ciclos antes do nosso atual, nós poderíamos ver isso.

WF Encontrar alguns restos, resquícios disso.

MG Existiria um pouco de fricção desses ciclos que sobraria; então, se você tem um pouco de fricção que sobra, mas tem muitos ciclos, a evidência seria muito forte e não vemos nada disso.

WF Mesmo se tivesse chegado ao tal *Big Crunch*, virasse um ponto e começasse de novo, você encontraria algum resquício?

MG Na verdade, nunca vira um ponto; não existe um ponto, o ponto é uma abstração. Uma concepção nossa. É uma coisa interessante; a gente cria toda uma concepção da realidade com conceitos que não existem: uma linha, um ponto.

WF Eu acho muito interessante nos seus trabalhos, Marcelo, você mencionar sempre que o Universo é aquilo que nós conseguimos captar dele, enxergar ou mensurar. Seja a partir da nossa capacidade intelectual de especular a respeito, ou da nossa capacidade tecnológica de mensurar e chegar a novas conclusões a cada momento.

FB Em cada um de nós está o centro do Universo.

MG Acho que o cérebro é o grande processador. É uma coisa maravilhosa. A coisa mais incrível que existe no Universo é o cérebro, porque, de certa forma, é a partir dele que a gente cria todas essas concepções, essas discussões que a gente está comentando aqui.

FB Nós somos o Universo que se vê no espelho, ou seja, o Universo sempre foi belo, mas não sabia, porque era cego. Até que criou o cérebro humano, a inteligência humana, capaz de se autoadmirar, e, por isso, os gregos o chamaram de cosmos, que significa beleza.

WF Beleza; "cosmético" vem daí.

FB Cosmético é o que imprime beleza.

MG E ordem também, cosmos é o oposto de caos... *cosmic caos*. Então, nós, de certa forma, somos a consciência cósmica, somos como o Universo pensa sobre si mesmo.

WF Isso, perfeito! Acho essa imagem muito adequada.

MG A menos que existam outras inteligências, enquanto a gente não conversar com elas, nós somos essa consciência cósmica. Então, isso nos imbui de um senso de importância muito grande que, falando em poder, o fato de nós termos a capacidade de reflexão sobre quem nós somos e em que lugar nós estamos nos dá um poder enorme; e com o poder vem a responsabilidade. Então eu acho que nessa transição que estamos vivendo agora, que talvez nós estejamos finalmente entrando na era global, na "Era de Aquário", e que existe uma espiritualidade crescente com relação à proteção do nosso planeta.

WF E consciência ecológica.

MG Talvez venha justamente aí essa nova era, em que o ser humano finalmente entenda a sua importância em um nível cósmico.

WF Eu tenho quase certeza de que você tem noção disso, que essas eras que têm um conteúdo simbólico muito grande, essas eras astrológicas, na verdade, são eras astronômicas; e estão baseadas num fato concreto, que é a Precessão dos Equinócios em relação ao eixo da Terra. É interessante que, nesse momento, de certa forma, a astrologia e a astronomia concordem a respeito disso. Quer dizer, a astrologia vai olhar o componente simbólico disso tudo, especulando quanto às características do que seria essa nova era, e a astronomia vai nos dar o fundamento para isso, explicando a questão da Precessão dos Equinócios: a cada 72 anos o Sol está recuando aproximadamente um grau em relação ao ponto em que ele se encontrava 72 anos antes, por conta da precessão. E o nosso querido frei Carlos escreveu um livro maravilhoso, que eu quase publiquei naquela época pela [editora] Nova Era: *Tomás de Aquino e a Nova Era do Espírito*[6] onde ele pega todo aquele trabalho de santo Tomás de Aquino e desdobra todas as considerações dele de uma maneira extremamente desassombrada, fraterna e pluralista. É interessante que eu me lembro que há muitos anos, dom Lucas [Moreira Neves] escreveu um artigo que foi publicado no *Jornal do Brasil* falando sobre a Era de Aquário, e claro, criticando sob todos os aspectos. Eu escrevi um artigo de resposta, que acabou sendo publicado na própria página 11 do *JB* naquela época, onde com todo o respeito que eu devia a ele, pela posição dele, eu disse "o senhor não sabe do que está falando, eu acho que deve se informar melhor". Fechei o artigo contando uma história — que eu não sei até que ponto é lenda ou não — de um diálogo que teria ocorrido entre o Halley e o Newton, porque o Halley era totalmente cético e o Newton era todo esotérico, espiritualista, era astrólogo inclusive. Um dia, o Halley começou a implicar com o Newton: "Você é um homem tão estudado, tão esclarecido, como é que acredita nessa bobagem de astrologia?" E o Newton deu uma resposta a ele absolutamente britânica: *"Sir, I have studied, you have not!"*[7]

MG Interessante, e eu conto num dos meus livros que o Halley foi o primeiro a usar concretamente um fato astronômico para explicar um acontecimento bíblico.

---

[6] *Tomás de Aquino e a Nova Era do Espírito.* Frei Carlos Josaphat. Edições Loyola, 1998.
[7] "Meu caro, eu estudei, o senhor, não!"

WF É a história do cometa que depois levou o nome dele?

MG É uma história de cometa, não o dele exatamente, mas que o dilúvio foi criado pela colisão de um asteroide ali na região do mar Negro. Existe uma cratera e uma ideia de que a visão apocalíptica que aparece na *Bíblia* tem um respaldo astronômico também.

WF Eu achava que a colisão grande só tinha sido aquela da península de Yucatán, no golfo do México.

MG Não, não, isso foi antes.

FB Sim, existiram muitas outras colisões, mas foram regionais.

MG Segundo estudos recentes, já houve pelo menos seis grandes extinções.

WF Na história da Terra?

MG Sim, essa que extinguiu os dinossauros acabou com mais ou menos 40% da vida na Terra.

WF Foi essa a do golfo do México?

MG Essa foi a da península de Yucatán, exatamente, um asteroide de quase dez quilômetros de diâmetro.

WF Dez quilômetros?!

FB Por isso tem tanto petróleo. Quando paro no posto e perguntam o que desejo, digo: "Colocar dinossauro líquido…"

WF Eu queria, ainda dentro desse tema do poder, que cada um de vocês pudesse fazer, digamos, uma autocrítica a respeito dos desmandos que já possam ter havido no poder científico e no poder religioso. Betto, desde o nosso primeiro dia de conversa, eu tinha aqui nas minhas anotações a questão da Inquisição, de que você mencionou que os dominicanos também participaram. Aquela é uma das épocas mais obscuras da história da Igreja Católica e da humanidade como um todo. Você pode começar?

FB Pode ser que eu me engane, mas só há dois tipos de literatura perpétua, que atravessa os séculos e nunca cai em desuso, é sempre atual: a que trata de mística e a que trata do poder. Hoje, ao ler o *Bhagavad-Gita*, *O livro tibetano dos mortos*, a *Bíblia*, nos damos conta de que são atuais. Quer abrir uma editora? Ter algum sucesso? Imprima esses livros, têm sempre público leitor. E o tema do poder interessa desde os pré-socráticos, passando por Platão, Aristóteles, Confúcio; atravessando o período medieval, com Joaquim de Fiore, santo Tomás de Aquino, Tommaso de Campanella; depois, Maquiavel — que dessacralizou o poder e, pragmaticamente, livrou o poder dos seus fundamentos éticos. Enfim, até hoje estamos discutindo o que é o poder, por que o poder. Ele é uma faca de "dois legumes", um mal necessário, como Hegel e Marx afirmaram. Na verdade, o ideal seria conseguirmos criar uma comunidade humana sem estrutura de poder.

WF Um anarquismo sadio, seria isso?

FB Livre desse ente maligno, porém necessário, chamado Estado. Mas como não é possível que cada cidadão incorpore à sua vida os mesmos virtuosos princípios e valores, então é necessário que haja uma instituição reguladora e coercitiva chamada Estado.

WF O socialismo marxista, em última instância, previa o desaparecimento do Estado.

FB Sim, como a Igreja teologicamente prevê o desaparecimento dela para que haja a irrupção do reino de Deus. Alguns teólogos dizem que então o reino de Deus não vai chegar nunca, porque a Igreja tem um senso de autopreservação tamanho que nunca lhe abrirá espaço. O horizonte da política é a mística. Chegaremos à plena humanização quando houver uma civilização em que as pessoas vivam a experiência mística. A experiência mística o que é? É o desapego completo — dos cinco sentidos, da mente e do espírito, e a entrega total à felicidade do outro, ainda que isso signifique a minha morte. Este é o fundamento radical do amor.

WF Existe aquela palavra inglesa que eu acho belíssima, que é o "*surrender*" [que significa "entrega"].

FB Vivemos numa cultura extremamente egocentrada, para a qual a competitividade é valor. É considerado ingênuo e bobo quem é solidário. Na esfera do poder, quando uma proposta — seja ela política ou religiosa — se erige em instituição, esta tende a associar autoridade e verdade. E o meio de a autoridade impor a sua verdade como universal é o poder.

WF E do autoritarismo também, não é?

FB E do autoritarismo, exatamente. Quem melhor expressou isso na literatura foi Dostoievski, na "Lenda do grande inquisidor", contida em *Os irmãos Karamazov*. É a história de um inquisidor que, no século XVI — em torno desse período de transição do medieval para o moderno —, encontra Jesus de retorno à Espanha. Dostoievski narra que Jesus volta à Terra e reaparece em Sevilha. É preso, levado para o cárcere e interrogado pelo cardeal inquisidor. Só que o cardeal, quando chega diante dele, o reconhece. E diz: "Sei quem você é. Cometeu um erro grave em voltar à Terra. Porque você pregou o amor, nós levamos 15 séculos para impor a obediência. Pregou a liberdade, e levamos 15 séculos para impor a disciplina. Pregou a tolerância, e levamos 15 séculos para impor o castigo." E por aí vai. "E não pense que vou deixá-lo vivo." E manda matar Jesus de novo.

WF Inacreditável!

FB Dostoievski expressa muito bem a ânsia de liberdade e o que representou a Inquisição numa sociedade em que a Igreja exerce a hegemonia e que entrara em decadência — a Inquisição é um fruto da decadência medieval. Quando algo está em decadência, cria-se naturalmente um desespero naqueles que querem preservar o modelo vigente, seja de Igreja, de partido, de sistema econômico.

WF A qualquer preço.

FB Exatamente. Foi o desespero do Bush, o desespero da Al-Qaeda... O desespero brota como sintoma e tábua de salvação. Predomina então o regime da força, não o do entendimento, o da lei, o do amor. O que para nós, católicos, alivia, é que a Inquisição não foi praticada por toda a Igreja, e sim por uma parcela fundamentalista. E, na mesma época, havia essa outra parte da Igreja com ações extremamente positivas, como o caso do meu confrade Bartolomeu de Las Casas, que, na América Latina, assumiu a defesa dos direitos dos indígenas. Hoje, defender o direito dos indígenas é avançado. Imagina o que significou, no século XVI, defender o indígena como pessoa dotada de inteligência, dignidade, quando muitos teólogos ainda discutiam se indígena tinha alma. Cito ainda outro confrade meu, Tommaso de Campanella, autor de A *Cidade do Sol*, que permaneceu 27 anos preso. O curioso é que o grande inquisidor, Torquemada, foi colega de formação dos frades dominicanos que vieram com Cristóvão Colombo para a ilha La Española. Brinco que somos a única ordem religiosa que dá nome a um país. Parte de La Española hoje se chama República Dominicana por causa dos primeiros frades enviados ao Novo Mundo, como António de Montesinos e Pedro de Córdoba.

Foram eles que converteram Bartolomeu de Las Casas — que era padre diocesano — à atitude progressista (diria até revolucionária) que assumiu diante do colonizador ibérico. Las Casas viveu 90 anos. Dedicou os últimos 20 anos, dos 70 aos 90, à sua obra literária, narrando o que enfrentou aqui na América Latina. Processado pelos nobres, o rei da Espanha acabou dando razão a ele. Há uma contradição quando nos perguntamos: qual espiritualidade — no caso dos cristãos católicos — deve predominar na Igreja? Ora, a espiritualidade da Inquisição era a do terror. Um Deus que castiga, pune, manda fogo e envia sinais de que o fim dos tempos está próximo, é um Deus que governa por meio do terror.

WF Pela força.

FB Vejam os Estados Unidos hoje, sobretudo a gestão de Bush. É uma autoridade que se impõe pelo medo. O que a população mais deseja: liberdade ou segurança? Segurança. Mesmo com privação da liberdade. Isso é uma antinomia, pois fomos criados para ser livres.

WF Eu fico todo arrepiado quando escuto alguém dizer: "Ai, que saudade do tempo dos militares." Eu digo: "Pelo amor de Deus, não tive juventude por causa deles, não tenho saudade nenhuma disso." Na época em que me profissionalizei como músico, eu era obrigado a ter uma carteira da censura. Tinha um prontuário, era obrigado a me registrar no Serviço de Censura de Diversões Públicas. Era como se fosse uma carteira de identidade, que tinha que portar sempre comigo quando fosse fazer qualquer espetáculo, e se surgisse alguma coisa contra mim, imediatamente eles tinham meu número, meu prontuário, a carteira da censura. Participei de um show em 1975 que era um espetáculo musical em que, em alguns momentos, eram declamados alguns poemas do Carlos Drummond de Andrade. E em cada capital que nós fizemos esse show, tínhamos que, antes, fazer um espetáculo para os censores. Havia sempre duas ou três pessoas na plateia, um dia antes de estrearmos, e éramos obrigados a fazer o espetáculo para essas duas ou três pessoas, que nós sabíamos que possivelmente iam dizer "pode ou não pode encenar isso". Por isso fico horrorizado quando, às vezes, por conta das confusões e da corrupção que sempre houve, algumas pessoas possam ter essa nostalgia da ditadura. Não tenho saudade nenhuma daquela época.

MG Eu queria falar um pouquinho mais sobre essa questão do poder e da Inquisição, começando com a história de Copérnico, que Betto mencionou de passagem, acrescentando alguns elementos, porque para mim é muito importante historicamente. As pessoas acham que Copérnico foi um grande revolucionário, no sentido de ser o grande herói, o homem que colocou o Sol de volta no centro do Universo. A verdade é bem mais sutil. Eu falo "de volta", porque na Grécia antiga, 300 anos antes de Cristo, Aristarco de Samos já tinha colocado o Sol no centro do sistema solar. Só que não conseguiu convencer os aristotélicos e ninguém mais, e suas ideias foram esquecidas. Copérnico pode não ter querido ser herói, mas fora escrever o livro, teve outro ato de muita coragem: dedicou seu livro ao papa. Isso ninguém menciona muito, não é? Copérnico dedicou o livro dele...

FB Ao Papa Paulo III.

MG E foi muito bem-recebido. A Igreja Católica em 1543, que é quando Copérnico publicou o livro, ainda não tinha uma posição definida contra o heliocentrismo. Sabe quem eram os grandes críticos dessa posição? Eram os luteranos. Martinho Lutero foi o primeiro, pelo menos o mais famoso, a fazer uma crítica direta ao Copérnico dizendo: "Tem um astrônomo louco aí querendo dizer que nós ficamos viajando em torno do Sol como se estivéssemos num carrossel! Ele quer virar o céu de cabeça para baixo!"

WF No mínimo, o chamou de herege.

MG E não é à toa que o tal do Andreas Osiander, que é o teólogo luterano que escreve o prefácio anônimo, tenta distorcer a obra de Copérnico. A história é meio trágica, na verdade, porque Copérnico não queria escrever livro algum. Ele era um recluso. Não queria falar publicamente sobre o assunto. Ele foi um homem de poucos alunos, poucos amores e poucos amigos. Teve apenas um aluno na vida, chamado Georg Rheticus. Foi Rheticus quem convenceu Copérnico a escrever o livro. E Copérnico, já velho, deu o manuscrito a Rheticus, para que tomasse conta da sua impressão, porque na época era muito mais complicado imprimir um livro; o autor tinha que trabalhar continuamente com o editor. Rheticus foi para Nuremberg com o manuscrito do Copérnico. Só que ele era homossexual, e foi perseguido e posto para fora de Nuremberg.

WF Por causa da homossexualidade dele?

MG Sim. Daí o manuscrito caiu nas mãos desse Andreas Osiander, que era luterano e já tinha escrito para o Copérnico. Eles se correspondiam, e ele já tinha criticado as ideias de Copérnico. Osiander termina a edição do manuscrito, mas introduz esse prefácio anônimo.

WF Ah, ele não assinou o prefácio?

MG Não. Maior sacanagem isso. Ficou como se fosse do Copérnico. Dizendo que essas ideias aqui expostas não deveriam ser levadas a sério como sendo a estrutura real do cosmo, mas sim como uma hipótese matemática para explicar o movimento dos astros. Aqueles que querem deturpar o sentido da *Bíblia*, no sentido que a *Bíblia* diz que a Terra é o centro e os céus giram em torno dela, vão estar errados definitivamente. As pessoas não sabiam que Copérnico não tinha escrito isso, acharam que era ele.

WF No prefácio, ele praticamente se desculpava da sua própria teoria que viria em seguida.

MG O prefácio essencialmente anulava o trabalho da vida inteira dele. Segundo consta, Copérnico viu aquilo pela primeira vez no dia da sua morte. Abriu, leu e morreu. Se morreu de desgosto a gente não sabe, mas é muito possível. Isso em 1543, e não aconteceu muito depois disso por anos e anos. Existe um historiador da ciência muito famoso nos Estados Unidos, que é um grande especialista em Copérnico, chamado Owen Gingerich. Ele escreveu um livro chamado *O livro que ninguém leu*, que é o livro que conta a história do livro do Copérnico, examinando quantas pessoas o haviam lido. Gingerich mostrou que poucas pessoas leram, se bem que, entre elas, estavam pessoas muito influentes, como Giordano Bruno, Galileu e Kepler.

WF Sem o prefácio?

MG Com o prefácio. O livro saiu com o prefácio e circulou assim pela Europa até o final do século XVI. Gingerich fez um trabalho esplêndido de detetive e encontrou as cópias do livro do Copérnico que estão espalhadas por bibliotecas da Europa inteira, na República Tcheca, na Espanha… e pelas anotações feitas nas margens do texto deduziu quem eram os donos desses livros. Por exemplo, ele examinou a cópia do Galileu, a cópia que era do Kepler, e muitas outras. Na cópia do Kepler, o prefácio (falso) está riscado em vermelho em "X", tipo "esse cara não escreveu isso". Foi o Kepler que finalmente desmentiu essa história em 1609, mais de sessenta anos depois que o livro foi publicado. Não houve, na verdade, uma revolução copernicana, ao menos no sentido explosivo da palavra. O que aconteceu é que Galileu foi instigado pelo Kepler a "abrir o jogo". Kepler escreveu a Galileu: "Você também é copernicano, então fale sobre isso!" Ao que Galileu respondeu: "Não sei, porque tenho muitos inimigos aqui." "Não, mas você tem que 'botar a boca no trombone', 'saia do armário', declare-se copernicano." Kepler era muito insistente! E finalmente, com o telescópio, que ele não inventou, mas aprimorou (é bom dizer isso) em 1610, Galileu publica *O mensageiro das estrelas*, que é o livro em que fala pela primeira vez que o Universo não tem nada de aristotélico. Que a Lua não é perfeita, que tem crateras e montanhas. Segundo Aristóteles, o Universo era dividido em duas partes: da Lua para baixo, você tinha os quatro elementos, a imperfeição, o dinamismo, a transição; aquela coisa da terra, água, fogo e ar. E da Lua, inclusive, para cima tudo era feito de uma quinta-essência — o famoso éter —, que é perfeita, imutável, eterna etc. Então, o Galileu olha lá e fala: "Espera aí, a Lua não é perfeita, é cheia de crateras e montanhas, e Júpiter tem quatro luas." Ele descobriu as quatro luas que espertamente chamou de estrelas de Médici (porque queria que o Cosimo de Médici II fosse seu patrono, o que acabou por conseguir), então sai de Veneza e vai pra Florença ser um astrônomo e matemático na corte do Cosimo de Médici. E foi, de certa forma, a falta de diplomacia e a arrogância do Galileu que forçou o cardeal Bellarmino, que é o grande teólogo da Inquisição, tinha até um título que eu esqueci...

FB Inquisidor-mor.

MG Que em 1616 fala pro Galileu: "Escuta aqui, é bom você ficar quietinho, abandona essas ideias copernicanas, não fala mais..."

WF Senão você vai assar na fogueira.

MG Ele não chega a isso. Ele fala "vamos só...", entendeu?

WF Pega leve.

MG E faz um desafio a Galileu. Diz que "se você pudesse provar que de fato o Sol é o centro do Universo, a gente podia até repensar a nossa posição. Mas enquanto você não tiver uma prova definitiva, a Igreja não vai fazer isso". Porque Galileu teve a arrogância de falar não só que o Sol era o centro do Universo, mas que os teólogos cristãos estavam errados, não sabiam interpretar a *Bíblia*. Então, o cara cutucou a onça com vara curta. E nessa época da Reforma e da Contrarreforma, em que o poder da Igreja estava sendo ameaçado pela Igreja Protestante.

FB Abalado.

MG Abaladíssimo! Vem um matemático e diz "não, nem de teologia vocês entendem", não dá.

WF Seria o golpe de misericórdia.

MG Seria terrível. Então, a postura do Galileu forçou a Igreja Católica a se colocar de uma forma anticopernicana. Antes, na época do próprio Copérnico, ela era muito mais aberta do que os luteranos, por exemplo. Então, tem essa questão de como a ameaça ao poder força o poder a ficar cada vez mais extremista, o que foi o caso da Igreja. E tem toda a história do Galileu, que continua, claro. Ele espera quieto durante um tempo — se bem que continua a brigar com os jesuítas, e tem uma série de disputas superinteressantes sobre as manchas solares, em que um padre jesuíta dizia que "as manchas solares não eram no Sol porque o Sol tem que ser perfeito, pois é feito de éter; as manchas eram planetas que estavam próximos ao Sol, e o que vemos é apenas a sua projeção na esfera solar perfeita"; e Galileu falou: "Não, as manchas estão no Sol, não tem planeta nenhum, o Sol é imperfeito, não é feito de éter coisa alguma." Galileu foi acumulando inimigos entre jesuítas e outros na Igreja até que, anos depois, Urbano VIII — que era amigo do Galileu e escreveu até um poema em sua homenagem com um título estranhíssimo: "Adoração perniciosa" — vira papa! E Galileu fala: "Ah, agora sim. Chegou a minha hora." Ele convence o Urbano a deixá-lo escrever um livro sobre as ideias de Copérnico e o Urbano fala: "Olha, você pode escrever o livro, mas tem que colocar nesse livro as duas posturas, as duas visões: a visão copernicana, heliocêntrica; e a visão aristotélica, geocêntrica." E o Galileu faz isso no "diálogo dos dois mundos"[8]. Só que o livro é um triálogo, na verdade, em que Salviati faz o papel do Galileu; Sagredo, o cara que é supostamente neutro, mas que acaba concordando sempre com Galileu; e o aristotélico é o Simplício — o nome já diz tudo —, o qual, na verdade, era a Igreja Católica, o papa, que faz o papel de um idiota. O papa fica furioso e, em 1633, Galileu finalmente é condenado pela Inquisição a negar a visão copernicana. Aí tem a famosa história que ele vai lá, se ajoelha e diz "eu nego, abjuro etc. e tal a visão copernicana", e quando está saindo sussurra: "*Eppur si muove.*"

WF "*Eppur si muove*", a famosa frase.

MG Sabe lá se é verdade ou não. Mas ele não foi torturado, nada disso. Mostraram os instrumentos de tortura para ele, que já tinha uns 70 anos na época, e aí ele fala "tudo bem, tudo bem, eu confesso" e ficou lá na casa dele, em prisão domiciliar. E foi a filha dele que rezou não sei quantos padre-nossos por dia que ele tinha que rezar. Nem isso ele fez! E enquanto estava aprisionado, escreve a grande obra dele, que é sobre a física, sobre o movimento pendular, sobre a queda dos objetos e o movimento dos projéteis. Para a gente que estuda física, é o começo da revolução.

WF Existe esse marco para os físicos?

MG Ah, certamente. Ele aplica o método científico pela primeira vez e mostra que, ao contrário do que dizia Aristóteles, a força da gravidade, a atração gravitacional, independe da massa do objeto. Para Aristóteles, quanto mais pesado o objeto, mais rápido cai.

WF A história do experimento que fizeram na Torre de Pisa, não é isso?

MG Famoso experimento da Torre de Pisa, que uns dizem que fez, outros dizem que não fez, mas quando você vai lá, tem uma plaquinha dizendo

---

[8] *Diálogo sobre os dois máximos sistemas do mundo ptolomaico e copernicano.* Galileu Galilei.

"aqui Galileu fez tal…". Não sei se é marketing ou não, mas se não tiver feito isso, certamente fez outros experimentos, como o do plano inclinado: Galileu deixa bolas rolarem da mesma altura num plano inclinado, e com isso mostra que todas as bolas chegam ao fim do plano com a mesma velocidade independentemente de sua massa. Ou seja, o oposto do que Aristóteles tinha dito. Apesar do brilhantismo de Galileu, sua posição radical acabou forçando a Igreja a adotar uma postura rígida. Não defendo a Igreja, mas temos que entender que não foi a única vilã. Queimava-se muita "bruxa" na Europa inteira, na Europa Central, em regiões dominadas por protestantes… A mãe do Kepler, por exemplo, quase foi queimada na fogueira; sua tia foi!

WF Foi queimada?!

MG Foi. Não era só a Igreja Católica que estava fazendo essa campanha.

FB Ah, os nobres também faziam.

WF Os luteranos também. Principalmente.

MG Certamente, na Alemanha, o que se queimou de mulheres que estavam, na verdade, desenvolvendo uma medicina primitiva, que seria a cura pela utilização das ervas. Essas "bruxas", que ameaçavam o poder dos homens, eram acusadas de hereges e ponto. E eram queimadas. No meu romance, *A harmonia do mundo*[9], eu exploro muito esse lado, que a mãe do Kepler era uma bruxa, no sentido de ter um entendimento das ervas e suas funções curadoras.

WF Uma fitoterapeuta?

MG Fitoterapeuta. Exatamente. Tem todo o julgamento dela, e o Kepler é que vai em sua defesa e mostra que ela não estava fazendo nada de sobrenatural.

---

[9] *A harmonia do mundo*. Marcelo Gleiser. Companhia das Letras, 2006.

FB A grande questão que se coloca é a disputa pela hegemonia cultural, de valores, de uma sociedade. E agora, com a secularização da sociedade, a diversidade de opiniões e crenças se impõe. O lema do Fórum Social Mundial propõe "Um outro mundo possível". Prefiro "Outros mundos possíveis". Porque existe uma enorme diversidade de culturas no planeta. Daí a minha dificuldade de aceitar o conceito de globalização. Aceito, como perspectiva futura, a globalização da solidariedade, em contraposição ao paradigma do mercado. Mas o que vemos hoje é *globo-colonização*, a imposição ao planeta de um modelo de sociedade, o anglo-saxônico. Tenho tido contato com povos indígenas. Eles têm uma sabedoria de vida que chamam de *sumak kawsay*, que significa bem-viver ou viver em plenitude. Bem-viver é admitir que o necessário é o suficiente.

WF Que etnia é essa, Betto?

FB São, sobretudo, as etnias quéchua e aymara, da América andina.

WF Esse termo vem de lá?

FB Vem de lá. O bem-viver está sendo muito trabalhado por antropólogos interessados em descobrir por que indígenas, em condições tão precárias de vida se comparadas às nossas, são pessoas felizes. Eles fazem do necessário o suficiente. Nós não conseguimos. Vivemos numa sociedade consumista, em que todo dia somos bombardeados pela publicidade a nos mostrar que somos infelizes. Ao ligar a TV, nos deparamos com um espelho mágico a nos incutir que somos infelizes porque não temos esse carro, não fazemos aquela viagem de navio, não usamos tal perfume etc. A publicidade tenta nos convencer de que ser feliz é consumir. Essa é uma das grandes aberrações do mundo em que vivemos. A equação da economia clássica é pessoa-mercadoria-pessoa. Eu, pessoa, visto esta camisa porque ela facilita minha sociabilidade, o contato com meus semelhantes. Agora é o inverso: mercadoria-pessoa-mercadoria. Se chego na sua casa a pé, tenho valor Z, se chego a bordo do último modelo de Mercedes-Benz, tenho valor A. Sou a mesma pessoa, mas é a mercadoria que me reveste, que me imprime mais ou menos valor. Tanto que agora a etiqueta fica de fora da roupa, para que você veja que o produto que uso é de grife…

WF É mais bacana do que o do outro.

FB É a inversão total. O bem material, o produto, é que me imprime valor. Há que atualizar Descartes: "penso, logo existo" cede lugar ao "consumo, logo existo". Quem não consome, quem está fora do mercado, é encarado como destituído de valor.

MG Posso dar um exemplo? Uma experiência. Acabei de ver isso no YouTube, um anúncio da Mercedes. Um cara superboa-pinta dirigindo uma Mercedes em meio a uma nevasca, a estrada cheia de gelo. De repente, aparece a morte sentada ao lado dele, com aquela famosa foice. A morte olha pra ele e fala "desculpa". Aí o cara olha para a frente e tem um caminhão gigantesco atravessado no meio da estrada. Enquanto a morte sorri toda satisfeita, o cara pisa no freio e a Mercedes para um pouquinho antes do caminhão. Aí o cara olha para a morte e fala "desculpa".

WF Você perdeu…

MG Como quem diz: "Meu carro bate até a morte."

FB O meu carro imprime imortalidade.

WF Tenho uma Mercedes, sou imortal.

FB Exatamente.

WF Que incrível!

MG Incrível.

FB Sonho com uma ciência mais voltada para as grandes carências humanas. Hoje em dia há manipulação total dos bens essenciais ao ser humano. Estamos assistindo a coisas abomináveis, como a mercantilização da água, um bem universal. Acontece que, no planeta, apenas 3% da água é potável. Aliás, é bom lembrar, desses 3%, 12% se encontram no Brasil. São questões muito sérias que precisamos debater, sobretudo a dimensão ética e social dos avanços da tecnologia e da ciência. Caso contrário, a humanidade caminhará para a barbárie.

WF Cada vez mais desigual.

FB Exatamente. E isso é incapaz de nos trazer a tão almejada paz. O Bush acha que a paz resulta do equilíbrio de forças. O governo norte-americano e as multinacionais que vivem da guerra acreditam nisso. O Marcelo lembrava que os Estados Unidos vivem em guerra. Entrei num táxi em Nova York, lá pelos anos de 1980, num período em que, excepcionalmente, não havia guerra. Perguntei ao motorista como estava a situação do país. Ele respondeu: "Não está nada boa, porque atualmente não estamos em guerra." E acrescentou: "A situação aqui melhora quando estamos em guerra, porque a economia flui, o dinheiro circula etc."

WF Aquela afirmação que você fez anteriormente também... muito militarizado nesse sentido.

MG São mais de setecentas bases internacionais.

WF Setecentas?

FB Aliás, 14 na Itália. Quando faço palestra na Itália — o que acontece todo ano —, pergunto ao público: "E quantas bases militares italianas há nos Estados Unidos?" Não preciso falar mais nada. Ou então ironizo: "É, dizem que o mundo ocidental é muito democrático e a imprensa é livre. Mas não vejo ninguém protestar pelo fato de os Estados Unidos terem uma base militar em Guantánamo, Cuba." Imagina se, de repente, sai no noticiário: "Esta madrugada os cubanos instalaram uma base naval nas costas da Califórnia." Haveria uma gritaria mundial. É esse o cinismo, a manipulação. Daí a importância de a ciência e as religiões se encontrarem à mesa da ética. Para debater o destino, o futuro da humanidade.

WF Eu queria sugerir um termo que é muito comum, muito conhecido para você, e também para nós tentarmos desenvolver um pouco — que é a palavra "militância". Porque você, Betto, pela sua própria história de vida e tudo o mais, esteve envolvido com essa militância, mas o cientista, o pesquisador, o professor, pelo menos em grande parte da sua atividade, ele está meio que pairando acima dessa questão da militância. Você concorda comigo nesse sentido, Marcelo?

MG No Brasil, você tem exemplos...

WF De engajamento. Mas e a sua realidade lá nos Estados Unidos? Como é que isso é vivido por você lá, na sua história profissional e de formação. Se há algum espaço para isso, se essa militância hoje em dia se volta principalmente para a questão ambiental, para a preocupação ecológica?

MG Eu acho que você tem uma militância grande com relação ao uso da energia nuclear. Acho que principalmente cientistas são os mais mobilizados contra o desenvolvimento dos armamentos nucleares, porque a grande verdade é a seguinte: a ciência mudou a história da humanidade.

WF Completamente.

MG Em 1945. Porque foi a partir dali que, pela primeira vez na história, nós conseguimos desenvolver modos de nos aniquilar como uma espécie.

WF Em massa, não é?

MG Em massa. Isso nunca tinha ocorrido antes. Esse tipo de poder precisa de uma ética que a gente ainda nem sabe como pensar.

WF Houve uma mobilização grande, na época, de uma série de cientistas contra a questão da bomba atômica, não houve?

FB Uma coisa meio tardia, complicada...

MG A história é, sim, complicada: os nazistas tinham o programa nuclear também, e o grande físico Werner Heisenberg era o líder. Alguns físicos, por exemplo, Leo Szilard, que era um ativista, pacifista, ficou horrorizado quando — ele foi um dos que descobriram a fissão nuclear — percebeu que eram possíveis dois tipos de reação: uma reação controlada, que é a usada nos reatores.

WF Na irradiação para a medicina também?

MG Também. Ou uma reação descontrolada, rápida, que é o caso da bomba atômica. Quando ele viu isso e percebeu que Otto Hahn, cientista alemão que foi codescobridor da fissão e que optou por auxiliar o regime nazista, Szilard foi ao Einstein e pediu que ele escrevesse para o presidente dos Estados Unidos, F. D. Roosevelt, explicando que era preciso investir no programa nuclear americano, dos Aliados, porque senão os nazistas iriam ter uma bomba antes, e imagine o que Hitler poderia fazer com uma. Em 1942, começou o projeto Manhattan, do qual o brilhante físico J. Robert Oppenheimer foi o líder. Ele juntou as maiores mentes científicas da época, tanto nos Estados Unidos quanto na

Europa, como Enrico Fermi, por exemplo. O que se passava na cabeça desses cientistas? A explicação tem duas partes. Uma é: nós precisamos desenvolver esta bomba antes dos nazistas porque senão o mundo está perdido. A outra parte é: nós somos cientistas, vamos ver o que a gente consegue fazer. Existe um aspecto lúdico com relação a "será que nós conseguimos construir isso?". Um desafio intelectual. Misteriosamente, não se falava muito nessa questão ética da bomba. Acho que não imaginavam que se conseguissem desenvolver a bomba, ela seria detonada como arma na guerra.

FB Achavam que era para criar um equilíbrio de forças.

WF Só para funcionar como ameaça.

MG E o Oppenheimer, que era o líder, havia sugerido — quando viram que a bomba ia funcionar realmente — que fizessem uma demonstração no Japão. Na época, em 1945, a Alemanha já tinha se rendido. Se não existia mais a ameaça nazista, por que não parar tudo? Ah, mas e o Japão? A guerra do Pacífico continuava com enormes perdas para os americanos, e o Japão não se rendia, não se rendia. Mas não, a decisão já não era mais do Roosevelt…

FB Na época em que as bombas foram jogadas, o Truman tinha acabado de assumir.

WF E ao que me consta, historicamente, não havia mais a necessidade de a bomba ser lançada da forma que foi, porque parece que o Japão já estava praticamente vencido.

MG Bom, a versão é a seguinte: que o Japão não quis se render, e se tivessem feito uma invasão por terra (como foi o Dia D na Europa), mais de um milhão de soldados iria morrer.

WF Aliados?

MG Aliados e japoneses. E que essa solução da bomba era a mais econômica. Só que...

WF Que dilema...

MG Não, não é, na verdade, porque eles detonaram essa bomba numa população civil. Primeiro, Hiroshima. Depois, Nagasaki. Por que Nagasaki? Os japoneses já estavam perdidos ali. Os americanos tinham medo de que a então União Soviética, que estava começando a descer a Manchúria, fosse controlar todo o Pacífico também. Então, detonaram Nagasaki como se estivessem dizendo "a gente não tem só uma, não, a gente tem mais de uma". E eram bombas diferentes.

WF Ah, eram diferentes? De poder de destruição diferente?

MG Eram. Bem diferentes, e Nagasaki era ainda pior, de plutônio. Começa então, de uma certa forma...

WF A Guerra Fria, era isso que eu ia comentar. Esse foi o embrião da Guerra Fria, não foi?

MG A então União Soviética não tinha bomba ainda, mas foi ter rapidamente, logo depois. Esse é o aspecto político da ciência... é o pacto faustiano, a barganha de Fausto, a aliança com o Estado. A ciência sempre teve um pouco isso, mas em escala menor. O próprio Galileu foi trabalhar na corte de Cosimo de Médici, ilustrando já então a entrega da ciência ao poder. A ciência não é neutra. Não existe neutralidade científica.

WF Existe um livro com esse nome, de quem é? *O mito da neutralidade científica.*

FB Do Hilton Japiassu.

MG Ah, o Japiassu. Puxa, ele foi meu professor; esse cara é fabuloso.

FB É dominicano.

MG É mesmo?

FB Padre dominicano.

WF Ele é padre? O Japiassu?

FB Sim, meu confrade nos dominicanos.

MG Ele sabia muito de [Gaston] Bachelard. Essa relação da ciência com o poder, com o Estado, mudou completamente depois da Segunda Guerra Mundial. A partir de então, os físicos foram vistos como os caras que ganharam a guerra. Porque não era só a bomba atômica; era o radar, explosivos diversos, houve uma série de outras coisas também. Os físicos viraram heróis.

WF A física mudou radicalmente a partir daí.

MG Mudou completamente. E aí veio não só essa bomba de fissão nuclear, mas logo depois a bomba de fusão nuclear, que é a bomba H, a bomba de hidrogênio, que é muito mais poderosa do que a bomba atômica.

WF Você não quer explicar isso para nós, rapidamente?

MG Rapidamente. Existem duas bombas: a de fissão nuclear, que é a bomba atômica, e a de fusão nuclear, que é a bomba de hidrogênio. Na bomba atômica, você pega um núcleo muito grande, como plutônio ou urânio-235, e o bombardeia com um nêutron. O núcleo se divide, fissiona, e nessa quebra você tem uma liberação de energia que libera mais nêutrons, que batem em outros núcleos, criando uma reação em cadeia.

FB De onde sai o hidrogênio?

MG O hidrogênio aparece na bomba de fusão nuclear. Nessa bomba, você "recria" o Sol na Terra. Deixa eu explicar melhor. Átomos de hidrogênio são comprimidos a pressões altíssimas, de tal forma que o próton de um — porque o núcleo do átomo de hidrogênio tem um próton — se junta, ou funde, com o núcleo do outro. Esse processo de fusão de próton com próton eventualmente cria o hélio. Então, você vai do elemento 1 pro elemento 2 da tabela periódica (o hidrogênio tem um próton, o hélio tem dois), e essa fusão nuclear libera uma quantidade enorme de energia que é exatamente como o Sol se alimenta. Então, numa bomba de hidrogênio você cria um mini-Sol aqui na Terra! Ela é muito mais poderosa, e foi desenvolvida alguns anos depois da bomba atômica. E, aliás, os americanos ficaram estupefatos quando a então União Soviética rapidamente também desenvolveu a bomba de hidrogênio. É um mundo louco esse, em que o equilíbrio, a paz, é obtido por meio do equilíbrio das armas.

FB E não como dizia o profeta Isaías, lá no século VIII a.C.: "A paz deverá ser fruto da justiça." Só haverá paz quando houver justiça.

MG Eu faço uma analogia desse tipo de política de *detente* nuclear com um playground de crianças. O playground é um excelente laboratório da pobre moralidade humana. Tudo de bom e de ruim que existe na humanidade está no playground das crianças. Se você tem um fortão e os outros são fraquinhos, o fortão manda, não tem conversa. Mas se existem dois fortões, não vai ter briga, porque um vai bater no outro, o outro vai bater no um; é uma guerra sem vencedores. Então, no fundo...

WF O equilíbrio de forças se dá dessa maneira.

MG Exatamente. Até que surja um desequilíbrio por meio de governos instáveis capazes de desenvolver bombas atômicas também. Agora, a polêmica que a gente está vivendo hoje em dia é justamente essa: "Mas e se o Irã tiver uma bomba atômica?" Um país que, por exemplo, professa que Israel deve ser destruído. Será que vão fazer isso mesmo, ou não? Qual é a postura do mundo com relação a isso? Já os iranianos dizem: "Quem é você para dizer o que eu posso ou não posso ter?" Principalmente os Estados Unidos, que foi o único país que usou uma bomba atômica numa população civil. De onde vem essa moralidade deles?

FB Foi o que o Lula questionou.

WF Exatamente. Quando o Lula pôs essa questão com aquela visita dele ao Ahmadinejad, ele questionou exatamente isso. O próprio Ahmadinejad, acho que também mencionou isso dessa maneira.

MG Só que tem que se tomar um cuidado gigantesco com isso, que é o seguinte: nenhum país que tem uma bomba atômica hoje em dia diz abertamente que quer destruir outro país. Uma vez que você fala isso, não se pode descartar a possibilidade de que, de fato, "olha aqui, se eu tiver esse instrumento, eu vou usar". Não sei se o Irã vai ou não vai, mas... Se você é um dos caras que podem virar alvo, não vai ficar muito feliz com isso.

FB Mas, enfim, ainda vivemos numa idade muito primitiva: com toda tecnologia, estamos na época das pedras...

WF Batendo com o tacape na cabeça um do outro.

FB E o mais interessante, para usar um conceito seu, Marcelo, é que agora entramos na assimetria, devido ao terrorismo.

WF Ótima, essa analogia do terrorismo com a assimetria.

FB Pretendiam fazer um escudo antimísseis na época do Reagan. Para que serve um escudo desses, se agora se usa um avião como míssil? Já não adianta nada o projeto do escudo, que suporia uma guerra convencional.

WF Igual àquela história de radar, se você voar muito baixo...

FB Exato. O terrorismo introduz uma assimetria e incentiva as guerras de baixa intensidade. O terrorismo não é só de um lado; os Estados Unidos são campeões de práticas de terrorismo, como fizeram em Granada, na Nicarágua, na Guatemala e em El Salvador. Nesses conflitos, usou-se uma série de recursos fora das guerras convencionais ou, para usar uma palavra inadequada, fora da ética da guerra. Isso não tem saída. Ou o mundo chega a um acordo — não sabemos como nem quando — ou estamos correndo sério risco.

WF Da autodestruição.

FB Dizem que o estoque de ogivas nucleares seria suficiente para destruir o planeta 36 vezes.

WF É isso que eu ia comentar agora: o arsenal que já existe tem uma capacidade de destruição que é muito superior à própria capacidade de segurança do planeta como tal.

MG É, isso foi diminuído, mas existem ainda milhares e milhares; eu acho que a Rússia e os Estados Unidos estão progredindo neste sentido, estão realmente diminuindo, mas mesmo assim...

WF Ainda está sobrando.

MG É, o arsenal nuclear acumulado é muito, muito, muito grande. Então, a questão passa a ser: como podemos conviver com isso? E a coisa é mais complexa, porque essa questão nuclear não é a única em que a ciência ameaça a nossa paz, de uma certa forma, espiritual. Por exemplo, a engenharia genética é uma outra questão fundamental.

FB Estava pensando nisso.

MG Sobre o poder da ciência, e de como a ciência está sendo desenvolvida. Para gerar mais-valia e capital para os investidores das corporações, mas também para supostamente resolver problemas da fome, como é o caso dos transgênicos, que, em princípio, podem ser coisas muito boas. Mas eu sempre digo que onde há luz há sombra. Qualquer nova tecnologia pode ser usada para o bem ou para o mal.

FB É, fiquei muito desconfiado quando o governo Lula — que aprovou os transgênicos no Brasil, na época eu estava no governo e manifestei meu protesto — declarou que haveria nos produtos a informação para o consumidor "este é um alimento transgênico". Isso nunca aconteceu.

WF Aqui você não sabe quando está comprando um transgênico.

MG Na França existe um boicote geral em relação aos transgênicos, que de certa forma é uma coisa meio inocente, ingênua, porque não vai fazer diferença. Você comer o milho transgênico não vai lhe fazer mal. A questão não é essa, a questão é se as plantações de milho transgênico vão criar alterações ecológicas. Existe um experimento famoso de cientistas na Universidade de Cornell que mostrou que havia uma borboleta que se alimentava do pólen do milho comum, mas quando se plantou o milho transgênico, essa borboleta passou a não se alimentar mais daquele milho, e quando se alimentava morria. Então, se ela morria, o sapo, o passarinho, que comem a borboleta, deixam de ter a comida, e aí você tem todo um problema...

WF A quebra da cadeia alimentar.

MG Exatamente. Portanto, a questão é essa: a gente está manipulando a natureza de uma forma invasiva que não tinha feito até agora; todo mundo faz enxerto, isso é uma coisa antiga, mas engenharia genética é diferente. Não é que você deva ser radicalmente contra só porque a tecnologia é nova. O que se tem que fazer é uma análise muito cuidadosa dos efeitos colaterais que esse tipo de nova tecnologia pode ter. E o mesmo com a engenharia genética aplicada a animais e a seres humanos. O que você acha da clonagem, Betto?

FB Sou inteiramente contra em seres humanos. Deveria haver um acordo mundial contra essa abominação. Não sou contra a clonagem de animais, mas clonar ser humano... Por aí vamos.

WF Brincar de Deus?

FB Brincar de Deus de uma maneira muito perigosa.

MG E as células-tronco?

FB Sou a favor das células-tronco. E agora mais ainda, porque você tem células-tronco que, necessariamente, não são retiradas de feto.

MG Você é um frei iluminado!

FB Para mim, não tem nenhum problema. Problema meu é a clonagem de ser humano. Isso acho extremamente delicado e...

WF Perigoso, não é, Betto?

FB Claro. Imagina.

WF O problema é esse, acho que é perigoso mesmo.

MG É, cria situações extremamente estranhas. Vamos imaginar que a gente consiga clonar seres humanos daqui a algum tempo e que, de alguma forma (isso é ficção científica mesmo), a gente consiga também armazenar as memórias de uma pessoa num programa de computador e depositá-las de volta no cérebro do clone. Com isso, se está criando um ser imortal, porque quando o ser vai ficando doente ou velho, você usa mais um clone e redeposita as memórias acumuladas até então.

WF Usa um backup do arquivo.

MG De certo modo, a ciência estaria criando um ser imortal. Esse tipo de questão, que hoje em dia ainda está longe, não vai continuar sempre longe. Os sonhos de hoje são a realidade de amanhã. Tem um físico chamado Freeman Dyson, que é um dos meus heróis. Ele fala que, no futuro — da mesma maneira que hoje em dia a gente compra tulipas pretas e coisas do gênero —, uma criança vai poder usar uma máquina parecida com essas de refrigerante, botar uma moedinha e pegar o animal que ele quer: "Vamos apertar aqui. O que você quer? Um terço rato, um terço cachorro e um terço passarinho." Você aperta o botão, cria um código genético artificial e inventa um animal que é a mistura disso tudo. Isso não é mais impossível. Quer dizer, é uma coisa que pode vir a acontecer. E aí, o que significa isso? Significa que a gente vai criar novas espécies. Novas formas de vida. Então, o homem, como você falou, passa a ser meio tipo Deus, cria essas coisas. Será que a gente está preparado moralmente para esse tipo de ciência?

WF A partir disso que você falou, me ocorreu um outro tema, porque, à parte todo esse meu interesse e envolvimento com a área do misticismo, da espiritualidade, da astrologia, sou fascinado pela ficção científica. Existem três autores que acho particularmente gênios desse território; o

[Isaac] Asimov, o Arthur C. Clarke e o terceiro, que para mim é o mais genial de todos — e era o mais louco deles do ponto de vista da sanidade mental —, o Philip K. Dick, que escreveu *O caçador de androides* (o *Blade Runner*) e *Minority Report — a nova lei*, daquela polícia que tinha um grupo de sensitivos que previam os crimes antes que eles fossem acontecer. Eram três paranormais que ficavam dentro de um tanque de água permanentemente. O que é fascinante é que a polícia evitava os crimes antes que eles acontecessem a partir das percepções dos sensitivos. No momento em que a corrupção entra nesse processo, um grupo tenta sequestrar um dos três paranormais. Eles eram mantidos sempre dentro desse tanque de água; de vez em quando um deles tinha um sonho e descia uma bolinha de madeira com o nome da vítima e do assassino e com o endereço do local onde o crime seria cometido. Então eles sempre conseguiam chegar ao local antes que o crime fosse perpetrado. No filme havia uma polêmica pública muito grande sobre a questão ética; se a coisa estava funcionando direito ou não. Tudo isso saiu da cabeça do Philip K. Dick. E uma das cenas mais bonitas de *O caçador de androides* (o *Blade Runner*) é a fala final do clone, que era a mesma de dúvida de todos os seres humanos: "Quem sou, de onde vim, para onde vou?" Essa questão perpassa a ciência e a religião, vocês não acham?

MG Sem dúvida, e ela reaparece no filme do Spielberg *Inteligência Artificial*.

WF Que é outro filme fabuloso também.

MG É. Será que vamos ser capazes de construir máquinas que pensam? Não só "que respondem a perguntas", porque já foi dito a respeito dos robôs (não lembro quem falou) uma frase que eu acho muito importante: "Não estou interessado em computadores que só sabem responder; eu quero aqueles que saibam perguntar." Os computadores de hoje obedecem a comandos. É interessante e útil, concordo, mas a questão é: será que vamos conseguir construir uma máquina capaz de perguntar, por exemplo, de criar conhecimento, de criar uma fórmula ou uma sinfonia?

WF O interessante no *Blade Runner* é justamente isso: os androides se rebelam — eles normalmente eram levados para colônias em outros planetas ou outros asteroides para trabalhar — e voltam para a Terra. E a missão do personagem do Harrison Ford no filme é justamente exterminar esses androides, porque eles não podiam, não deveriam nunca estar misturados com a humanidade natural, entre aspas, digamos assim. E, no fim das contas, eles só queriam conhecer o seu Criador.

MG Que é o mito do Frankenstein. A história do Frankenstein é um pouco essa. A história verdadeira, quero dizer, a do livro de Mary Shelley.

WF Exatamente. Não é no *Criação imperfeita* que você menciona isso?

MG É, eu conto a história. Existe um médico, o doutor Frankenstein, que cria esse ser a partir de vários cadáveres e consegue dar vida ao seu "monstro". Mas o que o "monstro" quer é uma companheira. Ele fala: "Não quero viver essa vida isolada; crie para mim uma companheira como eu e desapareço do mundo, ninguém vai nos ver. Mas, por favor, não quero ficar sozinho. Não me condene à solidão." E o doutor Frankenstein se recusa: "Jamais criarei uma raça de monstros."

WF Rejeita o filho, de certa forma.

MG Rejeita completamente. E daí vem toda a crise, que acaba em tragédia grega, como o mito do Prometeu; o Frankenstein é o Prometeu moderno. Mas o ponto é esse: será que a ciência vai permitir que o homem se redefina? Com a medicina e as nossas tecnologias, nós, de certa forma, travamos o processo evolucionário. Ou, ao menos, o estamos redefinindo. Será que a evolução continua funcionando para o ser humano ou não?

WF Estamos interferindo nessa evolução, é isso?

MG Estamos interferindo diretamente nela, porque não existe mais o processo de seleção natural, ao menos de uma forma livre.

WF Da forma darwiniana, você quer dizer?

MG É, exatamente. Hoje não vemos mutações que estejam mudando o animal homem, de certa forma. Claro, existem misturas entre raças, e isso mais do que nunca. Mas o que está se vendo é que, com o desenvolvimento da ciência e da tecnologia, cada vez mais os seres humanos se combinam com aparelhos artificiais. Temos os órgãos artificiais, temos o marca-passo, começamos a tomar drogas que alteram o nosso funcionamento psíquico. Com isso, você passa a ser menos você, passa a ser uma espécie de híbrido de ser humano e tecnologia.

WF Aí vem a quebra da seleção natural, justamente.

MG É, você já não tem mais essa seleção. Ela não é mais passiva.

WF Você está escapulindo dessa seleção natural.

MG Ou você pode argumentar: "Talvez nosso destino evolucionário seja realmente criar uma outra espécie que é derivada da nossa, mas que é mais poderosa, mais resistente, mais inteligente e que seria não só homem, mas seria homem-máquina."

WF É, por conta da informática, já existe uma brincadeira. Não sei se você está familiarizado com essa expressão, mas aqui no Brasil já pegou: eu falo que o meu filho é a minha versão 2.0. Ou seja, um aperfeiçoamento do que eu era, melhorado de alguma maneira. Isso aí se aplicaria diretamente nesse exemplo que você está dando, no sentido de criarmos versões 2.1, 2.2, dos seres humanos já meio híbridos.

MG E cada vez mais vai ter isso. Por exemplo, se você puder botar um implante que melhore a sua visão, ou que permita que você tenha uma memória melhor, coisas desse tipo. A pessoa que não ouvia agora tem um aparelho de surdez. Isso já está acontecendo, já existem seres híbridos nesse sentido, e muitos desses avanços são ultrapositivos, abrindo novos horizontes para pessoas que sofrem de vários males.

WF O *stent* que se usa hoje em dia na medicina para a cirurgia cardíaca ou vascular é um exemplo: você coloca uma molinha para evitar que o vaso se comprima, que dificulte a sua circulação. Você, Betto, usou uma expressão que dizia respeito ao conceito do tempo que nós estamos vivendo. Você fez uma inversão de palavras muito interessante.

FB Vivemos uma mudança de época e não uma época de mudanças.

WF Isso, exatamente.

MG Esse é o começo de uma mudança de época, porque este é o século da biologia. Nós dizemos que o século XX foi o da física, e muita gente no meio científico acha que o século XXI é o da biologia.

WF Portanto agora começa a época da biogenética, dos transgênicos...

MG Da neurobiologia, da biofísica. Quer dizer, não é só a biologia, o que acontece é que a biologia hoje é integrada com uma porção de outras coisas, não dá para pensar só em biologia.

WF Sim, a biologia atua como base.

MG Como base. É mais a questão da manipulação da vida, a manipulação artificial da vida. Isso vai levar a um mundo completamente diferente. Eu não tenho a menor dúvida disso.

FB Concordo.

MG Não sei se a gente vai estar aqui ou não, se a manipulação vai ser rápida o suficiente para que a gente fique aqui, mas não há dúvida de que, no final do século XXI, esse mundo vai ser um mundo em que criaturas humanas vão ser muito menos humanas — no sentido de puramente biológicas — do que são hoje.

WF Os humanos serão mais híbridos, não é?

MG Serão certamente mais híbridos, não só internamente por causa de implantes, mas porque cada vez mais os computadores vão ser internalizados também.

WF Eu vi há pouco tempo um vídeo, no YouTube, de uma palestra sobre um aparelho, um protótipo ainda, semelhante a um celular, que ficava pendurado como um *gadget* enorme no pescoço do aluno que fez a demonstração. A inventora do protótipo, que fazia a palestra, chamava o aparelho de "sexto sentido", porque ele tem uma pequena câmera que capta a sua imagem, imediatamente pesquisa a sua imagem na internet, obtém uma série de informações sobre você e as projeta no seu corpo, e no instante seguinte a pessoa que está usando o aparelho diz (um exemplo): "Esse é o Frei Betto, que escreveu aquele livro, que esteve preso no ano tal..."

MG Ninguém mais vai precisar memorizar nada.

WF É o sexto sentido. Quer dizer, o aparelho identifica você e facilita o acesso a informações sobre a sua vida. Sabe aquela situação em que você se encontra com alguém de quem não lembra o nome direito, ou não sabe direito de onde você a conhece? Se você estiver usando esse aparelho e um pequeno fone de ouvido, em poucos minutos vai ter um ponto eletrônico dizendo: "Esse é o Frei Betto, que escreveu aquele livro, que esteve preso no ano tal…"

FB Impressionante!

WF Você chega e cumprimenta a pessoa já sabendo a história toda dela. Isso aí é uma realidade. E o protótipo ainda está desajeitado do ponto de vista da instalação, mas é a combinação de uma câmera, um aparelho de telefone celular e um computador sem fio conectado à internet. Isso já existe, já está aí. Daqui a poucos anos vai estar no mercado. E ela chama a invenção, bem a propósito, de "sexto sentido".

FB Isso vai ser bom para os políticos. Adoram sair por aí cumprimentando todo mundo.

WF Vão se lembrar da história de todo mundo. Vocês não acham que dá para a gente falar um pouco mais dessa questão do mercado hoje em dia? Eu acho que esse tema é delicadíssimo e interfere na vida de todos nós. Aquela questão que você estava comentando "mercadoria/pessoa/mercadoria", da inversão desse conceito, como é que você sente isso dentro da sua área, Marcelo? Você estava comentando dos transgênicos, da engenharia genética e tudo o mais.

MG Eu acho que nessa discussão tem uma questão muito importante que é: "Quem é o homem? Que bicho é esse que não aprende?" Quer dizer, de uma certa forma, a gente tem milênios de história, que mostram o que é certo e o que é errado, o que causa sofrimento e o que causa prazer. E mesmo assim a gente continua insistindo nas mesmas coisas. Existe algo de muito individualista, uma coisa competitiva do homem, que acho que só pode ser atribuída à evolução, uma coisa animal mesmo; o bicho que a gente tem dentro da gente e que a gente não consegue domar — ou que alguns domam melhor do que outros.

WF Você teria algum otimismo em relação a isso, Marcelo? Você acha que tem jeito? Houve um momento em que nós três concordamos que continuamos sendo primatas com um tacape batendo na cabeça um do outro, que apenas os tacapes mudaram. Mas a justiça — você, Betto, citou Isaías — ainda não se estabeleceu.

MG Eu tenho uma posição um pouquinho anárquica, porque não sei se é uma boa ideia domar tudo isso. Acho que um pouco de...

WF De imperfeição?

MG De imperfeição, um pouco de atrevimento, um pouco de inquietude, um pouco de desequilíbrio é fundamental para a humanidade também. Porque se tudo estivesse certinho... é aquela coisa que a gente falou da ciência, que tentamos encontrar a verdade sabendo que nunca vamos encontrá-la por completo. A gente tenta criar uma sociedade justa, sabendo que isso nunca vai acontecer, mas esperando que cada vez a justiça fique mais difundida. Porque se você chega a uma situação ideal em que atinge o equilíbrio e tudo funciona, a humanidade chega a um ponto de estagnação em que nada de novo é criado, nada de interessante acontece e passa a ser um lugar bastante sem graça, o que, aliás, é uma crítica que se faz ao céu...

WF Todo mundo ali tocando harpa...

MG Todo mundo feliz, tem comida, tem tudo que precisa, então não vai acontecer nada de interessante; ninguém vai escrever poesia, não vai mais haver disputa, não vão se criar novas músicas... A tensão criativa do homem precisa de um desequilíbrio constante.

WF Isso vai ao encontro daquela questão da assimetria…

MG Vai. Então, acho que a gente tem que almejar uma sociedade cada vez mais justa em que todos têm o direito a coisas básicas, entendendo que o bem-viver é muito bom, o bem-viver é saber que o necessário é o suficiente.

WF A cultura do supérfluo é um grande problema, que é o que o Betto já mencionou.

FB Pois é. Exatamente.

MG Que nós somos escravos de uma maquinaria gigantesca de marketing, em que quem não consome é infeliz.

FB Está associado ao que falei, o problema da desistorização do tempo. Porque quando percebemos o nosso tempo pessoal como projeto histórico, conseguimos estabelecer uma série de metas. Por exemplo, o Marcelo estabeleceu a meta de que seria físico teórico; passou por muitas dificuldades — ele mesmo fala nos livros — como a matemática, mas, entre dificuldades e facilidades, se sentiu motivado pelo objetivo da meta. Essa desistorização do tempo leva as novas gerações a uma enorme dificuldade de estabelecer projetos. Em todos os sentidos: profissional, familiar, conjugal, artístico. As pessoas estão muito inseguras, porque a dinâmica do mundo volta a ficar cíclica. E isso não é um fenômeno espontâneo, é coisa dirigida. Isso é coisa orquestrada e facilitada pelo neoliberalismo na passagem da era literária para a era imagética. Nós três ainda somos da era literária, predominantemente, mas os filhos são da era imagética. Acontece que a TV, a internet, e tudo o que é imagético é "grego", funciona no tempo cíclico, pois avança do passado para o futuro, retrocede do futuro para o passado, mistura, mescla os vários tempos… Havia um programa de TV chamado *Aqui e agora*. Essa tentativa de perpetuar o presente engendra nos mais jovens a cultura da instantaneidade.

MG É, tudo agora, rápido e pronto.

FB Exatamente.

MG Pílulas de conhecimento.

FB Procura-se resolver tudo aqui e agora. Isso, a meu ver, é um dos fatores da crescente infelicidade humana. Por quê? Dizia o velho Aristóteles que, em tudo que fazemos, até ao praticar o mal, buscamos o bem maior, a aspiração universal sem exceção: a própria felicidade.

WF É o fundamento do budismo.

FB Este é um princípio absoluto. São raros os princípios absolutos na filosofia; este é um deles. Acredito que um dia se vai quebrar o mistério da matéria escura, do fluxo da luz no oxigênio. Como a luz atravessa o ar a 300 mil quilômetros por segundo? Porém, nunca o mercado conseguirá vender felicidade. E o mercado hoje sabe disso. Então, o que propõe como sucedâneo? Sugere aos consumidores que a felicidade resulta da soma de prazeres.

WF Por mais fugazes que sejam esses prazeres?

FB Por mais fugazes. Se você tiver esse carro, vestir essa roupa, tomar essa cerveja, fizer essa viagem, você será feliz. Pois, veja, as pessoas aqui na publicidade, atrizes e atores que servem de modelos, são todos muito felizes, joviais, saudáveis...

WF Aparentemente.

FB Mas a imagem é essa. A pessoa vai atrás do "talismã da felicidade", daquilo que é o símbolo da felicidade. Então, compra isso, consome aquilo, e o buraco do coração fica cada vez maior. Conta a parábola que um homem extremamente rico chegou à conclusão de que toda a fortuna dele não trazia felicidade. E ele refletia: "Tem que existir, em algum lugar, a felicidade." Vendeu todos os bens e saiu pelo mundo a fim de comprar, não importa a que preço, a felicidade. E como todas as belas histórias terminam nas arábias, lá foi ele ao mercado e disse o que pretendia comprar. Todos riram dele: "Comprar a felicidade?! Aqui tem coisas gostosas, prazerosas, mas a felicidade, não, não existe esse produto." Um jovem cameleiro que retornava do deserto ouviu a conversa e falou: "Olha, moço, eu passei próximo a um oásis e vi uma tenda, sobre a qual estava escrito 'felicidade'. Pode ser que lá vendam o que você procura." O homem ficou eufórico, preparou a viagem e se enfiou pelo meio do deserto. E, de fato, encontrou a tenda indicada. Havia dentro um balcão e, do outro lado, uma moça. Ele indagou: "Aqui tem felicidade?" E ela respondeu: "Tem, sim, senhor." O homem começou a chorar de emoção: "Puxa, dedico anos da minha vida à procura da felicidade... Olha, não importa o preço, quero comprá-la." A moça explicou: "Tem um detalhe, senhor, nós não vendemos." "Mas eu tenho muito dinheiro. Posso comprar esse deserto inteiro..." A balconista insistiu: "O senhor não está entendendo, nós damos!" "Vocês dão a felicidade?" "Sim, damos." "Então, por favor, me dê." Ela entrou nos fundos da tenda e pouco depois retornou com uma caixinha de fósforos na mão. Ele ficou meio decepcionado, abriu, havia ali dentro várias sementes. Ele as despejou no balcão: "Mas o que é isso?" E ela apontou: "Senhor, essa semente aqui é a do amor; essa outra, a da generosidade; aquela, a da solidariedade... Se cultivar cada uma delas, o senhor será feliz." A outra parábola é sobre a mulher no mercado da Índia, procurando algo no chão, e as pessoas, por mimetismo, começaram também a procurar, até que um rapaz perguntou: "A senhora procura o quê?" "Procuro uma agulha." "A senhora é maluca. Há mais de quinhentas barracas de agulha aqui, de todos os tamanhos, tipos, espessuras, e a senhora procura uma agulha?" "É, uma agulha de ouro." Todos voltaram a procurar, e procura, procura, procura... Quando todos estavam cansados, o rapaz indagou: "A senhora não tem mais ou menos ideia de onde perdeu a agulha de ouro?" Ela falou: "Tenho. Na minha casa." "A senhora enlouqueceu? Estamos aqui há horas procurando e, agora, a senhora diz que perdeu em casa?" "Sim, do mesmo modo vocês buscam a felicidade: ela está dentro da gente, mas quase todo mundo a busca fora." É isso, a ansiedade consumista, a agregação de falsos valores vindos de fora para dentro produzem, hoje, sérios distúrbios psíquicos, sociais, depressão precoce, desequilíbrios e o consumo de todo tipo de remédios. Sou totalmente favorável às novas tecnologias, utilizo-as, acho uma maravilha. O problema reside no conteúdo. Por exemplo, não deixo meus livros circularem livremente na internet, porque circulariam pelo Google. No dia em que o Google não tiver anúncio, libero meus livros. Por que ele ganha e eu não? Há que haver paridade e respeito aos direitos autorais.

WF Essa liberdade é meio relativa, não é?

FB A primeira transmissão de TV foi em 1939, em Nova York. O *New York Times* fez um editorial dizendo: Este aparelho está fadado ao fracasso. Porque o americano já se acostumou com o rádio e o escuta dirigindo, tomando banho, cozinhando, trabalhando, cortando a grama... Pensar que ele vai largar todos os afazeres, sentar diante dessa caixinha e ficar olhando, não tem a menor possibilidade. Não sei se o *New York Times* depois fez autocrítica, mas a caixinha funciona. Por quê? Porque descobriu o truque da hipnose coletiva. A TV, se emitisse apenas cultura — tudo aquilo que engrandece a consciência e o espírito —, não estaria fadada ao fracasso, mas teria uma audiência muito menor do que tem. Como se transformou num balcão comercial — predominantemente veicula publicidade e ninguém a liga para ver publicidade —, então precisa ter algum "conteúdo isca". Esse "conteúdo isca" não pode ser a cultura, porque a cultura é "chata". Ela descobriu que o segredo é o entretenimento.

WF Essa palavrinha mágica dos dias de hoje.

FB Exatamente. A diferença entre cultura e entretenimento é que a cultura fala ao espírito e à consciência, e o entretenimento, aos sentidos. Ou diretamente, como à visão, ou virtualmente. Você vê um hambúrguer na TV e quase sente o cheiro, o gosto, é tudo maravilhoso. Esse atrelamento, essa submissão de milhões de pessoas ao entretenimento consumista, é um enorme fator de desperdício de vida. Em algum lugar do inconsciente é dito para essas pessoas que elas estão jogando no ralo um tempo precioso das suas vidas. Então vem a sensação de mal-estar, de vida sem sentido… Pois o que traz a realização a cada um de nós são alguns passos adiante que damos na vida, e isso alimenta nossa autoestima. Ora, ninguém consegue, sendo espectador do jogo, ter a autoestima do jogador. Possivelmente quem trabalha na TV tem autoestima, porque ganha bem, faz trabalho criativo, angaria prestígio social. Agora, o espectador, não. E a parte mais trágica dessa história é a do segmento de mercado que a TV e a publicidade não atingiam: a infância.

WF Lembro que você falou sobre isso naquela palestra que assisti lá em Petrópolis.

FB Exatamente. A criança tem dois antídotos à publicidade: primeiro, não se liga no valor agregado do objeto possuído. Segundo, possui uma usina natural de fantasia, de imaginação, absolutamente inesgotável. Uma criança de 4 anos brincando sozinha, como seu filho, Marcelo, é um bando…

MG Impressionante.

FB Você dá a ela um cabo de vassoura e aquilo vira o exército de Brancaleone. Se for a uma loja e comprar um cavalinho industrializado, é possível que, no dia seguinte, o cavalinho esteja encostado e ela montada no cabo de vassoura.

MG Ontem mesmo eu subi com a minha família no Pão de Açúcar, e eu e ele (meu filho de 4 anos) pegamos dois pedaços de pau, fizemos de espada: Dom Quixote e Sancho Pança contra os bruxos, e por aí vai.

FB O detalhe mais trágico é que o consumismo televisivo descobriu como cooptar a criança: pela erotização precoce. Quando se induz uma criança a prestar demasiada atenção ao próprio corpo, ela entra numa espécie de esquizofrenia: passa a ter trejeitos de adulto, linguagem de adulto, desejos de adulto, mas é criança. É biologicamente infantil e psicologicamente, "adulta". Por estar sempre ligada na TV, transfere a "usina" da imaginação para a TV. Esta sonha por ela, imagina por ela, "brinca" por ela. Você contou, Marcelo, que seu irmão foi diretor de programa televisivo voltado às crianças. Pergunte a ele por que não tinha menino na plateia, só menina. Aparecia menino no palco, mas na plateia não. Sabe por quê? Por causa da masturbação e das reações provocadas pelo alto índice de erotismo. Quando essa criança, precocemente erotizada, chega à puberdade — e todos passamos por isso — sente dificuldade de sair do mundo da fantasia para o mundo da realidade. É uma crise própria da puberdade. Só que para aquela criança é mais grave, por não ter exaurido sua usina de sonhos, de fantasias. Ela sente que guarda um grande débito consigo mesma. Só que, agora, não dá mais. Virou adolescente, não é mais criança. Nesse exato momento é que, por uma perversa intuição profissional, o traficante de drogas se aproxima e dá a entender: "Não se preocupe, embora sua cabecinha não produza mais tanta fantasia, ingerindo ou cheirando isso aqui você evitará o sofrido encontro com o real." A maioria dos dependentes de drogas começa na adolescência. Oferecem a droga de graça, porque sabem que, naquela idade, é que se cria a dependência. Esta é, portanto, uma questão muito séria em relação ao mercado: como "despublicitar" certos veículos de comunicação? Não sou contra a publicidade, ela tem que ser feita, tomara que se faça bastante de nossos livros... Contudo, há que se ter uma educação para ver TV, como a que se aprende na escola para ler livros. Isso possivelmente propiciará a redução do entretenimento

— também não sou contra o entretenimento, adoro ver um programa de humor, um faroeste, uma videocassetada —, mas é preciso entrar com o conteúdo cultural, fazer pensar, provocar interrogações sobre as perguntas fundamentais da existência, da convivência humana, do projeto social, do futuro da humanidade. Levanto tais questões porque corremos sério risco de criar dois níveis de humanidade: a instruída, reflexiva, dotada de consciência crítica — não digo escolarizada, porque tem muita gente que é escolarizada e não é instruída —, e a espectadora, imbecilizada, manipulada pelos "valores" do mercado.

WF Passiva.

FB Passiva, consumista, acreditando que no consumismo encontrará respostas às suas angústias, e isso terá como resultado crimes hediondos.

MG Você acha que na Idade Média era muito diferente? Porque a Igreja oferecia o produto mais ou menos pronto também, na cabeça das pessoas. De uma certa forma as imbecilizava, como que dizendo "está tudo pronto aqui, é assim que é, você segue essas regras, não precisa pensar por si mesmo". Você acha que mudou realmente, que está pior?

FB Não sei se está pior. Pelo que sei da história da Idade Média, havia uma única visão do mundo, que a Igreja impunha. Essa visão era muito calcada numa imagem amedrontadora do divino.

MG Medo.

WF Céu e inferno.

FB O inferno era muito mais ressaltado que o céu, mas, por outro lado, havia também uma cultura não letrada — e estamos voltando a isso — pictórica.

WF Imagética, como você disse antes.

FB Uma cultura imagética. Daí o grande sucesso dos pintores medievais e do fim do período medieval, e do próprio Shakespeare, pouco depois. Shakespeare conviveu com uma população analfabeta, junto à qual o teatro faz o maior sucesso, pois qualquer analfabeto entende uma peça de teatro. De certo modo, voltamos a isso. Com o agravante de produzir um entretenimento que não desperta a consciência crítica nas pessoas.

MG Exatamente. Na minha universidade, discutimos muito isso. Qual é o papel da educação? E o que concluímos é que o papel principal da educação é fazer com que os estudantes possam pensar criticamente.

FB De acordo.

WF Questionar.

MG Saber olhar para uma informação e raciocinar criticamente com relação a essa informação. Não só aceitar...

WF Como questionar.

MG Mas entender o que significa dentro do contexto em que foi criada, e aí reagir de acordo.

FB Aprecio muito o conceito cristão de Deus. Vejam: o senhor da casa-grande concede liberdade ao seu escravo, mas, se quiser, o faz retornar à escravidão. O poder político, religioso, científico, o diretor da sua universidade, Marcelo, dá a você liberdade, mas se ele quiser pode adverti-lo: "Marcelo, contratei outro professor..." Deus, no entanto, dá a liberdade e não tira. Ainda que você O ofenda, ainda que você O renegue.

WF Ainda que você faça mau uso dela.

FB Aí reside a lógica do mal. Com Deus a relação é de alteridade, amorosa.

WF Incondicional.

FB Incondicional de um lado, d'Ele para nós. Mas de nós para Ele, não. Posso, na minha liberdade, não me abrir para esse amor, dar as costas... Esse conceito, para mim, é a instalação da soberania da pessoa, da autonomia da razão, da inteligência, do livre-arbítrio, conceito elaborado na Idade Média, embora não praticado na época.

WF Betto, quando você estava falando nessa amorosidade incondicional "de lá para cá", me lembrei de uma noite em que, depois de ter tido uma discussão familiar pelo telefone, entrei num estado de tristeza profunda. Resolvi ligar para a Célia e ela disse: "Filho, vamos pedir que as coisas se estabilizem; vou pedir por você." Eu desliguei o telefone e permaneci no escuro do meu quarto, quando de repente senti, Marcelo e Betto, como se estivesse literalmente chovendo amor em cima de mim. Como se fosse uma chuva de amor caindo sobre mim. Comecei a chorar, não de tristeza nem de depressão; ao contrário, de emoção com aquilo, porque sentia, fisicamente, aquela chuva de amor se derramando. Naquele mesmo momento eu pensei num diálogo — não sei com o quê ou com quem eu estava dialogando — em que eu perguntei: "Mas como é que eu nunca percebi isso antes?" E uma voz — entre aspas, porque não era uma voz no sentido literal da palavra — me disse: "Essa chuva de amor existe permanentemente em cima de todos os seres, vocês é que não percebem isso."

MG Pois é, tem que saber fechar o guarda-chuva para deixar a chuva cair, ficar molhado.

WF Exatamente.

FB É isso.

WF Foi exatamente isso que experimentei nesse momento, porque ali acabou toda a minha crise. Toda a tristeza, toda a dor que estava vivendo naquele momento, aquele amor, literalmente, me curou.

FB Isso é muito bem-expressado na história bíblica do profeta Oseias com a mulher dele, Gomér. Ele era hebreu e ela, fenícia, pagã. Um dia ela se separou dele. Então ele se deu conta de quanto era apaixonado por ela. Aliás, quando abençoo casamento, digo aos noivos: Prestem atenção, marido e mulher não são parentes, são amantes; se virar parente, a coisa começa a desandar. Vocês serão parentes dos seus filhos, mas entre vocês são amantes.

WF Muito boa essa imagem.

FB Então, Gomér se casou com o vizinho. E Oseias ficou mais apaixonado... Ela se separou do vizinho, casou com outro, e ele numa dor de corno terrível... Enfim, ela entrou em tamanha rotatividade que virou prostituta. E ele apaixonadíssimo. Ela se degradou tanto na prostituição que acabou vendida como escrava no mercado. Então, Oseias a arrematou no leilão. E reza o texto bíblico: "E levou-a ao deserto e falou-a ao coração." É uma beleza, não? Tudo isso para nos ensinar que Javé, como Oseias, nos ama incondicionalmente, não importa o que façamos...

WF Ele nos ama da mesma maneira.

FB E jamais volta atrás. Deus é irremediavelmente apaixonado por cada um de nós. Eis o sentido da atribulada relação conjugal de Oseias e Gomér.

WF Existe uma frase sânscrita que eu acho fascinante também, e que é muito usada de forma quase que ritualística: *Baba Nam Kevalam*, que significa: toda a existência, seja a coisa mais linda ou a experiência mais atroz, é fruto do amor de Deus. E isso é usado em muitos *ashrams* e em muitas comunidades religiosas hindus. Assim como as orações dos muçulmanos têm horas certas, também existem horas certas para que esse mantra seja tocado. E existe uma rádio na internet, que é um projeto muito interessante, chamado RAWA (*Renaissance Artists and Writers Associated*), que tem um canal de músicas que só toca "n" versões musicadas desse mantra, *Baba Nam Kevalan*: uma em estilo *folk*, outra em estilo hindu, outra é um rock, todas musicando a mesma frase. Acho que vai ao encontro exatamente dessa amorosidade que você acabou de mencionar.

FB Nas palestras, as pessoas adoram *causos*... *Causo* é fantástico, usado inclusive na pedagogia de Jesus, como as parábolas. Inventei uma para traduzir a relação entre ciência e fé. Em conversa com um homem de fé sobre as propriedades do espelho que ele possuía em casa, um cientista afirmou: "Há métodos mensuráveis para dizer o que é um espelho." Trancou-se no laboratório de posse do espelho e decifrou-o nos mínimos detalhes: madeira, reflexos, densidade, peso, volume, tudo. E entregou o relatório ao homem de fé: "Olha, aqui estão todos os dados do espelho." O homem de fé retrucou: "Isso é a ciência. Você não viu o mais interessante no espelho — a sua própria imagem."

WF Genial, a resposta.

FB A fé não é mensurável. Fé é como um espelho cuja materialidade não enxergamos, mas vemos nele o reflexo do Transcendente. E esse reflexo nos move no rumo das quatro interações religiosas, no sentido etimológico de re-ligar: a relação consigo mesmo, com o próximo, com a natureza e com Deus, que se sintetizam em nossas vivências.

WF Marcelo, eu estava me lembrando daquela sua epifania descrita no *Criação imperfeita* e estou me dando conta de que nós temos um hábito comum, independentemente das nossas atividades, que é a prática da meditação diária.

FB Seria interessante para o leitor cada um de nós descrever, em poucas palavras, como medita.

MG Eu queria começar essa discussão não necessariamente apenas descrevendo as nossas práticas de meditação, mas também sobre a aproximação da ciência e da fé. A gente falou sobre várias coisas, mas uma que considero muito importante e que a gente não tocou muito é que, para mim, as duas satisfazem uma função que essencialmente é a mesma, que é apaziguar os anseios humanos. Muito antes das ciências, as várias religiões já se propunham a contar a história do mundo, a história da origem do cosmos e das pessoas, de como nós surgimos aqui e qual o nosso papel nesse grande panorama cósmico. E por que isso? Porque elas buscavam respostas para essa inquietude de querer saber "quem somos nós", questão tão antiga que é quase um clichê, mas que na verdade é tão fundamental. O que é esse negócio de "ser humano"? Porque nós temos essa habilidade de pensar sobre quem somos, sobre o mundo em que vivemos, sobre o que é o sofrimento, sobre o que é a dor, e, de uma certa forma, somos capazes de mudar essas coisas, mas ao mesmo tempo...

WF Não somos.

MG Não somos capazes de resolver esses problemas. Portanto, quando penso sobre o que existe em comum entre ciência e religião, vejo que é nas perguntas que fazemos, que são muito parecidas.

WF É verdade. Muitas dessas questões são denominadores comuns entre a ciência e a fé.

MG Muitas das perguntas sobre "origens" que fazemos, sobre qual é o sentido da vida — claro que as religiões e a ciência têm outras funções, e obviamente não vamos falar aqui que são a mesma coisa, porque realmente não são. Mas é bom lembrar, ao menos assim acho eu, que ambas são criações humanas. Tanto que existem vários tipos de religião e a ciência está sempre mudando...

WF Ambas são criações humanas, é isso que você quer dizer?

MG É. Ambas são criações humanas. Nós criamos uma narrativa, um modo de nos colocar nesse mistério da existência. E a meditação, que é algo tão individual, tão subjetivo, mesmo que existam meditações em grupos, e...

WF "N" técnicas.

MG É, tem rituais e mil técnicas diferentes, ao menos para mim, a que realmente conta é a que eu faço sozinho, em silêncio, isolado, porque é quando eu tento me tornar uma criatura que não sou mais só eu, mas que é tudo o que existe.

WF Existe um tratado sobre meditação taoista, cujo título é sensacional: "A arte de sentar e esquecer."

MG Genial. Não precisa de mais nada.

WF Nem de si próprio. Está subentendido aí, no sentido de dissolver essa ferramenta que é a mente, que nós achamos que somos nós.

MG Viver é muito complicado! Como é que a gente faz para viver tudo isso, para ter uma vida significativa para você e para as pessoas à sua volta? Talvez a meditação mostre que nem sempre esse anseio por encontrar respostas é o caminho.

WF Perfeito.

MG O caminho às vezes é você não estar tentando sempre encontrar respostas, mas é se tornar...

WF Sentar e esquecer.

MG É, sentar e esquecer. Deixe as coisas acontecerem, seja receptáculo.

FB E você medita desde que época de sua vida, Marcelo?

MG Eu meditei durante um tempo, quando tinha 17, 18 anos. Parei completamente por décadas. Aí, há mais ou menos uns oito anos comecei a fazer ioga de novo. Meditação, desse tipo que eu estou falando, tem um ano e meio, dois anos. Só que eu faço um outro tipo de meditação, que é um pouco mais atípico. Sabe que Jesus era pescador, não é? Pois é, também sou pescador.

WF Pescador?

MG Assíduo.

WF Como um bom pisciano...

MG Desde garoto. Só que o tipo de pesca que eu faço quase não existe ainda aqui no Brasil: é essa pesca com iscas artificiais, chamada *fly fishing* em inglês, que é uma coisa de meditação mesmo. Você usa uma roupa especial, e entra na água até a cintura.

WF É quase como uma bota que você veste, não é?

MG É. E tem toda uma técnica de lançar a isca, que fica dançando no ar até "pousar" na água como uma mosquinha que as trutas comem.

O movimento é superelegante, você, a água e os peixes. Uma imersão na natureza.

WF Bela maneira de meditar...

MG Teve aquele filme famoso que o Robert Redford dirigiu, que foi o primeiro filme importante do Brad Pitt, *Nada é para sempre*, mas essencialmente a ideia é que você se torne um com o mundo. No fundo, a pesca, ao menos para mim, é o menos importante.

WF É uma ferramenta para a meditação.

MG Eu nunca mato o peixe, sempre devolvo os que pego. Mas o ponto é que sempre tive essa necessidade de me esvanecer na natureza, de me dissolver, e esse tipo de pesca faz isso. De repente, você se dá conta: "Caramba, já estou aqui há quatro horas? Não é possível! Como isso aconteceu?" Por outro lado, estou também tentando fazer a meditação mais tradicional.

FB Você faz todo dia?

MG Eu tento fazer todo dia. Quando estou viajando a minha rotina é interrompida, mas em casa...

WF Eu tenho uma facilidade muito grande de meditar em avião. Por conta dessas viagens que a gente está sempre fazendo, assim que o avião decola, eu penso: "Oba, tenho aqui vinte minutinhos", e fecho os olhos. Porque em tese é um momento difícil de você meditar, quando está viajando para algum lugar para dar uma palestra... Mas assim que o avião decola, eu sei que até o momento de ele atingir a velocidade e a altitude de cruzeiro não vai acontecer nada, ninguém vai me interromper. Então uso aquele momento em que ele está subindo, que geralmente são 15, 20 minutos mesmo, que é o tempo que costumo fazer da minha técnica. Qual é a técnica que você pratica, Marcelo? Tem nome? É vinculada a alguma escola especial?

FB Você encontrou o seu jeito, não é?

MG É. Não, nunca aprendi uma técnica específica. Eu uso imagens, em geral, imagens com mar. Eu tenho uma relação com o mar muito forte, não sei se é porque hoje moro longe dele e morro de saudade. Então me imagino caminhando numa praia...

WF O rio não te compensa isso, não?

MG Não. O mar tem um dinamismo, tem uma vida que o rio não tem.

FB O Hélio Pellegrino definiu o mar como "o pão do espírito".

MG Olha só que maravilha. Então deve ser isso.

WF Quer dizer, então a sua prática de ioga não está associada a nenhuma técnica específica de meditação?

MG A Iyengar. A prática Iyengar, que é principalmente focada em posturas. As posturas são um caminho para a meditação.

WF A Hatha Ioga é, na verdade, uma preparação para a meditação.

MG É, você tem que preparar o corpo todo para poder sentar.

WF Isso.

MG Portanto, não sigo nenhuma técnica específica de meditação. Talvez devesse!

WF No meu caso, aprendi há muito tempo, em 1981, a técnica conhecida no Ocidente como Meditação Transcendental, que foi difundida por aquele hindu, Maharishi Mahesh, que ficou muito conhecido porque foi quem ensinou os Beatles a meditar. Ele era físico, foi incitado pelo seu guru a terminar a faculdade, porque ele lhe disse que essa formação acadêmica iria servir de ferramenta para fundamentar o trabalho de difusão da prática de meditação pelo mundo afora, porque a missão dele seria levar essa técnica para o Ocidente. O que o guru dele defendia era muito simples, embora nunca tivesse sido implementado em grande escala. Ele afirmava que para se iluminar não há necessidade de a pessoa se trancar numa caverna, viver uma vida recolhida e sair da sociedade. Ele achava que essa iluminação deveria ser acessível a qualquer ser humano. Existe, dentro das técnicas da Raja Ioga — que é a ioga da meditação, a chamada Ioga Real — uma prática que se chama "A técnica do chefe de família". Isso quer dizer que é uma técnica para nós, que vivemos uma vida secular, temos contas a pagar, compromissos a cumprir e tudo o mais. Ou seja, uma técnica específica para nós que temos uma vida mundana, não para um monge que está isolado num mosteiro, porque no isolamento é muito mais fácil de se desprender de tudo que nos bombardeia diariamente. Então, é um mantra que é passado a você por um pequeno ritual de iniciação. Você tem uma entrevista com um instrutor, e ele, a partir de uma pequena conversa com você, lhe dá o seu mantra. Os mantras são extraídos dos Vedas, que são as escrituras sagradas hindus, e são pequenas palavras que serão usadas como uma chave, para justamente se "desidentificar" dos seus processos mentais. E o Maharishi sempre falava isso: "Não brigue com a sua mente, não a force a parar de pensar, porque é um processo recorrente." Ele sugeria que nós meditássemos vinte minutos no começo do dia e vinte minutos ao final. Ele diz: "A sua melhor prática de meditação vai ser aquela em que esses vinte minutos terão parecido um segundo, porque é nesse momento que você realmente transcendeu a sua mente, saiu do tempo completamente e não sentiu o tempo passar." Quem é um grande divulgador dessa técnica é o David Lynch, o cineasta.

MG Ah, é? Sou fã dele.

WF E ele é um dos praticantes mais assíduos da MT. Eu vi uma entrevista com ele no "Roda Viva" há pouco tempo, e um dos entrevistadores perguntou: "Mas como é que você faz para meditar no seu dia a dia? Você é cineasta, é produtor de cinema, tem uma série de compromissos." Ele respondeu: "De manhã eu faço em casa assim que acordo. Não tem problema nenhum, porque é antes de o meu dia começar. Quando chega o final da tarde, se estou em alguma atividade, paro, digo '*break*, meia hora de *break*', vou para dentro de um armário de vassoura, para dentro de um quartinho qualquer, e faço a minha meditação do fim do dia." E perguntaram a ele: "E o senhor consegue fazer isso todo dia, com essa vida atribulada que tem?" Ele disse: "Eu aprendi a meditar há 35 anos e nunca deixei de meditar duas vezes por dia um único dia sequer."

MG Uau.

WF É impressionante. Ele veio ao Brasil em 2009 para lançar um livro sobre meditação, e o Maharishi, que faleceu poucos anos atrás, tinha um grande sonho de fazer com que isso fosse encampado pelos governos, seja no nível municipal, estadual ou federal, para que fosse ensinado de forma gratuita nas escolas, como se fosse uma ginástica. Eu acho que isso seria uma medida fabulosa, se um dia conseguissem fazer com que a ginástica, no sentido físico, fosse tão importante quanto isso que eu chamo de ginástica do espírito, que é a meditação.

MG Esses textos são em sânscrito mesmo? Como é esse mantra?

WF Esse mantra tem uma coisa muito interessante, porque eles pedem que você não repita seu mantra, que você não o passe para outras pessoas.

MG Mas cada pessoa tem um mantra?

WF Não, aí é que está. Eu acho que é mais ou menos, mal comparando, como um mapa astral, ou seja, existem vários piscianos, existem vários virginianos. Então é como se fosse um mantra para um determinado grupo de pessoas.

FB Mas você pode adaptar seu mantra.

WF Claro. O mantra é uma chave. É porque essa técnica tem uma história que vem da tradição iogue, e que neste caso são palavras específicas tiradas dos Vedas. Agora, o que eu aprendi depois também é que, quando fiz um curso adicional que eles chamam de "técnica avançada", o meu mantra, que tinha uma palavra só, passou a ter duas. Um instrutor amigo meu me explicou que o mantra de cada um de nós, quando está completo, é como se fosse uma frase, da qual você vai recebendo as "palavras" aos poucos. Então, o mantra pode ser desdobrado, e quanto mais desdobrado ele for, mais profundo seria o seu aproveitamento da prática da meditação. Isso no caso específico da técnica da Meditação Transcendental.

MG Fala um pouco da sua, Betto.

FB Iniciei-me na meditação, de modo sistemático, em 1965, com a leitura de santa Teresa de Ávila. Li também textos budistas, que me ajudaram muito a criar minha própria prática. Não sigo nenhuma escola específica. Com o tempo, cheguei ao que me convém. Como o Marcelo, tenho dificuldade com meditação comunitária. Prefiro sozinho. Na vida conventual, na qual há momentos de oração comunitária, deixo de comparecer porque se for meditar e ainda tomar parte na oração, minha manhã fica apertada. Às vezes dá tempo de fazer as duas coisas, mas prefiro a meditação em posição de ioga. Não sei meditar deitado.

WF Dizem inclusive os estudiosos que não se deve meditar deitado.

FB Há, quanto a isso, uma polêmica, que não gosto de alimentar...

WF Mas existe um fundamento nisso.

FB Já conversei sobre isso com inúmeras pessoas que fazem meditação, inclusive mestres de meditação, e verifico que não há consenso. O mesmo quanto a ficar ou não de olhos abertos durante a meditação. Prefiro fechá-los. Esse é o meu modelo.

WF No caso da Meditação Transcendental, os instrutores dizem que você só deve meditar deitado se você estiver doente. É a única exceção que se abre.

FB De olho aberto, quando estou em bom estado espiritual, consigo esvaziar a mente. Porém, prefiro meditar na posição de ioga, de olhos fechados, e ligo o despertador — geralmente marco meia hora; quando disponho de mais tempo, deixo fluir. Meia hora é o tempo mínimo, para não ficar racionalizando ou preocupado. Se me encontro em estado de turbulência mental, uso o mantra que eu mesmo crio: "Meu Senhor e meu Deus", "O amor liberta" etc...

MG E você fica repetindo isso ritmicamente?

FB Na mente.

MG Sim, mas...

FB É, espantando...

WF ...os pensamentos.

FB Tenho uma projeção figurativa da minha mente. Imagino-a como um céu azul, no qual todas as ideias e pensamentos são como nuvens, e têm que passar, sem que eu me fixe neles.

WF Essa imagem é muito adequada.

FB Há que limpar o céu. Então, entro em alfa. Muitas vezes não entro, a turbulência não permite, e luto com a mente o tempo todo.

WF Isso é absolutamente normal.

FB Sei que é normal.

WF Depende do estado de espírito.

FB Há dias em que não preciso nem recorrer ao mantra, nada.

WF Senta e esquece.

FB Também aprendi com leituras e prática a não lutar contra os ruídos exteriores. Pode ter um prédio em construção ao lado… Considero os ruídos como sinais dos dons de Deus na vida do Universo. Desde a máquina ruidosa do canteiro de obras ao ônibus que passa, são sinais dos dons de Deus.

WF Se você consegue justamente não ser incomodado por ruídos externos é um belo sinal…

FB Claro, prefiro que não aconteçam.

WF Claro, mas se acontecerem não devem lhe incomodar.

FB Não entro em conflito com eles. E fico de olhos fechados até o despertador tocar ou, quando disponho de mais tempo, até o momento de sentir que algo dentro de mim avisa: "Por hoje está bom." Há períodos, quando estou mais recluso, escrevendo, em que consigo fazer todo dia, mas quando me encontro agitado, viajando, não. Medito pela manhã, quando acordo. E sinto muita falta quando não pratico. Isso me dá uma paz de espírito muito grande, reduz drasticamente a ansiedade — e me considero uma pessoa pouco ansiosa.

WF Reduz ainda mais o nível de ansiedade.

FB Muito. E, ao mesmo tempo, funciona como fator de autocrítica, porque somos resultados da formação que tivemos, do meio em que vivemos. Enfrentamos no dia a dia momentos que suscitam vários dispositivos negativos que carregamos na alma: inveja, competição, arrogância, raiva. A meditação ajuda bastante a não acioná-los ou, se acionados, retê-los, não deixar que funcionem. É a minha forma de oração preferida, ou seja, sem oração de petição. Se prometo orar por alguém, até peço mentalmente, falo com Deus, mas prefiro abrir o coração e deixar acontecer a comunhão de amor.

WF Aquela chuva que eu mencionei.

FB São Paulo era uma pessoa muito culta, conhecia muito bem a cultura grega e todos aqueles poetas latinos. Inspirado no poeta Arato, ele afirma: em Deus "vivemos, nos movemos e somos". Então, não se trata daquele Deus "lá em cima".

WF Isso é uma afirmação iogue também.

FB Isso está no capítulo 17 dos *Atos dos Apóstolos*. Santo Agostinho escreveu algo que também uso como mantra: "Deus é mais íntimo a mim do que eu a mim mesmo." E santo Tomás de Aquino repete isso com outras palavras: "Quando vou ao mais profundo de mim mesmo, ao encontro da minha identidade, encontro um Outro que não sou eu, porém é Ele que funda a minha verdadeira identidade." Na minha sensibilidade espiritual, tenho essa percepção de Deus íntimo a mim, mas que fica clandestino, soterrado nas minhas racionalizações, inquietações, vaidades, mas quando medito consigo abrir a porta e deixar que Ele respire em mim.

MG Então, quando você sofreu toda a perseguição política, foi preso, bateram em você, fizeram o diabo a quatro, você nunca se sentiu abandonado por Deus?

FB Não, nunca senti. Pelo contrário, a oração me fez sair bem da prisão, ou viver bem a prisão.

WF Você chegou a comentar que era o melhor local para meditar.

FB Local privilegiado. E a oração me ajudou a perceber que o ódio destrói quem odeia, não quem é odiado. Não por virtude, mas por comodismo, não nutri nenhum ódio aos meus algozes. Defendo severamente que o Brasil não deveria ser exceção, na América do Sul, quanto a não punir os torturadores; sou a favor da punição de acordo com a lei etc., porque encobrir o que praticaram em nome do Estado é uma forma de aprovar a tortura, a impunidade, enfim, que as coisas se repitam. Não tenho ódio nem quero vingança. Vejo amigos meus, às vezes, com ódio de alguém. Digo a eles: "Isso faz mal a você, a pessoa a que você se refere não está nem aí, pouco se importa, nem quer saber." Quando fui preso em Porto Alegre, em 1969, a primeira coisa que fiz foi pedir as obras de santa Teresa de Ávila. Santa Teresa e são João da Cruz sempre foram as minhas vitaminas espirituais, os meus antídotos para uma série de forças negativas. Isso, na prisão, me ajudou muito.

WF Você não os considera os maiores místicos da cristandade?

FB Considero-os, mas não adianta discutir se sou Flamengo ou Corinthians...

WF Eu digo pelas próprias experiências relatadas.

FB Há outros místicos não tão conhecidos e que são igualmente importantes, como o anônimo inglês, do século XIV, autor de *A nuvem do não saber*, também em tradução intitulada *A nuvem do desconhecido*. Supõe-se tratar-se de um mestre de noviços que, na sua humildade, não quis nem assinar o texto. Fez um roteiro para noviços. Muito lúcido, descreve a relação com Deus pela via da amorosidade. E isso num século em que predominava o Deus punitivo, o Deus que se comprazia em remeter seus filhos pecadores ao inferno...

WF Que era o que imperava na época.

FB Exato. E tem o Mestre Eckhart, meu confrade, que talvez tenha lido místicos muçulmanos como Rumi. Eckhart está censurado pela Igreja até hoje.

WF Ele era dominicano?

FB Sim. Nossa Ordem luta para anistiá-lo, porque ele fazia afirmações consideradas heréticas pela Igreja. Rumi também dizia: "Eu sou Deus." Há que entender o sentido figurativo da afirmação. São Paulo chega a dizer: "Já não sou eu que vivo, é Cristo que vive em mim." E não foi censurado pelo Vaticano, porque o Vaticano nem existia na época... Mas se um místico dissesse, hoje, o que Paulo escreveu, certamente seria criticado: "Vejam, está se endeusando."

WF Posso dar uma sugestão? A gente mencionar o Giordano Bruno dentro desse processo todo porque...

FB Também era dominicano, e agradeço a vocês essa homenagem aos meus confrades.

WF Todos os que eu menciono são dominicanos...

FB Enfim, considero muito sintomática essa nossa convergência na prática da meditação. Sobretudo, a meditação nos ajuda em algo importante, que é um certo — entre aspas — controle do tempo.

WF Ou um descontrole do tempo, talvez.

FB Essa é a diferença entre nós, urbanos, pós-modernos, com os indígenas tribalizados. Eles são donos do tempo. Enquanto nós somos escravos, carregamos no pulso a algema do tempo dividido em horas, minutos e segundos.

WF Eu não consigo mais usar relógio.

FB Somos escravos do tempo. E quando se medita, há que lidar com o "não tempo". O tempo é totalmente relativizado.

WF Por isso é que eu gostei muito do título desse livro de meditação: "O tratado de sentar e esquecer."

FB Vivi uma experiência interessante com o cacique Aniceto, xavante de Mato Grosso. Estávamos num encontro de Comunidades Eclesiais de Base, em João Pessoa, e o arcebispo de Vitória, dom João Batista da Mota e Albuquerque, resolveu celebrar a missa depois do jantar, das oito às nove. E como sói acontecer nas comunidades, o celebrante, sempre na hora da homilia, abre a palavra a quem se interessar em falar alguma coisa. Aniceto pegou a palavra — isso devia ser oito e vinte, oito e vinte e cinco —, e deu nove horas, e deu nove e meia, e deu dez horas. E aí começou a sair gente com sono, indo embora. Ele falou até dez e meia.

WF Duas horas?

FB Nunca vi uma missa terminar tão rápido como naquele dia. As pessoas ficaram incomodadas, mas se negaram a interromper o Aniceto. Nós oprimimos tanto os indígenas, não vai ser aqui, agora, que vamos cassar-lhes a palavra… Alguns, como eu, permaneceram ali. No dia seguinte, perguntei ao Aniceto: "Você percebeu que falou muito mais do que se costuma falar, que algumas pessoas não aguentaram e saíram?" Ele disse: "Percebi." "E como é isso na cultura de vocês?" Ele falou: "Olha, quando terminar o encontro, vou voltar lá para a nossa aldeia, em Mato Grosso. Quando eu chegar lá, o pessoal todo vai se reunir em torno de mim e vou contar esse encontro, e contar e contar e contar, até dar fome. Aí a gente vai parar para comer. Depois vou continuar contando, contando, até dar sono. Aí, a gente vai parar, vai dormir e, quando acordar, vou continuar contando até acabar de contar."

WF Tem uma história semelhante bem engraçada, do Maharishi Mahesh. Havia um grupo de brasileiros que estava na Índia com ele participando de um seminário, e um deles precisou ir até a cidade para dar um telefonema para o Brasil. Não era nada grave, mas que solicitava a atenção dele por alguns momentos. Então ele se dirigiu ao Maharishi e disse "Mestre, desculpe-me, mas vou ter que sair e volto daqui a meia hora, uma hora". Ele falou: "Não tem problema. Quando você voltar, vou estar falando sobre a mesma coisa…" Essa questão da meditação que você mencionou me lembrou uma experiência relativamente recente — e de novo aí a gente junta a ciência e a fé de uma certa forma, porque por causa da neurociência dos dias de hoje já se tem como mensurar uma série de ondas cerebrais, e praticamente todas as tradições orientais têm a meditação como uma prática diária. Eu acompanhei, anos atrás, a visita de um jovem monge tibetano ao Brasil, que foi capa da revista *Time* ao ser considerado "o homem mais feliz do mundo". Isso aconteceu justamente por conta da mensuração que foi feita das ondas cerebrais dele. Houve um experimento de um cientista chileno que é muito amigo do Dalai Lama: ele foi ao Dalai e disse: "Santidade, estou querendo fazer essa experiência de ressonância magnética funcional para medir as alterações nas ondas cerebrais em estados meditativos e queria que o senhor me recomendasse alguns monges com muita prática de meditação, porque quero fazer essa mensuração em dois grupos diferentes: num que medite há muitos e muitos anos, e em outro que tenha começado a meditar há pouco tempo." O Dalai Lama recomendou uma série de monges, e o experimento foi feito dessa maneira. O que se constatou? Que no grupo que tinha começado a meditar recentemente, quando eles entravam em estado de meditação, a ressonância magnética funcional mostrava que já havia uma pequena alteração positiva, para melhor, numa determinada área do cérebro que é a região onde estaria a sensação de felicidade. E nesse grupo de monges com anos e anos de prática meditativa, o salto na intensidade dessas ondas cerebrais foi — a desse monge em particular, Yongey Mingyur Rinpoche — a 700% em relação à capacidade média do ser humano. Eu assisti a uma palestra dele aqui no Rio de Janeiro nessa época, na qual ele contou que nasceu dentro de uma linhagem de monges, quer dizer, o pai dele já era monge. Nasceu dentro dessa tradição, meditava desde garotinho e foi reconhecido como a reencarnação de um lama. Quando isso acontece, na tradição tibetana, ele recebe o nome *Rinpoche*, que em tibetano quer dizer "joia preciosa", um tratamento de respeito por alguém que é reconhecido como já pertencendo à linhagem monástica. Então, desde garoto ele era literalmente cultuado. As pessoas iam visitá-lo, e ele sentado em posição de lótus. O mais interessante é que ele contou que sofria de síndrome do pânico. Com 12, 13, 14 anos de idade, ele sentadinho como *Rinpoche*, e as pessoas iam visitá-lo, cultuá-lo, e ele suava frio, achava que ia morrer, achava que ia desmaiar; tinha reações, vamos dizer, absolutamente ocidentais de sintomatologia, que o levavam ao desespero. Ele pensava: "Como é que eu posso ter esse tipo de sensação, vindo dessa linhagem de mestres. Não sei como isso pode acontecer." E aos 14 anos foi levado para um retiro só de meditação num monastério, onde passaria três anos. Ele conta: "No primeiro dia, pedi ao meu superior para me autorizar a ficar sozinho na minha cela, no meu quarto, e entrei num acordo com a minha síndrome do pânico: não podia brigar com ela, porque senão ia passar o resto da minha vida nessa briga, sem resolver nada. Eu me defrontei com ela, percebi que era algo fabricado pela minha própria psique e entrei num acordo com ela." Então, nesse momento, ele conseguiu se livrar da síndrome do pânico. Passou três anos dentro desse mosteiro, e quando terminou o curso foi convidado a ser o dirigente do local, aos 17 anos de idade (hoje em dia ele tem pouco mais de trinta). E contou isso com o maior desprendimento e bom humor nesta palestra a que assisti. Mas voltando ao ponto da técnica da meditação, eu acho que a questão básica para qualquer forma de meditação que se pratique é essa tentativa de "parar" a mente. Porque o que dizem as tradições orientais é que, como a mente é o nosso mecanismo de interação com a vida ao nosso redor, nós achamos que somos a mente. A nossa mente, na verdade, é uma ferramenta, digamos, do nosso eu profundo, do nome que a gente queira dar a isso. E qualquer exercício de meditação visa justamente fazer com que a gente se desvincule dos processos mentais. Por exemplo, enxergar nuvens passando, quer dizer, não se identificar com os pensamentos, não parar de pensar no sentido literal. Tanto que nesse dia da palestra, num determinado momento, ele disse "nós agora vamos meditar sobre o ruído do ar-refrigerado", porque havia um aparelho de ar refrigerado muito forte ligado dentro do salão onde estávamos. Ou seja, é possível usar qualquer ferramenta para meditar.

MG Eu fiz isso hoje.

WF Você fez isso hoje?!

MG Na sauna, porque o aparelho de vapor estava fazendo um barulho forte, e eu usei isso para focar.

FB Para disciplinar a mente.

WF Exatamente. Então, a meta final de qualquer prática de meditação, e todas elas são igualmente boas, é você se *desidentificar* da sua mente.

MG A imagem que eu faço é que você tem que se esvaziar de você mesmo.

WF Isso. Exatamente. Chegar ao vazio. Esse jovem monge que eu citei dizia que a nossa mente é um macaco louco; ele, inclusive, aprendeu a palavra em português e na palestra falava em português: "macaco louco".

ATÉ O FIM (DO MUNDO, DO UNIVERSO)

FB Objetivos são temas claros e distintos, como diria Descartes. E do ponto de vista subjetivo, eles estão em nós, não dá para separar na pessoa do Marcelo, na pessoa do Waldemar, do Betto, qual é a esfera da ciência, a esfera da religião, do amor, da intuição. Nós somos uma totalidade em que esses campos estão entrelaçados.

WF Existe sempre uma necessidade do ser humano de criar rótulos e construir pequenas cercas, nem sempre com uma intenção de radicalismo ou fundamentalismo, mas de marcar territórios.

FB Exatamente. O Universo pode não ser holístico, mas nós somos.

MG É bom mencionar a proposta de Stephen Jay Gould, de que a ciência e a religião são dois magistérios que não se sobrepõem, apesar de achá-la um pouco radical demais. Foi por isso que o Betto mencionou essa questão.

WF Não chega a ser fundamentalista como o Dawkins, mas tem o seu componente de radicalismo, como você falou.

MG E acho que é historicamente incorreta.

WF De tudo o que a gente conversou, das histórias de Galileu, de Kepler, de Copérnico, estava tudo entrelaçado ali.

FB Sobretudo é importante acentuarmos a nossa rejeição a qualquer disputa entre essas duas...

WF Entre os saberes, não é?

FB Exatamente. Do conhecimento e da vida. Não há o menor sentido nisso. O que estamos fazendo? Estamos pegando uma laranja e um abacate e discutindo qual dos dois é mais mamão.

MG Sei. E é importante lembrar que os dois são frutas. Usando outra metáfora, existem vários caminhos para se chegar ao alto da mesma montanha.

WF Essa metáfora eu acho perfeita.

MG Um dos vários objetivos em comum da ciência e da religião é eliminar o sofrimento humano; e acho que ambas fazem isso, se bem que de modo diferente...

WF Eu acho que essa é outra definição interessantíssima do papel desses dois ofícios ou saberes, se é que a gente pode chamá-los assim.

FB E não só eliminar o sofrimento, mas dar esperança. Porque graças à fé tenho esperança de que a minha morte não seja definitiva. Em cerimônias fúnebres não uso a palavra morte, uso a palavra transvivenciar.

MG Transvivenciar?

FB A pessoa transvivencia. Na ciência, tenho uma doença e esperança, agora, nas células-tronco; tenho esperança na vacina da Aids; tenho esperança de que a ciência vai melhorar a condição humana.

WF Nesse sentido, as duas instituições — a ciência e a religião —, de uma maneira ou de outra, sempre nos acenam com a esperança.

FB Millôr Fernandes já disse que "a intuição é uma ciência que não foi à escola".

MG Muito bom!

FB Existe também uma ciência popular, indígena, muitas vezes extremamente surpreendente. Você cita o povo *ikun* na África, que já tinha uma apreensão do Universo. Também cito, em *A obra do Artista*, Lévi-Strauss, que chegou à beira do rio Araguaia e perguntou a um indígena: "Como é a relação de parentesco entre vocês?" O indígena pegou um galho, na beira do rio, e começou a falar "olha, é assim, assado". Lévi-Strauss ficou abismado porque o indígena fez um diagrama que na Sorbonne o aluno aprende no final do curso. Portanto, não podemos pensar que a ciência é só resultado de escolaridade, de laboratório. Há uma ciência experimental que se aprende na vida e, às vezes, possivelmente mais eficiente do que a ciência laboratorial, principalmente na área de medicina.

WF Inclusive, talvez o sentido da palavra ciência seja mais lato, mais amplo do que o sentido laboratorial ou empírico.

FB Exatamente. Ciência vem de conhecimento.

WF De um conjunto de saberes.

FB Vejamos a etimologia de religião. De certa maneira, todos temos religião no sentido etimológico: religar, ligar com. Ligar-se a si mesmo, ligar-se com o próximo, com a natureza e com o Transcendente. Pode ser que algumas pessoas não tenham ligação com o Transcendente, ou tenham uma ligação...

WF Tenham uma outra denominação pra isso?

FB Ou a não denominação. Como os cem nomes de Deus na tradição islâmica, então o centésimo...

WF Na Índia são 108.

FB Na tradição hebraica são mais de 50. Todos nós, de cientista e religioso temos um pouco; e de louco, bastante. Evito fazer os chamados batismos implícitos.

WF Explica pra gente.

FB Karl Rahner, que era um grande teólogo alemão, foi a um debate na TV com um rabino, e lá pelas tantas saiu com essa: "Considero você um cristão implícito..." O rabino retrucou: "E eu considero o senhor, padre, um judeu implícito." Na época, logo depois do Concílio Vaticano II, era moda encontrar uma pessoa como o Marcelo e dizer: "Marcelo, pela sua maneira de viver, as suas ideias, te considero um cristão implícito".

WF Você se lembra, Betto? Eu contei para o Marcelo sobre aquele debate de que participamos na Bienal do Livro do Rio de Janeiro em 2005, "Religião se discute"; quando chegou a hora de decidir quem começaria, você disse: "Pede ao [Nilton] Bonder para começar, porque ele é da tradição mais antiga entre os participantes da mesa." E o Bonder, de forma muito brincalhona, disse: "Olha, eu já não aguento mais isso, porque todo lugar que eu vou, me pedem para começar com essa alegação." E, no fim das contas, o cristianismo veio da linha, desse tronco. Não só o cristianismo, como o islamismo também, desse mesmo tronco.

MG Mas a ideia do monoteísmo é mais antiga do que a fé judaica.

FB Muito mais.

MG Isso é uma coisa muito importante que as pessoas esquecem.

FB Surgiu com os egípcios.

MG E foi uma iniciativa subversiva do faraó Akhenaton, que resolveu se rebelar contra tudo e todos e disse: "Tem um deus, o Aton, e esse é o Deus Criador, e nós vamos servir a ele."

WF Engraçado, a utilização do termo "Aton": dá até para fazer uma analogia com o átomo.

MG Aton, átomo. É, um pouco parecido. Mas á-tomo vem do grego para "aquilo que não pode ser cortado".

WF Achei engraçada a coincidência, nem que seja meramente sonora.

FB Théos, em grego, é deus. E muitos prefixos em nahuatl, o idioma dos astecas, são teo, como Teotihuacán, o lugar de reunião dos deuses, onde se encontram as pirâmides do Sol e da Lua. Nunca aprofundei isso, mas considero no mínimo curiosa essa coincidência.

MG Hoje cedo estava lendo uma coisa muito interessante a propósito da questão da propagação da vida e da inevitabilidade da morte. A pessoa escreveu: "Não, a doença letal é a vida. Uma vez que você pega, tem certeza de que vai morrer." Curiosa essa perspectiva da vida como doença letal.

WF Pois é, e tem aquele velho ditado que diz que a única certeza que temos na vida é que vamos morrer.

MG Existe toda uma corrente de pensamento, nos Estados Unidos principalmente, que diz que o envelhecimento é uma doença que pode ser curada.

WF A busca da imortalidade, é isso?

MG É. Uma versão científica desta busca. Não após a vida, mas durante a vida. Uma grande diferença. A ideia é tentar parar ou, se não parar, ao menos desacelerar o processo de envelhecimento do corpo, tomando um bando de antioxidantes, fazendo enxertos genéticos especiais, porque hoje se sabe onde fica regulado o envelhecimento da célula no cromossomo, a sequência de informações que faz com que ela deixe de funcionar como deveria, deixe de se reparar.

WF Já se sabe isso?

MG Se sabe onde é mais ou menos, ao menos em ratos. E cientistas estão começando a testar a hipótese. Será que é possível parar o processo de envelhecimento? Porque, obviamente, no nível bioquímico, tudo se reduz a reações químicas. Se soubermos como controlar as reações responsáveis pelo envelhecimento, talvez possamos pará-lo! E aqui talvez esteja um dos maiores mistérios da ciência (isso aí dá pano pra manga…): segundo o reducionismo, nós somos um bando de moléculas, que são um bando de átomos, que são um bando de quarks e elétrons. E como é que esse bando de moléculas, num determinado momento, há mais ou menos 3,5 bilhões de anos, aqui na Terra pelo menos, começou a se juntar, a ponto de se tornar uma entidade viva? Ou seja, de onde vem essa transição do não vivo ao vivo? Existe muita gente estudando essa questão — eu, em particular, estou trabalhando muito nessa área: qual o nível de complexidade molecular necessário para que moléculas criem um sistema autossuficiente capaz de se reproduzir? Quais são as assinaturas da vida? A vida é capaz de metabolizar energia. Portanto, tem que haver energia que venha de fora para dentro, que os seres vivos usam para se autossustentar; ela é, também, capaz de manter a sua coerência — hoje somos praticamente iguais ao que éramos ontem, não exatamente, mas praticamente iguais; e a vida pode se reproduzir. Então, se você visita o site da NASA, encontrará muita coisa sobre a origem da vida e a busca por vida extraterrestre! Isso porque hoje em dia a busca por vida extraterrestre é assunto de ponta.

WF Existe o programa chamado SETI.[1]

MG Exatamente, essa área de pesquisa se chama astrobiologia. Tenho pesquisado bastante sobre astrobiologia, em particular sobre a origem da vida.

WF Eu, durante muito tempo, participei dessa corrente mundial do SETI, usando como protetor de tela do meu computador um programa que faz a análise de ondas de rádio…

MG Superlegal.

WF A busca por inteligência extraterrestre. Genial isso! A NASA dá para você um protetor de tela — para quando a tela do seu computador ficar muito parada — que é um programinha com o qual você se dispõe a permitir que o seu computador analise uma determinada quantidade de ondas de rádio

---

[1] "*Search for extraterressrial intelligence*" (Busca por inteligência extraterrestre).

que eles captaram lá fora. Analisa de um ponto de vista espectrográfico de frequências e faixas de frequência para ajudá-los nessa pesquisa. Como se fosse uma grande corrente mundial em cada pequeno computador…

MG Sabe lá se o seu PC descobre uma evidência de vida extraterrestre? Algo que mudaria para sempre a história da humanidade, uma descoberta fundamental. Mas, de qualquer forma, voltando ali à história, no site da NASA você vê que existe uma definição de vida que é aceita e que não é definitiva — porque, detalhe importantíssimo: não existe uma definição universalmente aceita do que é vida.

WF Dentro da comunidade científica não existe?

MG Não existe.

FB Mesmo na teologia é uma discussão em aberto quando se trata da questão do aborto.

MG Ah, é isso o que eu ia mencionar.

FB Qual é o momento? Há posições divergentes, desde santo Tomás de Aquino, que diz que é 40 dias depois da fecundação, a outros teólogos que afirmam que, enquanto não tem a formação cerebral, não se pode falar em vida, e outros defendem que o mero início da fecundação já é vida. Enfim, é uma discussão em aberto, embora o Vaticano imponha a sua versão, essa última.

WF Uma vez, numa conversa com a Célia, falou-se sobre isso, e ela, dentro daquela visão muito própria, que misturava espiritualidade com ciência, falava sempre em "programação" em vez de "destino" ou "carma". Na visão dela, suas palavras foram as seguintes: "Olha, o espírito que se propõe a se vincular àquele feto, àquele óvulo que vai ser fecundado, já sabe que vai passar pela experiência do aborto. E ele se propõe a passar por aquilo por alguma razão ligada com o seu processo evolutivo." E é claro que, conforme o feto vai se formando, vai de uma certa maneira se afeiçoando àquela proposta de nascer. Daí vem o sofrimento que ele passa no momento em que esse nascimento é interrompido, pelo aborto, e aí se dá, digamos, um salto, mais um salto evolutivo, dentro da visão dela. E aí eu lhe perguntei: "Célia, quando é que a vida realmente se forma nesse sentido da concepção?" Recebi a resposta mais inesperada de todas: "Filho, muitas vezes, antes até da fecundação ter acontecido, o espírito já está ali se familiarizando, se harmonizando com aqueles que vão ser os pais dele." Tem um outro paranormal muito interessante, o Waldo Vieira, um médico que também tem um viés eminentemente científico em relação às questões espirituais. Ele conta que tem a lembrança — pela capacidade paranormal que possui — de que os pais estavam separados quando era para ele ser concebido, e que houve um "complô" entre os mentores espirituais dele, para fazer com que os pais tivessem um lindo encontro amoroso, uma tentativa de reconciliação; a mãe foi fecundada nesse encontro, e nove meses depois ele nasceu. Claro que é uma informação muito específica dentro dessa área em que eu circulo, mas também é um elemento para a nossa reflexão dentro desse tema. A resposta da Célia foi absolutamente inusitada para mim. Muitas vezes antes de haver o encontro do espermatozoide com o óvulo, aquela entidade espiritual que vai tentar reencarnar por meio daquele feto a ser gerado já está por ali, se preparando para isso.

MG É, essa é uma versão meio diferente da versão científica.

WF É, eu sei disso.

MG Enfim, voltando à questão. Pelo menos no site da NASA não se fala só de vida humana; está se falando de qualquer forma de vida. Vidas que a gente não tem a menor ideia do que sejam.

WF Essas que estão sendo encontradas nas profundezas do mar agora, dentro daqueles vulcões submarinos, são todas interessantíssimas.

MG Extremófilos, que têm uma bioquímica completamente diferente da nossa. Eles vivem com completa ausência de luz, completa ausência de oxigênio, numa pressão absurda, porque estão a milhares de metros de profundidade. E eles metabolizam o enxofre daquelas ventas vulcânicas no fundo do mar. Justamente essa é a ideia, que a vida é incrivelmente versátil na sua capacidade de metabolizar energia. Portanto, é necessário encontrar os princípios universais por trás da vida, algo que não conhecemos ainda. Temos uma definição operacional da vida, que ela é um sistema de reações químicas autossustentáveis que seguem o processo de seleção natural segundo a teoria da evolução de Darwin. Ou seja, que é capaz de se reproduzir, sofrer mutações e de se adaptar (ou não) às mudanças ambientais, porque um dos pontos fundamentais que levanto no livro *Criação imperfeita* — que não é uma coisa que eu inventei, é algo conhecido — é que a vida sem mutação torna-se inviável. Uma vida perfeita não existe, acaba. Ela precisa errar para sobreviver.

WF A gente cai na assimetria.

MG Sim, cai na assimetria. Se a reprodução genética fosse perfeita, a vida não teria se adaptado às variações ambientais que ocorreram na história da Terra. Mas voltando ao meu ponto inicial, se somos um bando de moléculas, pelo menos na visão materialista, como é que existe essa ânsia da vida, de onde vem isso? O que é essa ânsia da vida? Por que as moléculas se organizam de certa forma para viver? Existe alguma vantagem energética nisso? Existe alguma vantagem bioquímica nisso? Como é que funciona esse negócio?

WF Dentro daquela diferença que a gente andou conversando sobre o "como" e o "porquê", nesse caso, para vocês, cientistas, essa pergunta é inevitável, não é? O "porquê", quero dizer.

MG Talvez o "como" e o "porquê" estejam juntos.

FB Pois é, só um aparte: há uma intencionalidade no fenômeno da vida, em qualquer nível, de progredir, de evoluir e de se reproduzir.

MG De se preservar, não é? A vida é uma coisa mais provável do que viver.

FB E não é só preservar a minha vida, mas reproduzir como forma de preservação e de extensão; há uma intencionalidade. Um dos fenômenos científicos mais curiosos é que até hoje não se consegue evitar o poder corrosivo do oxigênio. As casas na beira da praia e os grandes transatlânticos são todos fadados a uma vida relativamente curta, porque o oxigênio é letal. Por uma série de propriedades.

MG Materiais.

FB E, no entanto, a célula aprendeu a tirar saúde da "cocaína", ou seja, de um gás letal chamado oxigênio.

WF Saúde?

FB É. Porque sendo tão letal, o oxigênio alimenta a célula. Esse mesmo oxigênio que destrói sua casa na beira da praia é o que mantém você vivo...

WF Eu me lembro de uma mesa de debates que participei alguns anos atrás onde o tema comentado foi exatamente esse. O oxigênio alimenta as nossas células e ao mesmo tempo provoca a nossa oxidação...

FB Esse salto é fantástico. A célula tira vida de um gás letal, daí a intencionalidade.

WF E os extremófilos não vão de encontro a essa formulação básica da vida que você mencionou agora há pouco, Marcelo, porque eles estão exatamente dentro do mesmo processo de se adaptar, metabolizar, e continuar vivos.

MG Exatamente. Então, a vida definida dessa forma vai encontrar modos de metabolizar muitos tipos diferentes de energia, seja ela por meio do oxigênio, seja pelo enxofre, como no caso desses extremófilos. Há vida hoje em dia em lugares impressionantes; por exemplo, bactérias foram encontradas em blocos de gelo a mil metros de profundidade na Antártica. Ou em despojos radioativos, em lixo radioativo de usinas nucleares, também existe vida. Então, quer dizer, a vida é extremamente resiliente.

WF Resiliência é um termo que está se tornando mais utilizado aqui.

MG A vida realmente tem muita capacidade de resistência. Incrível. E versatilidade. Uma vez que pega, pega pra valer.

FB Mas, voltando aos americanos com a preocupação da imortalidade aqui e agora, lembro de um livro fantástico sobre 50 crianças que escreveram cartas a Deus. Um menino escreveu o seguinte: "Olha, Deus, todo dia tem muita gente que morre e muita gente que nasce. Por que você não para os dois, e quem já está aqui fica pra sempre, nem nasce nem morre?"

MG Genial!

FB Sou a favor do planejamento familiar e contra a explosão demográfica, mas não por métodos que, muitas vezes, são adotados, verdadeiros genocídios. A Simone de Beauvoir escreveu um livro, *Todos os homens são mortais*, que é a história de um homem que nunca morre. Ela demonstra que não morrer seria muito chato.

MG Pois é, sobreviver sozinho seria não só chato, mas trágico também. Você vê todo mundo que ama morrendo. E talvez a maior dor da vida seja a perda dos que amamos, essa perplexidade de que, de repente, alguém que estava a seu lado já não está mais. Para sempre. Muito duro isso, muito duro.

WF No filme *Entrevista com o vampiro*, que fez um grande sucesso na época, a partir do livro da Anne Rice, existem certos diálogos em que alguns daqueles vampiros comentam sobre essa dor de continuarem vivos e verem as pessoas que amam irem embora. Quer dizer, não era uma coisa com a qual eles se sentiam felizes, era o preço que pagavam pela imortalidade.

MG Você ser vampiro e ser capaz de amar é uma desgraça completa. O bom é ser vampiro e não ser capaz de amar, assim você não sofre. Mas a imortalidade talvez não nos dê essa imunidade contra o amor, que, aliás, é outra força invasiva e inevitável da vida. Ainda bem. Falando em sofrimento, Betto, eu tenho uma pergunta para você que eu acho que muitos leitores também teriam, que é uma pergunta óbvia, mas que acho muito importante na nossa discussão aqui: Como é que um Deus bom permite tanto sofrimento no mundo?

FB Esta é *a* pergunta. Meu livro *Diário de Fernando — nos cárceres da ditadura militar brasileira* relata intenso sofrimento durante quatro anos de prisão. No capítulo final, trabalho esta questão: Por que Deus permite o sofrimento? A pergunta se liga ao dilema de Epicuro: ou Deus pode e não quer evitar o mal e, portanto, não é bom; ou quer e não pode e, portanto, não é onipotente; ou nem pode nem quer e, portanto, não é Deus. Equivale à pergunta absurda na catequese: se Deus é tão onipotente, pode criar uma pedra que Ele mesmo não possa carregar? Ora, são antinomias. A onipotência divina significa que Deus pode fazer qualquer coisa que não seja logicamente impossível. A teologia trabalha com o seguinte: o sofrimento decorre do mal, mas o mal não decorre de Deus. Por quê? Justamente porque a Criação é finita, e sendo finita é imperfeita. Vamos voltar ao seu livro, Marcelo, que reforça essa corrente da teologia — indiretamente, pois você nem tinha consciência disso — da imperfeição da Criação. Quer dizer, um ser perfeito não pode — é antinômico — criar algo perfeito. O criado é sempre imperfeito.

MG A expectativa é outra, não é? Que um ser perfeito nem precisa criar.

FB Aí a resposta da teologia é que a Criação é um gesto de amor, de partilha, de comunhão…

WF Aqui a gente cai um pouco naquela via que você criticou, Marcelo, de expressões meio retóricas que cientistas usam, quando mencionei aquela palestra do Hawking em que ele diz "nós estamos chegando ao *como* o Universo se originou, mas *por que* o Universo se dá ao trabalho de existir, só Deus poderia responder".

FB E nesta interrogação se coloca tanto a imperfeição da natureza quanto a do ser humano — o que a teologia chama de pecado original —, bem como a existência do mal ou do sofrimento. Na teologia cristã, o sofrimento não é um acidente que Deus queira, mas resultado da realidade finita criada por um ser infinito. Nós, seres humanos, desfrutamos de autonomia criatural e, em nossa liberdade, podemos recusar o bem e até dar as costas a Deus, embora Deus jamais deixe de nos amar. Essa realidade finita será resgatada no infinito. Ou seja, o sofrimento não é para sempre, o mal não é para sempre, será vencido. E, à luz da fé, a garantia disso é a ressurreição de Jesus. Ali Deus nos assegura que todo pecado será redimido e todo mal vencido. A justiça prevalecerá sobre a opressão, a paz sobre a guerra, a vida sobre a morte. Detalhe: há várias óticas a respeito de Jesus. Tem a do Mel Gibson, que rejeito radicalmente. Não creio num Deus que se compraz com o sofrimento do filho. Segundo certa teologia tradicional, só um Deus pregado na cruz resgataria o pecado humano. Discordo dessa visão baseada nas tradições jurídicas daquele contexto, como o direito de resgatar o escravo, libertá-lo, ou mesmo no judaísmo, cuja dívida com outrem poderia ser paga em trabalho periódico, algo parecido com o trabalho comunitário decretado hoje pelo juiz em caso de penalidades leves. Isso se aplicou à teologia da redenção. A perspectiva que descrevo em meu romance *Um homem chamado Jesus* é simples: Jesus sofreu não porque Deus fez um teatro para que ele sofresse; sofreu como frei Tito e Vladimir Herzog sofreram e como tantos que foram presos, torturados e assassinados por poderes políticos. Às vezes me perguntam: "Por que você se mete em política, sendo religioso?" Respondo: "Porque sou discípulo de um prisioneiro político."

WF Eu me lembro de você falar sobre isso naquela mesa em que participamos na Bienal do Livro de 2005. Achei genial e absolutamente coerente.

FB Jesus não morreu de hepatite na cama, nem de desastre de camelos numa esquina de Jerusalém. Morreu em decorrência de um conflito político, condenado à pena de morte na cruz por dois poderes políticos.

MG Foi torturado e morto.

FB E me faz feliz crer num Deus que entra na história pela porta dos fundos. Entra como pobre, errante, dependurado na cruz, enfim, é o antideus do ponto de vista grego, o antideus do ponto de vista de várias tradições religiosas, e este ser, este homem chamado Jesus é que me revela a existência e o amor de Deus. Não creio em Jesus por crer em Deus e sim o contrário: o Deus no qual acredito se revela no homem Jesus.

WF Acho interessante também uma frase atribuída a ele: "Eu não vim para os justos."

FB É, "eu vim para os pecadores, para os doentes" etc.

MG É interessante quando você segue, vamos dizer assim, o eixo simbólico da *Bíblia* desde o Antigo até o Novo Testamento; o que você percebe é que a figura de Deus vai desaparecendo cada vez mais.

FB Vai sendo lapidada. No início, nos deparamos com um Deus militarizado — "o Senhor dos exércitos" —, irado, até arrependido da sua própria obra, como no dilúvio universal.

MG Incrível, faz de tudo, até briga com mortais, e uma porção de coisas vai acontecendo. Aí, aos poucos, Ele vai desaparecendo e, no Novo Testamento, desaparece por completo e manda o filho em forma humana — não é nem um anjo, é uma forma humana; uma coisa meio complicada você ter um Deus homem — e depois, puf, acabou. Some. E aí reaparece como uma internalização (não sei se esse é o termo teologicamente correto, mas é como vejo a coisa), quer dizer, Ele deixa de ser uma presença explícita — está lá o arbusto queimando ou o filho de Deus — para uma entidade que existe dentro das pessoas.

FB É o que explica o Espírito Santo na teologia cristã: Deus está presente no íntimo de cada um de nós e permeia toda a realidade. Isso sem cair no panteísmo. O panteísmo diz que tudo é Deus. Prefiro o panenteísmo. Ou seja, Deus está presente em todos e em tudo, de uma forma que transcende a nossa razão. Assim como é inútil tentar explicar Deus. Deus é um ato de fé, no sentido que Jesus nos revelou a existência de Deus, e creio na palavra de Jesus, ponto. Agora, como Ele é, como faz, como age, isso a teologia não pretende esgotar. Embora se façam tais perguntas, a teologia não tem a pretensão de dar todas as respostas. Chega um momento em que ela se cala. Vale o sábio conselho de Wittgenstein: "Sobre aquilo de que não se pode falar, deve-se calar."

WF É interessante isso que você falou, Marcelo, dentro do Antigo e do Novo Testamento, do trajeto, digamos assim, de Deus, no sentido que Ele vai desaparecendo de certa forma. Eu estava me lembrando justamente do hinduísmo e dessa questão da presença de Deus dentro de cada um de nós, aquilo que eles chamam de *Atma* — temos aí mais uma palavra semelhante ao átomo, nem que seja do ponto de vista da sonoridade —, que seria uma pequena fagulha divina, colocada no chacra cardíaco, e que é a centelha que cada um de nós tem da divindade.

FB Tenho muita dificuldade com essa localização física dos conceitos teológicos. Onde está a alma? Para mim está no cabelo que você cortou hoje na barbearia, na unha que cortou na hora do banho ou, fazendo analogia, toda matéria em todo o Universo é energia condensada, e há mais espaços vazios na matéria do que elementos sólidos. O Espírito de Deus permeia tudo isso. Sempre falo isso sem nenhuma pretensão de fazer concordismo. Quer dizer, não quero, sou contra, resisto a confessionalizar a ciência. Posso olhar a natureza no meu momento de oração, de meditação, e falar "eu agradeço, porque isso é sacramento de Deus para mim". Como certas mulheres são sacramentos exuberantes de Deus...

MG Que mostra que você ainda está preso à teoria da evolução.

FB Preso à teoria da evolução?

MG Claro, você olha para uma mulher que tem as proporções corretas de progesterona e pensa: "Bom, essa daí vai ser uma boa parteira." Então, não há dúvida de que por trás de tudo isso existe um animal homem.

FB Claro.

MG Que é justamente essa condição da vida, que é de se espalhar. A vida se espalha.

WF Eu queria, Marcelo, lhe fazer uma pergunta meio técnica, no seguinte sentido: dentro, principalmente das tradições orientais que você conhece razoavelmente bem, se fala no termo "aura", que numa abordagem um pouco mais científica, se chama o "corpo biomagnético". Por exemplo, a acupuntura, que é uma tradição milenar chinesa, fala desses meridianos de energia que nós temos e que, em princípio, não eram mensuráveis. Mas hoje em dia já existe um pequeno artefato usado por profissionais de acupuntura — uma espécie de caneta — com o qual eles vão percorrendo o corpo da pessoa e, quando chega a um dos pontos sensíveis do meridiano, ela acende ou faz um "bip", e o profissional sabe que ali é o ponto exato de colocar a agulha para um determinado fim.

MG Certo.

WF Isso já é efetivamente mensurado por esses aparelhos: essa caneta tem a capacidade de identificar com precisão essa eletricidade sutil que percorre o nosso corpo todo…

MG Enquanto você está falando isso, eu estou olhando para a sua camiseta que…

WF É o metrô de Londres.

MG E o metrô de Londres é cheio de nódulos…

WF Nódulos, esse termo é ótimo.

MG E, essencialmente, eu imagino — não sou médico, não sou neurologista — que no mapa do sistema nervoso do corpo humano existam pontos de maior confluência…

WF Dessa eletricidade sutil?

MG Dessa eletricidade sutil. Então, como o impulso nervoso pode ser descrito matematicamente...

WF Como um impulso elétrico?

MG Como uma onda elétrica que vai se propagando por meio dessa transposição dos íons na parede celular, você tem uma coisa que realmente é uma onda, aliás é uma onda solitária, que se chama *sóliton*. Esse tipo de propagação tem esse nome, que eu acho bem sugestivo. Portanto, à medida que esses impulsos nervosos vão se propagando e colidindo em certos pontos, não há dúvida de que neles você vai ter uma atividade elétrica maior.

WF Dois pontos de convergência de dois fluxos dessa energia.

MG Então, se essas canetinhas são capazes de medir esse tipo de excesso de carga elétrica — eu acho que é muito possível que estejam medindo isso —, talvez as pessoas possam também sentir isso após muita prática. Quer dizer, você pode apertar certos pontos do corpo humano e sentir algo, sei lá, na orelha, na sola do pé ou algo assim. Existem conexões, não há dúvida.

WF Existe uma piada histórica do Marco Polo que conta que, quando voltou da China, além de trazer o macarrão, ele disse: "Os chineses são malucos, porque têm uma dor na cabeça e espetam uma agulha no dedo mindinho do pé e a dor de cabeça passa."

MG Essas são as várias ciências, porque quando se fala em ciências, se fala muito em ciência ocidental.

WF Importantíssima essa distinção.

MG Existem outras ciências: a ciência nativa dos indígenas, a ciência dos chineses...

WF Você tem o Ayurveda dos indianos também. E sabe que interessante: o sentido etimológico da palavra "Ayurveda" é uma busca da imortalidade; porque "Veda" é o conhecimento e "Ayur" é longevidade, então, é o conhecimento da longevidade.

MG Quanto tempo demora para a gente chegar ao conhecimento! Dedique-se porque é complicado. Pois, então, voltando lá no que a gente estava, na discussão...

FB Sobre o princípio da vida.

MG Do sofrimento da vida. Eu tinha mais uma pergunta. Acho que essas perguntas são importantes. É a questão do *Gênesis*, na verdade, não tem só um, são dois. Você tem *Gênesis* 1 e *Gênesis* 2. Então, no 1, fala-se dos seis dias, e Deus descansa no sétimo; no 2, presta-se mais atenção a Adão e Eva, ao paraíso, e o que é interessante para o leigo aqui — é por isso que eu estou perguntando — é que parece que no *Gênesis* 2 você tem — são autores diferentes obviamente, em épocas diferentes — o fato de que Adão e Eva, inicialmente, eram criaturas divinas, não conheciam a morte. Viviam no paraíso, numa boa. Eram criaturas imortais. Mas, aparentemente, a morte é uma punição à busca pelo conhecimento.

WF A maçã viria da árvore do conhecimento.

FB É, essa é uma das interpretações.

MG Lamentável, viver na ignorância garante nossa divindade!

FB Só para esclarecer: na verdade são, no mínimo, três grandes tradições literárias na constituição do *Gênesis*. A eloísta, a javista, a sacerdotal. E escritas em épocas diferentes e derivadas também de tradições muito antigas — egípcias, babilônicas etc. Contém textos correlatos dos masdeístas e de outras fontes ancestrais. Hoje, essa arqueologia do texto bíblico está bastante avançada.

WF Eu ia falar em cronologia, mas acho que o termo arqueologia é mais aplicado a isso.

FB O que não tira, para nós, cristãos, o caráter de revelação de Deus. Até acho interessante isto: Deus decidiu se revelar por meio daquilo que é humano, a construção do texto, a linguagem. Brinco que Deus, na sua sabedoria, se antecipou à era imagética, porque se fosse hoje, pela TV, haveria enorme disputa de patrocinadores... Ele fez muito bem em escolher o gênero literário antes da era imagética. A imagem é fugaz. O que o Marcelo escreve hoje será conhecido daqui a 20 mil anos, embora hoje se preserve a imagem também. Enfim, o livro, o texto, tem perpetuidade. E na *Bíblia* a fé descobre que Deus nos criou para participar da Sua glória, do Seu amor, da Sua intimidade.

MG Isso não é vaidade, não, é?

FB Não.

MG Isso é uma crítica que se faz. Como Deus é vaidoso!

FB Isso é antropomorfizar Deus, projetar nele as nossas limitações e defeitos. Deus é amor. A *Primeira Carta de João* chega a dizer algo surpreendente: "Quem ama conhece a Deus." Não diz: "Quem conhece a Deus ama", porque tem gente que conhece a Deus e não ama. Toda pessoa que vive a experiência do amor, ainda que seja o mais radical ateu, vive a experiência de Deus. Independentemente do seu ateísmo. É como o *causo* do caboclo que foi ao médico e este falou: "Você tem um problema no pâncreas." O paciente reagiu: "Não, doutor, isso eu não tenho, não. O meu patrão pode ser que tenha. Eu tenho intestino, barriga, coração, mas isso que o senhor falou aí, não tenho, não." Quer dizer, ele não sabia que tem, mas tem. Assim, Deus está presente em todas as pessoas e se manifesta na experiência amorosa. Interessante observar que em nenhum momento Jesus exige que creiam no que ele prega. Propõe apenas que amem como ele aconselha. E dá uma resposta objetiva quando lhe perguntam "Quem haverá de se salvar?", no capítulo 25 do Evangelho de Mateus. Não responde: "Quem respeitar o Vaticano, quem for à missa aos domingos, quem obedecer aos dez mandamentos." Diz simplesmente: "Eu tive fome e me destes de comer, tive sede e me destes de beber." Ou seja, todo aquele que pratica a justiça, que busca o direito do pobre e do excluído, realiza a proposta de Deus. A proposta de Deus está no ato amoroso que produz vida, justiça, solidariedade. Mas não pretenda o ser humano ser Deus. Daí o episódio de Adão e Eva expulsos do paraíso. Por quê? O *Gênesis* foi elaborado num contexto altamente politeísta, de divinização de seres humanos. E isso vai longe, pois na época de Jesus ainda os romanos divinizavam imperadores, tanto que a expressão "filho de Deus" é romana, aplicada a Jesus pelos primeiros cristãos. Numa palestra em Roma, ouvi o seguinte comentário: "Não gosto muito do catolicismo na Bahia porque é muito sincretista." Falei: "Como sincretista? Tem, sim, elementos africanos, mas é sincretista como o catolicismo de vocês aqui em Roma." O sujeito levou o maior susto. Acrescentei: "O senhor acha que a tiara do papa, o pálio, o título de pontífice, tudo isso vem da *Bíblia*? Não há nada disso na *Bíblia*. Vêm do paganismo, do judaísmo, das tradições da nobreza europeia…"

WF Do mitraísmo também?

FB Do mitraísmo não sei, mas do judaísmo, sim; quer dizer, a Igreja tem muitos elementos herdados da tradição judaica.

MG E a transposição dos ritos pagãos...

FB Toda religiosidade é sincrética. Se quiser entender a liturgia vaticana, assista ao filme *Sissi, a imperatriz da Áustria*, porque o protocolo, as rubricas, o cerimonial da corte, tudo é semelhante à liturgia na basílica de São Pedro, em Roma. Não há religião não sincrética, quimicamente pura.

WF Perfeito.

FB Naquele contexto de elaboração do texto bíblico num mundo altamente politeísta, no qual havia a divinização do humano, o autor do *Gênesis* faz uma crítica, alertando: "Melhor o ser humano não se considerar Deus, porque os que alimentaram essa pretensão, como Adão e Eva, se deram mal." Há um segmento da Igreja, que considero conservador, que hoje faz a mesma acusação à ciência: a de pretender explicar a mente de Deus. E há um outro segmento, principalmente a Teologia da Libertação, que defende que a ciência tem o dever de explicar a mente de Deus, se possível. Tem o dever, porque nos foi dado, pelo próprio Deus, o potencial de conhecimento, de investigação, de análise, de pesquisa. São Paulo, nas cartas que escreveu, e Pedro, na *Carta aos Hebreus* (que não se sabe se é de Pedro, mas se atribui a ele), dizem que a fé tem que se apoiar na razão. A fé não pode ser irracional ou antirracional; ela é transracional, tem que buscar fundamento na razão. Por isso, entre os católicos, todo curso de teologia deve ser precedido do de filosofia. Daí "teo-logia", quer dizer, o conhecimento das coisas que dizem respeito a Deus. E santo Tomás de Aquino, quando define a fé, define-a como "dom da inteligência". Quer dizer, não é a fé anti-inteligente, nem a inteligência está em contradição com a fé. A fé é um dom da inteligência, não da razão, porque a razão é limitada; a inteligência não, ela é muito mais ampla e profunda.

MG Interessante isso, porque fé e fidelidade... Animais também são fiéis.

FB Exemplo, os pássaros.

MG Não, digo, o cachorro é fiel ao dono.

FB Ah, sim.

MG Mas eles não têm fé, não é?

FB Hoje em dia há uma releitura — sempre houve, na teoria, mas lamentavelmente o poder muitas vezes censurou, coibiu e abafou releituras mais progressistas dos textos bíblicos — feita pela teologia feminina, a *Bíblia* relida pela ótica da mulher, como também a releitura pela ótica do oprimido, como é o caso do sacrifício de Isaac. O que diz a leitura literal, tradicional? Que Abraão devia provar a Javé que era fiel, e Javé simplesmente pediu-lhe que sacrificasse o único filho que, na velhice, por milagre, ele conseguira ter. Abraão sobe a montanha de Moriá, mente para o filho, diz que vai levar um carneiro para fazer um sacrifício. Ao chegar lá em cima, na hora em que vai dar a cutelada no filho, Javé segura sua mão e diz que não precisa chegar às vias de fato, a prova de fé estava dada.

WF "Estou satisfeito."

FB Hoje, a releitura é inversa. Abraão veio do sul do Iraque e, curiosamente, a cidade da qual ele saiu, Ur, ainda existe, e dizem que com pouca modificação... E segue como um sem-terra em busca de terra, até chegar onde é a atual Palestina e o território de Israel; lá ele descobre o Deus monoteísta, o Deus único. Tanto que Abraão é o pai das três religiões do livro: o judaísmo, o cristianismo e o islamismo. É o grande consenso. Acontece que mudar a nossa maneira de pensar não significa modificar imediatamente a maneira de agir. Nossos comportamentos são muito mais arraigados do que as nossas ideias.

WF Aquele ditadozinho popular que diz "faça o que eu digo, não faça o que eu faço".

FB Exatamente. Então, o que aconteceu com Abraão? Ele realmente passou a acreditar no Deus monoteísta, mas não tinha outra maneira de prestar culto senão aquela que havia aprendido nas religiões politeístas — sacrifício humano. A grande revolução no episódio do sacrifício de Isaac é que quando Abraão vai prestar o velho culto a uma nova fé, descobre que Javé é o Deus da vida e não o Deus da morte. Tanto que, em seguida, teve que fugir dali. Por quê? Porque subvertera o culto. Descobrira o Deus que exige a preservação da vida, seu maior dom.

WF Essa frase "preservação da vida" é fantástica, dentro desse contexto.

MG O "multiplicai-vos", não é? Que eles se multiplicassem feito as estrelas do céu e a areia das praias. E aqui temos uma leitura um pouco mais subversiva da ciência, que questiona por que os animais cuidam dos filhotes; é por amor ou será que estão só servindo às necessidades de preservação genética?

FB À exceção dos répteis. Eles cospem os filhos e danem-se.

MG Com exceção dos répteis, que são os mais primitivos. A questão então existe mais nos animais não reptilianos. Se bem que temos um pedacinho de cérebro reptiliano em nós, que controla algumas das coisas mais básicas e mais terríveis no nosso comportamento. Mas cientistas que estudam aspectos da teoria da evolução adaptada à sociologia falam do amor e do altruísmo como capacidades adaptativas do ser humano — e de alguns animais também — no sentido de que ao amar, sendo altruísta, você negocia com os parceiros da sua tribo uma sobrevivência maior. Nesse caso, existe uma vantagem evolucionária em você amar, em você ser altruísta. Não existe nenhuma prova de que isso esteja certo, mas é uma argumentação funcional do amor. O amor como ferramenta na preservação da espécie. De preservação do grupo, vamos dizer assim. Eu não sei como a teologia vê isso, quer dizer, porque isso, de uma certa forma, é naturalizar...

WF O amor.

FB Mas veja bem, Marcelo, você não está naturalizando, porque quando fala em amor não está falando só em reprodução. Está falando em religião, em religar-se a alguém em função dessa reprodução. Dito em outras palavras: se nós, como animais inteligentes, fôssemos fadados só a preservar a espécie, não haveria casamento. Há por aí bilhões de usinas, macho e fêmea, reproduzíveis.

MG É, mas você pode argumentar que o casamento é uma solução social para controlar o cérebro reptiliano. (Acho que quem não é bem-casado acredita nisso!)

FB Não, você pode ordenar o cérebro reptiliano, mas o fato é que há uma pulsão que transcende a simples atração sexual, porque senão o casamento seria um confinamento. Mas a relação amorosa inclui algo mais... Os gregos colocavam isso muito bem. Aliás, estamos até hoje decifrando o *hard disk* deles. Eles dividiam a relação amorosa, ou a relação entre duas pessoas, em quatro andares, para usar uma metáfora. O mais baixo é o *"porno"*, de onde deriva pornografia. Quer dizer, o meu prazer é a sua degradação. O segundo, *"eros"*, o meu prazer é o teu prazer, daí erotismo no sentido freudiano, não no sentido luxurioso de hoje. O terceiro, *"filia"*, amizade, cumplicidade, quer dizer, o prazer de dois cria entre eles uma relação de afeto e fidelidade. E o último e supremo nível é o *"ágape"*, a felicidade de duas pessoas é tão profunda que prescinde de palavras e gestos, é uma comunhão espiritual. Vi isso nos meus pais, que ficaram casados 62 anos. Ficavam os dois na sala em estado de leveza, de silêncio; ele lendo, ela costurando, como se a comunhão entre eles dispensasse palavras e gestos. Aí se encontra uma dimensão do humano que, possivelmente, existe entre certos animais. Alguns têm uma forma de sentimento, uma memória afetiva, como o demonstram a monogamia entre pardais e o cão com o seu dono. Não têm, entretanto, essa criatividade encontrada nos seres humanos. Até hoje não encontrei nenhuma casa de joão-de-barro com um puxadinho para o filho, uma piscininha para os netos... Todas seguem o mesmo padrão. Já nós, humanos, temos essa semelhança divina de sermos capazes de criar.

WF Criar o puxadinho.

FB É, de criar o puxadinho e, ao mesmo tempo, expressar a nossa amorosidade por múltiplas liturgias. Essa é a maravilha do humano.

WF Esses quatro andares do amor dos gregos que você mencionou, de novo me remete ao hinduísmo, porque existe um ramo da ioga que é o Tantra Ioga, que é muito mal-interpretado e distorcido no Ocidente. Diz-se que a última instância do Tantra é justamente uma amorosidade tal que você prescinde do prazer físico, da ejaculação, do orgasmo, e chega a um nível de união com o parceiro, com a parceira, num estágio de sublimação e de iluminação. Do sexo como via de você chegar ao estado de iluminação, ao estado de êxtase, não no sentido meramente físico, mas no sentido transcendental.

MG Não é verdade que no caso do Tantra o orgasmo é uma forma de transcendência?

WF Com certeza.

MG Você já não é você, a pessoa já não é ela. Existe um momento ali, alguma coisa...

WF De transcendência absoluta.

MG Eu sempre digo que o orgasmo é quando a gente vira Deus.

WF Concordo totalmente.

MG Porque tem uma forma de emoção divina ou "sobre-humana" que acontece ali. E em nível bioquímico, imagino que, se examinarem o que está acontecendo na cabeça de alguém quando está tendo um orgasmo, deve ser uma enxurrada de hormônios impressionante.

WF Será que no nível neurológico também não? Está tudo interligado?

MG Exatamente. Existe uma interação bioquímica dos hormônios com o sistema neurológico, daí é que vem essa dupla disposição.

FB Só para fazer um paralelo, talvez seja a mesma explosão bioquímica do êxtase místico.

MG Certamente. O objetivo do Tantra é você ter, vamos dizer assim, esse — entre aspas — orgasmo místico... Aliás, o LSD, de uma certa forma, faz uma coisa semelhante também, como droga. Ele provoca certas visões que são bem místicas.

WF Certos estados alterados, não é? Eu queria mencionar uma obra que, para mim, é fundamental na minha vida; não só a obra, mas o escritor, que é o Hermann Hesse. E *Narciso e Goldmund* — o penúltimo livro dele — lida exatamente com essa dicotomia do êxtase. Porque Narciso é aquele monge austero, obediente às regras, que busca esse êxtase divino pelo ascetismo, e Goldmund é um amigo extremamente querido dele, que entra pela vida da arte, da boemia, das mulheres. Acontece que, em determinado momento, Narciso percebe nos olhos de Goldmund o mesmo êxtase que ele achava que só poderia atingir por meio das práticas ascéticas que fazia. E percebe esse mesmo êxtase nas bebedeiras e nas paixões de Goldmund. Hesse sempre abordou essas duas questões de uma forma muito bem-colocada.

FB Interessante. Bernini pôs lá, na igreja de Santa Maria della Vittoria, em Roma, o êxtase de santa Teresa de Ávila. O anjo é um verdadeiro cupido flechando, e ela...

WF Ela tinha verdadeiros orgasmos de iluminação, de transcendência, na sua relação com Deus.

FB Uma coisa incrível.

WF Por isso ela era tão subversiva, não é, Betto?

FB É, também por isso. A experiência do divino, do ponto de vista humano, é metafórica; do ponto de vista teológico, é experiência de Deus. É, no entanto, a mesma experiência.

WF É a mesma experiência.

FB Fiz greve de fome na prisão. Foram 33 dias seguidos, em companhia de companheiros comunistas ateus, que não tinham nenhuma fé e, por serem marxistas, se declaravam materialistas. Hoje os comunistas são mais abertos, menos ateus, vamos dizer assim. O interessante é que há um momento da greve de fome em que — descrevo isso nas *Cartas da prisão* e no *Diário de Fernando* — se entra num estado alterado de consciência. A impressão empírica que temos é que estamos aqui com o nosso corpo e o espírito está dentro. Houve um momento da greve, que no meu caso foi no décimo segundo dia, em que se inverteu essa polaridade. Sentia que o meu corpo estava dentro do espírito e experimentava um estado de êxtase... Os comunistas sentiram a mesma coisa. Falavam: "Olha, estou com vontade de fazer poesia." Naquela fase, já não havia vontade de comer.

WF Você transcendeu a fome.

FB O difícil foi a primeira semana, aquela luta, ainda mais porque os carcereiros deixavam a comida na cela, e a gente não tocava nem jogava na privada, porque senão eles achariam que tínhamos comido alguma coisa. Para não repetir essa tortura, deixávamos o prato intacto.

MG Tomava água, pelo menos?

FB Tomávamos muita água.

MG Só?

FB Só. Depois do décimo dia é que os médicos entraram com soro. Nem suco tomamos.

WF Soro só depois do décimo dia?

FB É, quando começamos a correr algum risco…

MG O desequilíbrio fisiológico, não?

FB Isso me remete aos monges antigos que faziam aqueles jejuns prolongados. Hoje os entendo, sem preconceito. Realmente, quando dizemos "não" aos sentidos e "não" à razão, desbloqueamos o espírito. Entramos num outro estado de consciência.

WF Existe toda uma corrente, em todas as tradições — não só nas religiosas, mas nas de saúde, de tratamentos de saúde —, que preconizam o jejum como forma de cura e de transcendência.

FB Exatamente.

WF Eu queria voltar ao assunto do fim do mundo e do Universo, a partir de um tema que, de certa forma, vai reconectar um elemento entre vocês dois: pegar uma das descrições do *Apocalipse* de João e desdobrar isso através da ótica da ciência e da fé.

MG Você está com um exemplar de *O fim da Terra e do Céu* aqui, não está, Waldemar?

WF Estou.

MG Veja (mostrando a capa do livro), aqui você tem uma descrição pictográfica. Você tem a Lua, o Sol eclipsado, a Lua vermelha. Está vendo essas linhas aqui? As estrelas caindo do céu.

WF Perfeitamente.

MG Estou falando aqui da pintura do Luca Signorelli que aparece no afresco na catedral lá em Orvieto, na Itália, em que você tem uma descrição pictográfica do fim do mundo, do *Apocalipse* de João, mostrando que o *Apocalipse* vem como uma ruptura da ordem cósmica. E a questão é: por que existe essa descrição da ruptura da ordem cósmica quando se fala do fim do mundo? É porque os seres humanos pensam na natureza de duas formas: você observa uma regularidade nos fenômenos naturais — os dias se sucedem e você tem as quatro estações do ano —, então existe uma ordem. Os babilônios, por exemplo, sabiam observar as fases do planeta Vênus.

WF Os maias tinham um conhecimento astronômico absurdo.

MG Muito grande.

WF Que mensuravam com uma precisão praticamente computacional.

MG Exato.

WF Eles descobriram uma coisa fascinante, que era a diferença da rotação do Sol no equador e nos polos. Eles tinham conhecimento disso desde aquela época.

MG E a astrologia dos babilônios. Por outro lado, existem também os fenômenos irregulares, surpreendentes, como o surgimento de um cometa, uma aurora, um eclipse, estrelas cadentes e meteoritos.

FB Com a perspectiva de viver cinco bilhões... Ou seja, de qualquer forma a Terra está fadada ao apocalipse. E pode ser que isso seja ainda mais antecipado pela destruição ecológica ou pelas ogivas nucleares.

MG Exatamente. Você tem duas maneiras de pensar sobre o fim do mundo. O fim do mundo que vem de fatores cósmicos...

WF Você incluiria aí essa mudança do eixo magnético da Terra?

MG Ah, não.

WF Dos polos, não?

MG Como o fim do mundo?

WF Não como o fim do mundo, mas como um dos processos de transformação, porque tudo o que eu já li a respeito reafirma que essa oscilação dos polos já aconteceu várias vezes.

MG Ah, sim.

WF E vai acontecer outras várias vezes.

MG Vai, já está meio atrasada. Dizem que já está começando, mas acho que não é uma coisa tão radical quanto as pessoas imaginam.

WF Não dá aquela "balançada" geral no planeta?

MG Não. A Terra vai continuar igualzinha, sabe? A Terra não vai sair de eixo de rotação, não vai ter nada disso.

WF Não de rotação, mas no sentido de os polos estarem localizados em outros pontos do planeta.

MG Mas o campo magnético da Terra para nós, humanos, é tão fraco que não faz a menor diferença. Pássaros vão ficar confusos, as suas migrações também... Talvez ocorram certos aumentos na quantidade de radiação solar que chega até nós.

WF Dizem que esses encalhamentos coletivos de baleias e de cetáceos já têm a ver com alguma oscilação desses campos — não é uma coisa comprovada, é uma especulação.

MG São fungos, não?

WF Existem outras versões.

MG A história que eu conhecia é que são doenças mesmo. Do tipo labirintite em baleia, sabe? O animal acaba perdendo o senso de direção. Mas talvez. Porque certamente vários pássaros dependem do campo magnético.

WF E se desorientam, não é?

MG As abelhas também.

WF O interessante é que, no momento em que começa um eclipse solar, já acontece essa desorientação com várias espécies de animais. O morcego começa a voar achando que já está de noite, o pássaro vai dormir achando que o dia acabou...

MG Vocês já viram um eclipse solar alguma vez? Total, do Sol?

FB Já vi eclipse solar. E vi na Suécia, às duas horas da madrugada, indo para a casa de um pastor, no interior de Estocolmo, a aurora boreal.

MG Dá para ver direto lá em casa.

WF Você está numa latitude que já dá para ver, não é?

MG Estou a 42° [de latitude Norte].

FB Mas dá para ver?

MG Não é o tempo todo, mas já vi várias vezes. É espetacular. No departamento da minha universidade tem um cara que estuda as propriedades físicas da aurora. Nada mau como carreira, não?

WF Nada mau...

FB O pastor disse: "Olha, você está vendo uma coisa que milhares de suecos sonham ver."

MG É mesmo? E não viram?

FB Nunca viram porque acontece, geralmente, de madrugada.

MG Mas eu já vi uma vermelha e já vi uma branca.

FB Eu vi branca.

MG São cortinas de luz dançando no céu.

FB Parecem aqueles imensos holofotes do Exército. É um fenômeno maravilhoso.

MG Muito impressionante. Então, foi bom você falar de aurora, porque a aurora é causada pelo campo magnético da Terra. O Sol está mandando luz e uma porção de outras coisas para a Terra. E fora isso, o próprio Universo, o espaço, é cheio de radiação que vai viajando e que chega até nós. Essa radiação toda é chamada de raios cósmicos. A Terra, ela é um ímã gigantesco, tem um polo Norte e um polo Sul, e a origem desse ímã está no centro da Terra, onde existe uma gigantesca bola de metal, principalmente ferro e níquel, que está em rotação. É muito quente e há muita pressão. E quando você tem cargas elétricas em rotação, surge um campo magnético. Existe um rearranjo, que não se conhece muito bem, dessa rotação, e esse rearranjo pode causar a inversão da direção do polo magnético. Como se você pegasse um ímã que tem o polo Sul e o polo Norte e o invertesse.

WF Literalmente, uma inversão.

MG É, uma inversão.

FB Só uma pergunta: essa inversão já ocorreu várias vezes?

MG Já ocorreu várias vezes. Você pode ver isso nas camadas geológicas da Terra ricas em metais magnetizáveis, como cristais de magnetita, por exemplo. A orientação desses cristais depende do campo magnético da Terra. Você vê então que existe uma estratificação.

WF Com orientações diferentes da que a gente tem atualmente?

MG É. E esse número é variável, mas é uma coisa em torno de 600 mil anos, 500 mil anos, mais ou menos. Não é estritamente periódico. Aliás, é bem aleatório.

WF O ciclo dessa inversão?

MG É. E deverá acontecer novamente. E o problema disso é que, quando a inversão está acontecendo, ficamos mais expostos à radiação vinda do espaço. Porque o campo magnético da Terra, o que ele faz? As partículas que vêm do espaço são principalmente atraídas para os polos.

WF E aí provocam as auroras.

MG E aí provocam as auroras, porque tem cargas elétricas viajando, e quando há uma aceleração das cargas elétricas, você tem uma emissão de radiação, e elas irradiam luz. Toda luz que a gente vê pode ser reduzida a cargas elétricas — principalmente elétrons, no caso da luz — em movimento. Quando você acelera uma carga elétrica, ela emite uma radiação de algum tipo, feita de fótons, as partículas da luz. Então, o fenômeno das auroras é efetivamente essa queda, essa chuva de partículas no campo magnético da Terra.

FB Eu achava que fossem reflexos do Sol...

WF É a entrada literal das partículas nos polos.

MG Literalmente, é uma chuva de partículas que vem do Sol, principalmente.

WF E que são magneticamente atraídas para os polos.

MG Essa é uma proteção que a gente tem. Esse campo magnético protege, afunila essa radiação, que é muito nociva. Por exemplo, Marte praticamente não tem um campo magnético. Por isso, a superfície de Marte é um lugar terrível, e é quase impossível achar vida na superfície marciana, porque está sempre sendo bombardeada por essa radiação. O campo magnético é uma espécie de guarda-chuva cósmico que a gente tem. E quando ocorre uma inversão, você vai passar um tempo, talvez alguns meses, não sabemos, de exposição maior à radiação nociva. Porém, é bom lembrar que não existe qualquer registro de que inversões nos polos magnéticos estejam relacionadas com extinções em massa de vida na Terra. Portanto, nada de pânico.

WF Perfeito.

MG Mas é uma coisa que realmente vai acontecer, sim: que pode e vai acontecer. Voltando então a um tema que acho fundamental para a nossa conversa, essa escatologia, a ideia da nossa fragilidade cósmica. As pessoas têm que se conscientizar de que nós estamos aqui quase que de favor. Existe uma fragilidade gigantesca da vida. O Universo é extremamente hostil. O que temos aprendido com a ciência é que a história da vida é imprevisível.

WF Até certo ponto?

MG Até certo ponto, sim, porque você pensa num asteroide que pode cair aqui... Existem acidentes cósmicos que determinaram a história da vida na Terra.

WF Pelo que você falou dessa inversão dos polos, ela é relativamente imprevisível, não é?

MG Existem modelos, mas ainda não são conclusivos.

WF Mas não existe uma mensuração possível da oscilação dessa camada interna da Terra, existe?

MG Não, mas vemos a variação na orientação dos polos magnéticos pelos estudos dos cristais metálicos nos diferentes estratos da Terra.

WF Mas isso aí serve para ver como a oscilação aconteceu no passado. Eu queria saber se é possível ver quando e como ela vai acontecer agora ou num futuro próximo.

MG Agora ou no futuro? Para isso é necessário medir constantemente o campo magnético, tentando detectar mudanças maiores. Isto está sendo feito. E, claro, ver se de fato existe um ciclo mais ou menos periódico que se repete de tanto em tanto tempo.

WF Eu ouvi falar dessa cifra, em torno de uns 600 mil anos.

MG É, mas parece que não é assim tão periódico. A coisa é bem complicada! Como disse antes, nada de pânico!

WF Certo, nada de pânico.

FB Mas você falava da vida.

MG Isso. É importante a gente se lembrar do seguinte: nós estamos aqui por quê? O planeta Terra tem um campo magnético, tem a camada de ozônio que nos protege dos raios ultravioleta do Sol, tem a atmosfera, que é fininha, igual a uma casca de maçã. Porque o raio da Terra é mais ou menos de 6.500km, e a espessura da atmosfera é mais ou menos de 30 ou 40km.

WF Pouquíssimo, não é? Comparativamente, é pouquíssimo.

MG É, menos de um centésimo, uma coisa muito fininha, mas se não fosse por ela, estaríamos perdidos.

WF Estaríamos dizimados, literalmente.

MG Literalmente. Então, é importante lembrar-se de que esse planeta chamado Terra é um oásis raríssimo num Universo extremamente hostil à vida... E que vai acabar; não há a menor dúvida de que a Terra vai acabar. Mas ainda vai demorar muito, nada a ver com esse apocalipse de que está se falando por aí, que, aliás, se fala há milênios — os druidas também tinham medo de o céu desabar sobre as suas cabeças.

WF É, a história do Asterix.

MG Tem até uma imagem dele em *O fim da Terra e do Céu*, não pude resistir. O Abracurcix, que era o chefe deles...

WF O grande medo que ele tinha era de o céu cair sobre a sua cabeça.

MG Porque os druidas pensavam que se o céu caísse seria o início de uma nova era; acreditavam num tempo cíclico, que vai se repetindo. Mas o ponto é que essas coisas acontecem; o céu cai mesmo nas nossas cabeças! Por que as pessoas tinham tanto medo — muitas ainda têm — de cometas? Porque achavam que os cometas eram, junto com as estrelas cadentes e os eclipses, sinais cósmicos, mensagens divinas de mau agouro. Eu faço uma análise bem-detalhada disso nesse livro, de como esses fenômenos celestes foram interpretados no decorrer da história e em culturas bem diversas como sinais do fim do mundo, algo que o *Apocalipse* de João descreve tão bem e, antes dele, no livro de Daniel no Antigo Testamento, não é? O livro de Daniel é essencialmente um texto apocalíptico, que fala justamente das estrelas caindo. Porque se os céus são sagrados, qualquer irregularidade nos padrões celestes...

WF Prenuncia o fim.

MG É uma mensagem divina. Se aparece um cometa é porque Deus está mandando uma mensagem para a humanidade dizendo: "Olha aí, cuidem-se, porque se vocês não se cuidarem, a coisa vai ser muito pior; isso é só o comecinho do fim." E quando um cometa calhava de aparecer perto do final do século...

WF Aí mesmo é que achavam que o mundo ia acabar.

MG Pois é, isso ocorre ainda hoje: veja o suicídio de — acho que foi esse o número — 39 pessoas daquela seita "Heaven's Gate" de San Diego no início de 1997. Trágico isso. Mas é uma minoria, felizmente. O que acho que deve ser levado muito a sério é o fato de que a existência da humanidade e do planeta Terra é finita. Independentemente de a gente se destruir ou não, que é um problema mais imediato para as próximas décadas, cosmicamente a Terra vai desaparecer. Com certeza — vamos esquecer a colisão galáctica —, quando o Sol, como toda boa estrela, entrar em colapso, em agonia, em alguns bilhões de anos. Então, vai engolir...

WF Mercúrio, Vênus e a Terra, pelo menos.

FB Vamos morrer no fogo, não sob a água.

MG Feito aquele poema do Robert Frost, que pergunta se o mundo vai acabar no fogo ou no gelo. Hoje sabemos: a Terra vai acabar no fogo e o Universo vai acabar no gelo! Mas isso não significa que a humanidade vai chegar ao fim junto com a Terra, sabe? Porque se a gente sobreviver até lá...

WF Vamos aprender a nos deslocar no espaço.

MG Ah, com certeza; e um dos grandes argumentos contra a existência de vida extraterrestre inteligente é exatamente esse. Imagine que em outros sistemas solares existem outras formas de vida inteligente. Como a nossa Galáxia tem mais ou menos uns 10 bilhões de anos e o Sol apenas uns 5 bilhões, é razoável supor que em outro sistema solar essa vida inteligente surgiu, digamos, um milhão de anos antes da gente. Em termos cósmicos, um milhão de anos não é nada!

WF Cosmologicamente falando, não é nada mesmo.

MG Nada, nada. Então, podemos pensar assim: "Puxa, em 400 anos de ciência — vamos contar a partir do Kepler e do Galileu em 1609 —, olha só quanta coisa já foi feita. Imagina se tivéssemos mais um milhão de anos para continuar desenvolvendo tecnologia, assumindo que a gente não se autodestrua... Se você faz um cálculo rápido, mostra facilmente que uma civilização que viveu mais de um milhão de anos, mesmo viajando a um décimo da velocidade da luz — porque não se pode passar da velocidade da luz —, teria já colonizado uma grande parte da Galáxia. Então a questão é: cadê os extraterrestres? Será que não gostam da gente por algum motivo? É difícil acreditar nisso. Se você olha para o sistema solar, entre todos os planetas, o único que possui vida é a Terra. Existem vários argumentos explicando por que os ETs não estão aqui, uma discussão superinteressante. A verdade é que não construíram as pirâmides do Egito, não apareceram em Varginha, não estão por aqui. Todas as visões de extraterrestre ou são alucinações ou são explicadas por motivo fútil. Existem explicações muito mais razoáveis do que a suposição de que uma espécie inteligente veio até nós: explicações meteorológicas, balões de experimentos. Uma porção de outras coisas, muito mais razoáveis do que supor que, primeiro, exista vida extraterrestre inteligente; segundo, que seres que vivem a dezenas de anos-luz daqui e que desenvolveram uma espaçonave capaz de viajar até a Terra, chegaram aqui, olharam e foram embora. Essa explicação é muito mais absurda do que imaginar outras possibilidades mais plausíveis: existem vários fenômenos estratosféricos superinteressantes de inversão de eletricidade, existem relâmpagos que vão para cima...

WF Eu li sobre isso recentemente.

MG Você tem luzes que se autossustentam no céu durante um bom tempo, flutuações na densidade de nuvens provocando reflexos diversos a diferentes altitudes — a lista é longa. Obviamente, é mais fácil imaginar que a explicação venha daí do que desses seres extraterrestres. Portanto, espero que com a nossa inventividade seremos nós os colonizadores galácticos, se a gente sobreviver, claro. Porque, infelizmente, um dos argumentos contra os seres extraterrestres inteligentes é que qualquer civilização que chega à era nuclear se autodestrói. Esse é um argumento que, aliás, veio do Carl Sagan, que, na época da Guerra Fria, participou de várias discussões a respeito da existência de ETs. E a pergunta era sempre: "Cadê todo mundo? Cadê essa turma, cadê eles? Por que que ainda não vieram?" Uma das explicações é esta: qualquer civilização que siga as regras da teoria da evolução, da seleção natural e da sobrevivência, e em que, portanto, existe essa disputa incessante pelo poder, pela sobrevivência do mais forte, se ela chegar à energia nuclear, seu destino é invariavelmente a autodestruição. E é por isso que não chegaram aqui. Muito pessimista, não é?

WF É verdade.

MG É, mas supondo que sejamos exceção a essa regra, que a gente consiga sobreviver, em um milhão de anos vamos estar espalhados.

WF Espalhados pela Via Láctea toda.

FB Em condições de migrar?

WF Em condições de migrar. Como é que você vê o [Carl] Sagan dentro desse contexto da ciência? Porque, por um lado, ele popularizou muito a ciência, e em tudo o que ele fez, me dava a impressão de estar sempre nessa fronteira entre o científico e o espiritual, não no sentido religioso, mas do espiritual mesmo.

MG Eu gosto muito do Carl Sagan, tanto que eu dedico *Criação imperfeita* a ele. Para mim, na minha carreira como divulgador de ciência, ele é a pessoa mais importante, especialmente na parte de inspiração científica, no revelar a beleza da ciência. Nisso, acho o Sagan ainda mais inspirador do que o Einstein, que também escreveu livros de divulgação científica, mais do que o Feynman e mais do que o Galileu, que foi o primeiro grande divulgador de ciências, de uma certa forma. Se bem que a comparação com Galileu não faz muito sentido por ser uma realidade completamente diferente da nossa. Poucos leram *Contato*, o romance que Sagan escreveu, que acho ótimo. A maioria viu só o filme com a Jodie Foster.

WF Eu li, e vi o filme também.

MG Então você sabe que o filme não usou o fim do livro.

WF Da mesma forma que acontece com o *2001*.

MG Ah, o *2001*, o livro, é o máximo!

WF O filme é um delírio cinematográfico maravilhoso!

MG É altamente recomendável.

FB Eu só vi o filme.

WF Então, quando puder, leia o *2001* e leia o *2010*, que é a continuação do *2001* e que tem uma proposta interessantíssima, que é a seguinte: aquele monólito que fecha o *2001*, no *2010* ele se torna objeto de cobiça de várias nações: saem pelo menos duas expedições daqui da Terra; numa os russos se unem aos americanos, e noutra vão os chineses, como se fosse uma corrida espacial, para ver quem chega lá primeiro. Você leu o *2010*, Marcelo?

MG Só vi o filme.

WF O filme é mais fraco visualmente do que o *2001*, que tem aquela exuberância cinematográfica do [Stanley] Kubrick que o *2010* não tem. Mas no livro, o que acontece? Num determinado momento em que essas expedições estão assediando aquela nave enorme que ficou presa na órbita de Júpiter, o monólito se fragmenta em milhares de outros pequenos monólitos e mergulha na direção do planeta, provocando uma reação nuclear e fazendo com que ele se "acenda". Não sei se isso é uma verdade científica, mas já ouvi falar que Júpiter é um Sol em potencial ao qual faltou a "pedra do isqueiro" para que ele se acendesse.

MG Não, ele é muito leve para iniciar o processo de fusão que ilumina as estrelas.

WF Ah, é isso. De qualquer forma, no *2010*, esse mergulho com os milhares de monólitos multiplicados na direção do núcleo de Júpiter provoca essa reação que faz com que ele se acenda e se transforme numa estrela. E no filme isso é muito bonito plasticamente, imageticamente, porque no final você vê certas paisagens que são cartões-postais do mundo inteiro, como a Torre Eiffel, o Big Ben e muitos outros, com o Sol se pondo na linha do horizonte, e você vê um outro Sol um pouco menor ainda no alto do céu, que seria Júpiter.

MG Mas então, no *2001* e no *2010*, o interessante, e que não fica claro no filme *2001* de jeito algum...

WF Aquele final é bem subjetivo...

MG É que a raça humana é criação de uma raça extraterrestre ultra-avançada, que colonizou a Galáxia inteira e que usa o que a gente chama de buracos de minhoca para viajar de um canto a outro.

WF Os *worm holes*.

MG Que são estruturas teoricamente previstas na teoria da relatividade geral, mas que ninguém sabe se existem ou não.

WF A ligação com o hiperespaço, não é isso?

MG É, e que você poderia viajar muito mais rapidamente para pontos diferentes do espaço. Mais uma vez voltando à camiseta do Waldemar, é como se fosse uma linha de metrô, só que um metrô galáctico.

WF E que anda numa velocidade muito maior do que os metrôs convencionais.

MG É, exatamente.

WF Daria saltos.

MG Então, o livro levanta essa questão, que para mim é muito interessante, mesmo teologicamente; hoje em dia se fala inclusive em astroteologia. Por quê? Porque se você imaginar uma espécie inteligente, muito mais avançada do que nós, capaz de fazer coisas absolutamente incríveis, por exemplo, criar vida ou transformar um planeta numa estrela, será que essa espécie é tão diferente de Deus, no sentido do Deus criador?

WF Perfeito.

MG E aí aparecem várias questões interessantes; será que a gente não está olhando para os céus, não em busca desse Deus sobrenatural, mas talvez em busca dos nossos criadores extraterrestres? Essa é a busca por aquilo que está além, que é muito mais poderoso do que nós. Da mesma maneira que os nativos olharam para os europeus, com aqueles espelhos, com aquelas armas de fogo e falaram: "São os deuses que chegaram!" Hoje, as pessoas que acreditam piamente na existência de extraterrestres e OVNIS estão, de certa forma, substituindo o Deus da religião pelo Deus da ciência, suprindo esta mesma necessidade de crer na existência de criaturas que nos transcendem.

FB O fim do *2001* — falo do filme porque não li o livro — confirma que temos dois problemas insuperáveis: prazo de validade e defeito de fabricação. O Kubrick acertou em cheio nesses dois problemas na cena final: o cenário todo branco e aquele sujeito velho, ou seja, ele vai morrer e, de repente, pega o vinho, o vinho é algo simbolicamente muito forte, e derrama, ou seja, não dá para ser perfeito.

WF O livro tem um final muito interessante, não sei se você se lembra, Marcelo? Aquele astronauta se transforma numa espécie de divindade.

MG É, aquele bebezinho que aparece.

WF Aquele bebê que aparece flutuando na órbita da Terra é como se fosse um novo zelador do planeta. Na versão original do livro, em inglês, ele é chamado de "Star Child". Isso é muito bonito no livro, e acho que fez uma falta danada no filme. Essa "Criança das Estrelas" vê o início de um confronto entre ogivas nucleares, e tem uma frase na narrativa do livro que diz: "Ele não queria que aquilo acontecesse; então orientou nesse sentido a sua vontade, fazendo com que as ogivas explodissem antes de atingir seus alvos." Quer dizer, evitando uma guerra nuclear. Essa frase ficou marcada para mim até hoje, "orientou nesse sentido a sua vontade". E o interessante é que no *2010* começa essa transformação por causa da reação nuclear que o monólito provoca e faz com que Júpiter se transforme num Sol. Existem muitas coisas interessantes em relação às luas de Júpiter, inclusive que algumas delas possam ser locais em que a vida pode se desenvolver. Europa é uma delas, se não me engano. Outra coisa interessante é que no livro tem essa mistura que o Arthur C. Clarke faz entre a ciência e a espiritualidade, digamos assim, porque aquele astronauta do *2001* que se transformou na "Star Child" começa a usar o Hal, o computador, como um médium e a mandar mensagens pelos monitores da nave.

MG Ah, é?

WF Por exemplo, começa a mandar mensagens para as expedições que estão ali, e tem um momento que ele diz assim: "Não mexam em Europa, Europa é minha"; quer dizer, é como se ele afirmasse: "Vou começar a fazer um novo planeta, dentro desse novo sistema solar que surgiu em torno de Júpiter."

MG Hoje em dia, o programa SETI, que busca por vida extraterrestre como mencionamos antes, segue estes passos, de certa forma. Não é à toa que o Carl Sagan foi um dos pioneiros, lembra?

WF Foi, é verdade.

MG O pioneiro mesmo foi o Frank Drake, que começou tudo, antes do Sagan, em 1960. Inclusive existe a "A Equação de Drake", que é uma equação importante que ele criou, para pensar de forma mais quantitativa sobre essas coisas. Mas o pessoal do SETI está saindo um pouco desse negócio de receber sinais de rádio de ETs e está começando a olhar para obras de engenharia em escala cósmica, que é uma outra maneira de se buscar por vida inteligente. Por exemplo, como nesse caso que você falou de pegar um planeta e transformá-lo em estrela ou de criar um novo...

WF ...sistema planetário.

MG São obras de engenharia em escala cósmica, mostrando que existem outras maneiras de encontrarmos vida inteligente fora da Terra.

WF É interessante que no final de *2010* essa entidade declara explicitamente que vai tomar conta de Europa, fazer com que Europa se torne, entre aspas, uma nova Terra: um planeta que vai começar desde o seu estágio primitivo, vai passar por todo um processo de evolução.

MG Europa é um lugar fantástico: uma lua que tem uma crosta de gelo de mais ou menos 2km de espessura, mas que por baixo dessa crosta de gelo tem um oceano de água salgada.

WF Ah, é de água salgada, esse detalhe eu não sabia.

MG De água salgada com cinco vezes mais volume de água do que todos os oceanos da Terra juntos.

FB Qual é o tamanho de Europa?

MG É comparável ao da Lua, um pouquinho menor.

FB Comparável à Lua, então é bem menor do que a Terra?

MG É, bem menor.

FB E tem terra em Europa? Ou é tudo água e gelo?

MG Por cima é gelo, por baixo é água. Mas lá no centro, não. No centro deve ser denso por causa da pressão, então deve ter uma bola.

WF Não houve ainda capacidade de se mensurar isso astronomicamente?

MG Sim, tudo isso que estou afirmando sobre Europa, composição, tamanho, são medidas feitas pelo pessoal que trabalha nessa área de planetologia comparada, que é como se chama. Eles conseguem medir o tamanho dessa área densa no centro, o volume do oceano, a espessura da crosta, a partir da órbita de Europa, usando também radares e magnetômetros, pois parece que Europa tem um campo magnético, e vários detectores de radiação. É bom lembrar que tudo isso é feito a distância. Ninguém pousou em Europa ainda.

FB Europa é a lua mais distante na órbita de Júpiter?

MG Europa é uma das quatro luas que Galileu viu com o telescópio. Júpiter tem mais de sessenta luas. Ainda estão descobrindo outras; Saturno também. É uma confusão danada; imagine o céu, o show que deve ser. E isso é uma coisa impressionante que está acontecendo agora: o desenvolvimento da astronomia é absurdo!

WF A partir do Hubble?

MG A partir do Hubble e das várias sondas que foram lançadas ao espaço. Robôs controlados aqui da Terra. Sensacional!

WF Voyager...

MG Voyager, Viking e agora tem tantas outras... Tem a Cassini[2], que está explorando Saturno e as suas luas, e essa sonda [Cassini] descobriu que uma das luas de Saturno, chamada "Enceladus", tem vulcões. Incrível isso. Cada um desses mundos é um universo diferente. E cada um deles mostra quanto a natureza é mais criativa do que nós. Existe uma lua de Saturno chamada Titã, que é espetacular; ela é formada por lagos de compostos orgânicos, me-

---

[2] A missão espacial da NASA Cassini-Huygens foi enviada ao planeta Saturno em 1997 e durou 19 anos e 11 meses.

tano, entre outros. Chove metano líquido lá. Por isso, cientistas dizem que, de certa forma, essa sopa orgânica é um pouco como a sopa pré-biótica...

WF A sopa primordial.

MG Primordial aqui na Terra. Claro, lá é muito mais frio do que aqui. Mas, de qualquer forma, estão estudando esses mundos para talvez entender melhor o nosso e a origem da vida aqui e possivelmente em outros lugares.

WF É, e quando a gente mencionou os extremófilos aqui na Terra, quando se descobrem formas de vida que extraem sua sobrevivência de substâncias aparentemente impossíveis de se extrair, porque não haveria de existir formas de vida dentro da realidade dessas luas?

MG Exatamente!

WF Dessas luas de Júpiter e Saturno que você acabou de mencionar.

MG É, eu participei do projeto de um videogame educacional de um grupo paulista chamado Redalgo, em que as crianças têm que viajar pelo sistema solar explorando vários lugares. Por exemplo, Europa tem vida submarina. E em Titã também tem fenômenos estranhos que exploramos nesse game. Acho que está se mostrando que Giordano Bruno tinha razão: existe mesmo uma infinidade de mundos!

WF Grande Giordano Bruno! Betto, você pode dar uma pincelada sobre o Giordano Bruno para nós? Historicamente falando...

FB Giordano Bruno também era frade dominicano, do século XVI. Um homem inquieto, tanto nas ideias quanto na ânsia de viajar pela Europa. Foi professor em Genebra e andou pela Inglaterra. Discípulo de Erasmo, tinha uma visão panteísta mesclada com senso místico. Para ele, Deus, força criadora, era imanente ao mundo. A mônada das mônadas. Na sua ótica animista, via alma em tudo. Embora fosse discípulo de Nicolau de Cusa e Copérnico, considerava o Universo infinito. Defendia que existem milhares de sistemas solares e que há vida inteligente em outros planetas. Profético em suas intuições, frisava que tudo que existe na Terra forma um sistema. Seu conflito com a Igreja se deveu mais às suas ideias teológicas do que filosóficas ou científicas. Contestava os milagres de Jesus e negava a virgindade de Maria. Preso pela Inquisição, passou oito anos encarcerado antes de ser queimado vivo, em 1600, na praça Campo dei Fiori, em Roma, onde há uma imponente estátua dele.

MG Ele era meio pagão. Tinha um lado meio egípcio, adorava o Sol e o cosmo.

WF Ele tinha esse conceito do panenteísmo?

FB Ao contrário, era assumidamente panteísta. Foi um homem muito avançado para a sua época.

WF E não abriu mão das suas convicções.

FB Não, ficou preso.

MG Mas ele era bem abusado.

FB Sem dúvida.

WF Ousado.

MG Ousado talvez seja a palavra certa.

WF Não foi o Gian Maria Volonté que fez o papel dele no cinema?

FB Foi.

MG Grande filme.

FB Conheci o Volonté. Aliás, uma das coisas de que me arrependo na vida foi não ter aceitado o convite que ele me fez. Ele morava num barco e me disse: "Quando você puder, venha passar férias no meu barco, passar um tempo lá." Nunca fui… Nós nos conhecemos em Cuba, e depois o encontrei em Moscou. O [Mikhail] Gorbachev promoveu um Encontro da Paz e fui convidado. Tinha não sei quantos prêmios Nobel, atores e atrizes de Hollywood etc. Não sou muito de recepções, e em determinado momento disse ao pessoal que estava na minha delegação — uma delegação de religiosos de várias denominações — que ia retornar ao hotel. Tínhamos chegado em ônibus especiais, aquele protocolo do Kremlin. Eles me perguntaram: "Mas vai embora como? Tem que esperar terminar. E o ônibus?" Eu disse: "Vou a pé. Adoro caminhar e conhecer a cidade." Saí andando. Ao deixar o Kremlin, quem vejo saindo? O Volonté e o Marcelo Mastroianni, também cansados daquilo tudo. O Mastroianni comentou: "Poxa, achei que Moscou era o único lugar do mundo em que eu ia ter paz, e não tenho feito outra coisa que não seja posar para fotos e dar autógrafos…" Havia cinco monges da Mongólia, com aquela túnica cor de açafrão, caminhando à nossa frente. Eu lembro que o Mastroianni observou: "Querem saber de uma coisa? A gente fica nessa vida de holofotes achando que é feliz, mas felizes mesmo são aqueles monges ali…"

WF Morrendo de inveja dos monges.

MG Eu tenho a fantasia de passar um ano num monastério no alto do Tibete, é meio um negócio da minha cabeça, não sei se vai acontecer, mas é uma coisa que gostaria muito de fazer. Parar um ano e ver como é essa vida monástica.

WF Tirar um ano sabático.

FB Precisa escolher bem; não sei se o Tibete é o lugar.

WF Atualmente, acho que está deixando de ser.

FB Tem o Butão e outros lugares, mas precisa ser um lugar muito adequado. Houve um momento na minha vida — cheguei até a tomar providências concretas — em que cheguei a pensar em fazer isso: em vez de ficar rodando por aí, iria montar um mosteiro onde eu escreveria, rezaria, e quem quisesse falar comigo iria até lá. Cheguei a conseguir todo o apoio material e o local. Primeiro, busquei uma fazenda em São Paulo, de uma família suíça, uma mulher que havia se separado do marido, queria voltar para a Suíça e estava disposta a ceder a fazenda em comodato para eu organizar o mosteiro. Não deu certo, as filhas queriam que ela vendesse a fazenda por uma fortuna. Depois, as monjas dominicanas de São Roque queriam sair do mosteiro em que moravam, por causa de um assalto num mosteiro vizinho, que se chamava Rosário de Ouro. Os ladrões, em busca de ouro, entraram lá e torturaram as freiras para pegar o rosário. Não havia nenhum rosário de ouro... Então, as dominicanas entraram em pânico e construíram um mosteiro dentro da cidade. Consegui que me repassassem o mosteiro rural para eu instalar a comunidade. Mas aí começaram a ocorrer vários problemas, e o Marcelo [Barros], que tinha experiência em mosteiro no campo, fez algumas ponderações que me levaram à conclusão de que não ia dar certo, era preciso ter alguma habilidade rural, que não é o meu caso. Porque todo dia é um problema: a cerca que cai, a água que falta, a eletricidade...

MG Você ficaria lá sozinho?

FB Não, dois jovens dominicanos iriam comigo.

WF Eu tenho este sonho também, Marcelo. Não sei se para passar um ano, mas de sair desse burburinho da vida que a gente leva.

MG Eu já moro meio fora.

WF É, você tem um lugar já meio especial.

MG É, eu moro quase num mosteiro; eu moro numa floresta.

WF Mas de qualquer forma você tem seus compromissos.

MG Mas é diferente. A questão é essa, e a questão é também a esposa. Como é que faz, vai junto ou não?

FB Opino que sim.

MG Ela vai ter que ir.

WF Vai ter que ir, lógico.

FB Agora o que tenho é o sucedâneo desse projeto que não realizei: 120 dias por ano, paro para escrever.

WF Ah, você faz isso?

FB Sagradamente, desde 1987.

WF Que inveja branca, Betto.

FB Não são seguidos, mas são sagrados.

WF Que maravilha!

FB É muito bom. É quando faço exercício, rezo mais, medito, e como menos.

WF Eu vivo minha rotina de escritor nas brechas dos momentos em que me isolo para tocar e compor, das consultas astrológicas, dos cuidados com os filhos, de fazer as compras da semana...

FB Eu atribuo minha saúde e o meu bem-estar, nessa idade, a isso.

WF Com certeza. Mas não são 120 dias corridos?

FB Não.

WF Mas aí você vai "fatiando" esse tempo?

FB É, marco na agenda os períodos.

WF Mas em alguns dias você dá uma parada maior...

FB No máximo, chegam a ser 15 dias seguidos.

WF Marcelo, a partir disso, e você, como é que você faz para escrever?

MG Como eu marco esse tempo?

WF É, porque eu imagino que a vida de um titular de uma cátedra deve ser relativamente intensa.

MG Intensíssima. E o escrever é o meu trabalho secundário, na verdade. Eu sou, antes de qualquer coisa, um cientista: pesquiso, tenho estudantes de doutorado, dou aula, aplico para bolsas, sou revisor de bolsas e artigos de colegas, vou a reuniões na universidade, tem toda essa parte acadêmica normal. Então, o que tento fazer... Você estava falando, Betto, dos 120 dias, e eu comecei a pensar que tenho mais ou menos uns 100 dias por ano porque, com raríssimas exceções, às terças e quintas-feiras, eu escrevo. Nem vou para a universidade. Fico em casa, e aí todo mundo sai e eu fico sozinho, no meu pequeno monastério.

FB Que bom! Se contar, já são uns cem dias mesmo.

MG Eu só não faço isso quando tomo parte em algum comitê acadêmico; às vezes tem uma reunião às quintas-feiras às três horas da tarde.

WF Aí você não pode deixar de ir.

MG Mas eu tento. Em princípio, terças e quintas-feiras não saio, fico em casa. Ou vou pescar, mas aí é rápido, porque vou supercedo, volto de manhã e continuo.

FB É importante.

MG Mas a ideia é essa.

FB Agarre-se a isso.

MG Se não, não dá. Escrever esses livros, escrever esses artigos.

FB Exige tempo.

WF Eu me sinto que nem o Villa-Lobos, porque o Villa compunha na cozinha da casa dele, com panelas batendo e crianças correndo. Ele se desligava de uma tal forma que conseguia compor no meio daquela balbúrdia toda. A minha balbúrdia não é tão grande quanto a do Villa-Lobos, mas eu não tenho esse isolamento que vocês têm, não.

MG Cheio de coisas que estão acontecendo ao mesmo tempo. E então não dá, você tem que alocar esse tempo. Você tem que criar esse espaço para criar. Gosto desse lado solitário da vida, de atingir um equilíbrio entre o eu só e o eu social.

WF Eu também gosto — e, acima de tudo, preciso — desses momentos de isolamento, para poder escrever e compor. Como não tenho isso no Rio, sempre que posso, corro para o meu refúgio em Araras, Petrópolis, e lá, não só me realimento espiritualmente, como tenho grandes inspirações criativas. E o melhor de tudo é que estou pertinho do Leonardo [Boff], com quem tenho, de vez em quando, papos memoráveis nas noites da serra.

FB A semana passada foi um desses meus períodos, só que me dediquei a ler as obras quase completas do Marcelo Gleiser. *(Risos gerais)* Foi bom, muito bom, porque ele reavivou em mim aquele período em que escrevi *A obra do Artista*. Levei seis anos para escrever esse livro, além de estudar muita física, química e biologia, pois não sou da área. Depois submeti os originais a uma bancada de cientistas cujos nomes estão citados no início do livro.

MG Você escreveu em 1995?

FB Não, publiquei em 1995.

MG Ah, foi por isso que eu não li o livro... Porque eu ainda não era parte, vamos dizer assim, da cena pública brasileira. Estava na universidade pesquisando.

WF Você demorou quanto tempo mesmo para escrever o livro?

FB Seis anos.

MG Nem descansou.

FB No sétimo ano publiquei o livro.

WF Bela analogia.

FB Você, Marcelo, ainda não existia para mim; mostrei os originais para o Leite Lopes e outros físicos menos conhecidos.

MG Nessa época eu era físico 100% do tempo.

FB Há que se admitir que ciência e fé são duas visões do mundo. Melhor dizendo, duas mundividências. A ciência procura compreender a natureza desse mundo em que vivemos, como ele se originou, quais os seus elementos e as leis que o regem. Já a fé nos induz ao Transcendente, nos faz "apalpar" o Mistério e concede-nos os óculos sobrenaturais que nos permitem compreender a relação de Deus conosco e com o Universo.

WF É aquela questão do *como* e do *porquê* sobre a qual falamos no início das nossas conversas.

MG Porém, como exploro nos meus escritos, existe também uma dimensão espiritual da ciência, que nos leva a uma comunhão profunda com o Universo. A ciência e a fé se encontram nas perguntas que fazemos sobre a nossa existência.

FB Seria atestado de suprema ignorância negar o papel da ciência nas nossas vidas e de sua aplicação prática por meio da técnica. Graças à ciência, o mundo se transformou numa aldeia global, devido ao avanço das comunicações, da eletrônica, dos satélites, dos cabos submarinos etc. Em qualquer papo de boteco surgem termos como ADN, célula-tronco, quark, genoma e *Big Bang*. Não podemos ignorar também o papel da fé. Ela oferece uma outra ótica de encarar o mundo e a vida, determina e imprime sentido à existência de bilhões de pessoas, abre vias que permitem a muitos entrar em comunhão com o Inefável, que denominamos Deus.

WF Concordo em gênero, número e grau com você, Betto. E é interessante constatar como esses dois ramos da curiosidade humana, digamos assim, continuam cada vez mais presentes no nosso cotidiano. E acho de extrema importância o papel de cientistas como o Marcelo, que têm a preocupação — e o dom — de divulgar os avanços e as questões fundamentais da ciência para o público leigo.

MG E o que tento mostrar é que, ao explorarmos o Universo quantitativamente pela ciência tentando desvendar alguns de seus mistérios, aprendemos cada vez mais sobre quem somos e qual é o nosso lugar. Hoje, vejo a ciência, a busca pelo conhecimento científico, como uma grande busca espiritual, que responde a anseios que estão conosco desde tempos ancestrais.

FB Fé e ciência são incompatíveis? Há quem as considere incompatíveis, destinadas a eterno conflito entre si. Isso é verdade quando ambas são consideradas duas visões antagônicas do mundo. Assim, a prevalência de uma significaria a progressiva falência da outra. É o que propalam os que exaltam os exemplos de Galileu e Darwin. Duas obras do século XIX contribuíram para acirrar o conflito entre ciência e religião: a de J.W. Draper, *History of the conflict between religion and science* (1874), e a de Andrew D. White, *A history of the warfare of the science with theology in Christendom* (1896).

WF Outro ponto que já mencionamos anteriormente, o da prevalência da religião como "comandante" do comportamento humano durante uma boa parte da nossa história, e a substituição dela pela ciência nesse papel, principalmente a partir dos progressos obtidos durante as grandes guerras do século xx, como muito bem nos explicou o Marcelo na questão das bombas atômicas, isso sem esquecer da corrida espacial, que também acabou gerando recursos sofisticados de tecnologia que atualmente fazem parte do nosso cotidiano.

MG Essa postura confunde muito as pessoas, não? Acham que, com o avanço da ciência, a religião se faz desnecessária. Portanto, vão buscar na ciência apoio e respostas para questões que a ciência não se propõe a responder. Por isso que vemos essa proliferação de cultos da "Nova Era", convergências harmônicas, curas quânticas, ETs como líderes espirituais, enfim, são todas tentativas de explorar noções científicas como amparo espiritual. Acho isso um grande equívoco. Primeiro, porque a ciência é usada fora de contexto e está errada. Segundo, porque vejo nisso o antigo oportunismo: pessoas espertas usando a ingenuidade das pessoas, a sua fragilidade espiritual, para explorá-las. Existe enorme beleza no mundo natural, beleza que desperta uma profunda veneração pelo cosmo. Aprendemos que somos feitos de poeira das estrelas, que estamos no cosmo e o cosmo está em nós. Para mim, essa união é profundamente espiritual e nos foi revelada pela ciência. Mesmo que talvez a ciência não nos ofereça todas as respostas para as grandes questões da existência, ela nos oferece a possibilidade de refletir sobre quem somos, de termos a liberdade de escolher no que acreditar. Essa liberdade, para mim, é sagrada.

FB Hoje, há autores que não só insistem na incompatibilidade entre ciência e fé, como alardeiam que a ciência é capaz de desmascarar a ilusão religiosa. Refiro-me a Richard Dawkins, Sam Harris, Christopher Hitchens, Victor J. Stenger e Daniel Dennet. Defensores do naturalismo científico, eles só admitem a realidade do mundo sensível e negam a esfera sobrenatural. Para eles, bastam a ciência e a razão. O resto é superstição. Ora, assim como a religião pode derivar para o fundamentalismo — e exemplos não faltam, inclusive atuais —, a ciência também pode ceder a um neopositivismo extremado, o que hoje nega a importância da fé na vida de bilhões de pessoas e, amanhã, com certeza, negará o papel da arte, que nos oferece outra ótica da realidade e da vida.

WF Todos os fundamentalismos são perigosos, venham eles de onde vierem. Imaginem só, chegarmos ao cúmulo de negar o papel da arte!

Você, Marcelo, que além de cientista é um violonista de respeito, como ia ficar?

MG Acho que esse risco não corremos. A arte é uma forma de reinventar o humano, de ampliar o nosso alcance emocional, racional e espiritual. Sem ela, viramos máquinas.

FB Felizmente há autores qualificados que defendem a compatibilidade entre ciência e fé, desde que cada uma preserve a sua autonomia e não queira influir negativamente na outra. O importante é fé e ciência manterem entre si uma relação de complementaridade, sem que a fé pretenda corrigir o que está comprovado pela ciência (como a origem simiesca dos humanos) e sem que a ciência queira escapar do terreno do que é verificável e se intrometa a proclamar que a ressurreição de Jesus é um embuste. É a posição de Ian Barbour, John Polkinghorne, Arthur Peacocke e, aqui no Brasil, do falecido geneticista Newton Freire-Maia, que foi meu amigo.

WF Não custa relembrar a posição aberta e pluralista do falecido Mario Schenberg, também já mencionado por mim aqui na nossa conversa: de um lado, do Partido Comunista Brasileiro e figura de inegável importância no campo científico, de outro, um curioso pesquisador dos mistérios da paranormalidade, sem jamais vislumbrar nenhum conflito entre os dois campos.

FB Ora, a ciência não é uma ideologia, não pretende nos incutir uma visão totalizante da realidade. Ela se restringe à sua metodologia, sujeita a observações e experiências, de modo a nos proporcionar um conhecimento racional da natureza e de seu funcionamento. Ela aborda o real, parafraseando Gilberto Gil, com régua e compasso, utilizando a linguagem matemática preferencialmente, e lidando com aspectos mensuráveis e quantificáveis da natureza. E a fé, ao lidar com o real, parte de dados da revelação divina, mas é mediada pela ciência e pela filosofia. A fé não é irracional ou antirracional, é suprarracional, como a experiência do amor.

WF Um professor meu de comunicação nos anos 1970 cunhou a expressão "surracionalismo" para designar questões que estão além do campo do racional. Ele dizia que, na mesma medida em que existia o surrealismo, também deveria existir o surracionalismo.

FB Um cientista, como o Marcelo, pode encontrar na sua atividade de pesquisador o sentido para a sua vida. Mas a ciência, como tal, não se propõe a imprimir sentido à vida das pessoas, nem criar valores éticos normatizadores de nossa convivência social. A ciência diz o *como*, não o *porquê*, como bem relembrou o Waldemar. Aonde quero chegar? Para mim, autores como Dawkins, quando falam de ciência, soam aos meus ouvidos que estão falando de ideologia. O darwinismo dele é mais uma ideologia que uma teoria científica. Ele chega ao absurdo de afirmar que o darwinismo haverá de "resolver os mistérios de nossa existência".

WF Absurdo mesmo.

MG Eu gosto de dizer que o ateísmo radical é logicamente inconsistente, pois é baseado na crença do não crer. Eles acreditam com toda a certeza (se isso faz sentido!) que Deus ou o sobrenatural não existem. Mas, epistemologicamente, isso não funciona, pois é impossível provar a inexistência de algo do qual não temos informação. (Aliás, o mesmo vale para os ETs.) Podemos apenas provar a existência de algo. Portanto, prefiro adotar a posição agnóstica: mesmo que não veja evidências para a existência de entidades sobrenaturais, não posso descartá-las *a priori*. Sabemos pouco sobre o mundo.

FB Isso, encarado às avessas, é o mesmo que negar a evolução do Universo, a *Criação imperfeita*, como diz o Marcelo, e acreditar que o autor do

Gênesis pretendeu nos repassar dados científicos de uma Criação que durou apenas seis dias e de uma humanidade que, sabe lá Deus como, descende de um casal, Adão e Eva, que teve dois filhos homens, e, portanto, fica no ar a pergunta: estamos aqui graças ao incesto entre mãe e filhos?

MG Bom, o que não falta é incesto no Antigo Testamento!

WF Lembro-me de uma passagem da famosa entrevista do Chico Xavier ao programa "Pinga-Fogo" nos anos 1970, na qual ele, respondendo à pergunta de um pastor evangélico sobre essa questão da descendência de Adão e Eva, lembra que a própria *Bíblia* relata que Caim, depois de desprezado pelos seus por causa do assassínio de Abel, foi fixar-se num outro grupo, no qual se casou e gerou descendentes.

FB A cosmovisão de Ptolomeu, que serviu de base à teologia de santo Tomás de Aquino, já não serve para uma época em que a teologia deve levar em conta a cosmovisão de Marcelo Gleiser. Os avanços da biogenética nos exigem uma nova visão do pecado original. Assim como Agostinho se inspirou em Platão, e Tomás de Aquino em Aristóteles, a nova teologia deve levar a sério os avanços recentes da filosofia e da ciência, nos passos do que fizeram Kepler, Kelvin, Ampère e Maxwell. Só nessa direção fé e ciência deixarão de ser encaradas como antagônicas recorrentes, adversárias ou inimigas, para serem entendidas como duas dimensões de nosso processo de conhecimento, o racional e o suprarracional, o empírico e o espiritual, que se articulam em nossa inteligência e nos propiciam a possibilidade de sermos mais humanos, divinamente humanos.

MG Nossa visão de mundo caminha de mãos dadas com os avanços da ciência. Nossa espiritualidade também.

DIREÇÃO EDITORIAL
Daniele Cajueiro

EDITORA RESPONSÁVEL
Janaína Senna

PRODUÇÃO EDITORIAL
Adriana Torres
Mariana Bard
Júlia Ribeiro

REVISÃO
Daiane Cardoso
Daniel Austie
Isabela Sampaio

PROJETO GRÁFICO
Larissa Carvalho

DIAGRAMAÇÃO
Filigrana

Este livro foi impresso em 2020
para a Agir.